A S

P. Werner Lange

KILIMANDSCHARO

Der weiße Berg Afrikas

Fotos:
P. Werner Lange
Robert Bösch

AS Verlag

ERNST PLA

Gott hätte es nicht besser machen können!», sagt Romel, und seine Gebärde umfasst die morschen Drachenzähne unter uns und die wüsten, zerrissenen Schluchten. Tiefschwarz, verbrannt von vulkanischem Feuer, scheinen sie ihre Eingeweide herzuzeigen. Wir sind an einem der trostlosesten Orte der Welt, und ich finde es herrlich.

In den Träumen meiner Kindheit bin ich nach Timbuktu und Yucatán, nach Kamtschatka und zum Kilimandscharo gereist. Der Kilimandscharo hat mich später nicht enttäuscht. Vielleicht aus Gründen, die ein wenig selbstsüchtig sind: Man steht dort hoch über einer Ebene, die wohl die Wiege der Menschheit gewesen sein mag und ahnen lässt, wie die Erde beschaffen war, als der erste Mensch erwachte. Und unter dem Mawenzigrat weiß ich einen Hang, auf dem graue Flechten, groß wie Wagenräder, verraten, dass dort seit Adams Zeiten niemand ging.

Doch der Blick auf Ewigkeiten verstört auch. Das Schwarz der Haut und im Auge des Löwen wird bleiben, der Mond wird über Machame aufgehen wie eh und je, und in der Ebene wird die Jakaranda noch blühen, werden die Frangipani noch duften, wenn die Tage stolzer Aufstiege längst vorbei sind. Dann kann man die Stirn an das Eis legen, das schon jahrtausendealt und dennoch sterblich ist wie wir.

In der Talfurche, in der unsere Spuren heraufführen, erhebt sich Hans Meyers Viermännerstein: sein letztes Biwak vor dem Kraterrand, geteilt mit Ludwig Purtscheller und Muini Amani. Wir haben dort verrostete Konservendosen gefunden und eine Flasche, blind geschliffen von Wind und Sand, wohl vor hundert Jahren geleert. «Nicht der Berg interessiert uns», hat ein wunderbarer Bergsteiger und Schriftsteller geschrieben, «sondern immer nur der Mensch am Berg.»

Das Kilimandscharogebirge von Südwesten, dargestellt von dem Maler und Bergsteiger Ernst Platz. Zur Linken der Kibo – gemeinhin auch Kilimandscharo genannt – mit seiner Gletscherkappe, ganz rechts der ebenfalls verschneite, aber gletscherlose Mawenzi.

Eine Anmerkung zu den Schreibweisen: Bei den afrikanischen Namen und Ortsbezeichnungen, die in vielerlei Varianten auftreten, wurde in der Regel die in wissenschaftlicher Literatur verbreitete Schreibweise der historischen vorgezogen. Insbesondere blieben während der Kolonialzeit vorgenommene Eindeutschungen unberücksichtigt.

www.as-verlag.ch

4. Auflage 2013

Gestaltung: Heinz von Arx, Urs Bolz, Zürich
Lektorat: Karin Steinbach Tarnutzer, Zürich
Druckvorstufe: Matthias Weber, Zürich
Fotolithos: Ast & Jakob AG, Köniz
Druck: B & K Offsetdruck GmbH, Ottersweier
Einband: Josef Spinner Großbuchbinderei GmbH, Ottersweier
ISBN 978-3-909111-16-9

Inhalt

Vorwort

Fern der Welt

Oswald Oelz

Was der einsame Leopard am Kraterrand des Kilimandscharos suchte, wird für immer ein Geheimnis bleiben – weiter unten sind die Beutetiere fetter, größer und häufiger. Das Tier ist aber keine Ausgeburt Hemingway'scher Phantasie, es existierte tatsächlich; eine Fotografie aus den 1920er-Jahren zeigt den gefrorenen, ausgedörrten Kadaver nahe Gillman's Point neben zwei Missionarinnen, anlässlich einer frühen Frauenbesteigung des höchsten Punktes Afrikas.

Dieser Kraterrand mit dem schwindenden weißen Saum im Himmel über dem grün-gelben Dschungelsteppenland, entrückt und abgehoben, lockte seit jeher viele Träumer, Ehrgeizige und Prahler sowie in früheren Zeiten politische Eroberer. So schrieb Dr. Hans Meyer, der Erstbesteiger des Kilimandscharos, in seinen «Ostafrikanischen Gletscherfahrten»: «Daneben erschien es mir fast als eine nationale Pflicht, dass der Gipfel des Kilimandscharos, wahrscheinlich des höchsten afrikanischen und zweifellos des höchsten deutschen Berges, der von einem Deutschen entdeckt und von einem Deutschen zuerst näher untersucht worden ist, nach allen Bemühungen englischer Reisender, doch zuerst von einem deutschen Fuß betreten werde.» Und nachdem er dies am 6. Oktober 1889 als Erster getan hatte: «Ich pflanzte auf dem verwetterten Lavagipfel mit dreimaligem, von Herrn Purtscheller [kaiserlich-königlicher Turnlehrer aus Salzburg] kräftig sekundiertem ‹Hurra› eine kleine, im Rucksack mitgetragene deutsche Fahne auf und rief frohlockend: ‹Mit dem Recht des ersten Ersteigers taufe ich diese bisher unbekannte, namenlose Spitze des Kibo, den höchsten Punkt afrikanischer und deutscher Erde: Kaiser-Wilhelm-Spitze.›» Dies war der Beginn der Aufteilung der Bergbeute Afrikas zwischen Deutschen, Briten (Mount Kenya) und Italienern (Ruwenzori).

Schon lange sind keine «Claims» mehr zu machen, Wilhelm ist «Uhuru», der Freiheit, gewichen. Die Verlockung des schönen Riesen aber ist geblieben, und mehr als 20 000 quälen sich jedes Jahr am Kilimandscharo zur Pflege des eigenen Egos in sauerstoffarme Höhen, für die wir nicht gemacht sind. Dabei verlockt der leichte Anstieg durch zahlreiche Klimazonen zum raschen Gehen. In der unteren Urwaldzone macht der Organismus noch gern mit, und irgendwann im Ödland folgt die Rache der Höhe und des sauerstoffverarmten Körpers. Der rasche Höhengewinn erlaubt keine ausreichende Akklimatisation, das Tempo des Höhengewinns ist, physiologisch betrachtet, mörderisch. Wer die Jammergestalten am Kraterrand des Kilimandscharos gesehen hat, weiß, wovon ich rede, jene, die zu schnell zu hoch hinaufgestiegen sind, leiden an akuter Bergkrankheit und im schlimmsten Fall an einem Höhenhirn- oder Höhenlungenödem.

Im Herbst 2004 stand Oswald Oelz zum zweiten Mal auf dem Gipfel des Kilimandscharos.

Es wird gemunkelt, dass am Kilimandscharo pro Jahr zehn bis zwanzig Bergsteiger das Schicksal des Leoparden teilen und an den Komplikationen des Höhenaufenthalts sterben. Falls diese Opfer von der Verwaltung des Kilimanjaro National Parks erfasst werden, so werden die Zahlen nicht publiziert – schließlich ist das Geschäft mit den Bergsteigern eine wunderbare Einnahmequelle. Wie viele davon an akuter Bergkrankheit leiden, ist ebenfalls unbekannt. Wahrscheinlich aber ist mehr als die Hälfte der Touristen betroffen. Unbekannt ist auch, wie viele Wanderer den ersehnten Gipfel nicht erreichen und mit vor Schmerzen zerspringendem Kopf taumelnd umkehren müssen.

Wer durch Höhentraining in den Alpen oder nach einer Eingehtour am Mount Meru gut vorbereitet und entsprechend den Empfehlungen der einheimischen Führer «pole, pole», also langsam, langsam und gelassen nach oben steigt, erlebt einen einzigartigen Gang durch die verschiedenen Klimazonen, vom dampfenden Dschungel bis zur Mondlandschaft. Am Endpunkt steht der Wanderer atemlos und «detached from the world». Hohe Berge heben das eigene kleine Sein ab, und kaum einer eignet sich dafür so perfekt wie der Kilimandscharo, der höchste frei stehende Gipfel der Welt. Zwischen roten Wolkenbänken ahnen wir dort unten jene andere Welt unserer Evolution mit den zu Tode gehetzten Gnus und Zebras, den Löwen, dem dampfenden Dschungel und dem Affengeschrei. Hier stehen wir auf Mondlava, heraufgekommen durch Regenwald, Steppe, Sumpf, Sand und Wüste, am Beginn des Himmels. Schließlich heißt, wie Hemingway wusste, der westliche Gipfel bei den Maasai «Ngà-ja Ngà», das Haus Gottes.

Oswald Oelz, geboren 1943 in Vorarlberg, hat sich seit den Siebzigerjahren als Extrembergsteiger, Expeditionsarzt und Höhenmediziner einen Namen gemacht. Anspruchsvollste Gipfel und schwierigste Routen auf der ganzen Welt zieren sein Tourenbuch; als Chefarzt am Stadtspital Triemli in Zürich engagiert er sich für seine andere Leidenschaft, die innere Medizin.

«Die geographische Lage und die Höhe haben vereint eine Landschaft geschaffen, die in der ganzen Welt nicht ihresgleichen hat. Nirgends ist etwas Üppiges oder Überschwängliches; es ist, als wäre Afrika hier gleichsam [...] emporgeläutert zu einer starken und klaren Essenz seines Wesens. Die Farben sind trocken und glasiert wie die Farben irdener Geschirre [...]. Die Ausblicke sind unendlich weit. Alles, was man sieht, atmet Größe und Freiheit und unvergleichliche Vornehmheit.»

Tania Blixen, «Afrika, dunkel lockende Welt»

«In Afrika ist etwas im Morgenlicht wahr und mittags eine Lüge, und man gibt nicht mehr darauf als auf den reizenden, von hohem Gras gesäumten See am anderen Ende der sonnenversengten Salzebene. Man hat diese Ebene am Vormittag durchquert, und man weiß, es gibt dort keinen solchen See. Und doch ist er jetzt unbestreitbar wahr, schön und glaubhaft.»

Ernest Hemingway, «Die Wahrheit im Morgenlicht»

Das Hochland

Namanga. Jenseits von der Schranke, dort drüben im anderen Land, steht ein Affenbrotbaum. Bleifarben, riesig, mit flaschenförmigem Stamm und merkwürdigem Astwerk, das an Wurzeln erinnert.

Aus den Wolken und am Stamm eines solchen Baumes herab, so wird es erzählt, sind die Menschen einst auf die Erde gekommen. Sie ließen sich Zeit dabei, denn Affenbrotbäume leben ewig. Und vor allem durfte eines nicht geschehen: Wer eine der zarten, nach verwesendem Fleisch riechenden Blüten abbricht, der endet, das weiß hier jedes Kind, im Rachen eines Löwen.

Unter dem Baum liegt ein Hund mit schlammverklebtem Fell und sieht mir mit fiebrigen Blicken zu. Um ihn nicht zu reizen, gehe ich behutsam von Kenia nach Tansania. Der Hund bemerkt es, sieht jetzt hoffend herüber. Dann steht er auf, nagt einen Augenblick lang unschlüssig an einem Lauf und kommt mir hinkend entgegen.

Johannes Rebmann und die Sehnsucht nach Höhe

«Ich hebe meine Augen auf zu den Bergen ...»

Drei Breitengrade unter dem Äquator, umgeben von Steppen, in denen Hunderttausende scheuer Antilopen und ihre scharfsichtigen Begleiter, die rotmäuligen Löwen, umherstreifen, erhebt sich das Kilimandscharogebirge. Man sagt und schreibt, der Missionar Johannes Rebmann habe es an einem Maitag vor anderthalb Jahrhunderten entdeckt – als ob es zuvor verborgen gewesen wäre. Doch irgendwann und mit irgendjemandem müssen unsere Geschichten beginnen, und so beginnt denn auch diese: Es war einmal, once upon a time.

Affenbrotbaum (Baobab) in der Nähe von Namanga, einem Grenzübergang zwischen Kenia und Tansania an der Straße von Nairobi nach Arusha.

Rebmann, ein mutiger, eigensinniger, kantiger Mensch mit gewaltigem Vollbart – in Ostafrika, wo zahlreiche Anhänger Allahs und seines Propheten leben, kann man nicht als bartloser Glaubensbote auftreten –, hatte lange auf jenen Maitag gewartet. 1820 als Sohn eines armen Bauern und Winzers in Gerlingen bei Stuttgart geboren, stand ihm nur ein Weg offen, wenn er die Felder und Weinberge Gerlingens weit hinter sich lassen wollte: die Mission. Aber da wirkte auch Berufung. Schon die Schulkameraden hänselten ihn, indem sie ihn nur «den Pfarrer» nannten, weil er gern und oft in der Bibel las. Später nahm Rebmann an den abendlichen Zusammenkünften teil, die damals evangelische Christen in Württemberg verbanden, und hörte dabei von der Missionsarbeit. Er scheint sich dann zielstrebig um eine Ausbildung zum Missionar bemüht zu haben, die in Basel begann und in London endete. Dort wurde er in den Dienst der Church Missionary Society berufen und nach Ostafrika entsandt, wo er im Juni 1846 in Mombasa mit seinem Bruder im Glauben und in der Mission Ludwig Krapf zusammentraf.

Der zehn Jahre ältere Krapf, aus Derendingen bei Tübingen stammend und gleichfalls Bauernsohn, war unter Kennern Ostafrikas bereits eine Berühmtheit. Er hatte – ein schönes Beispiel für die unerforschlichen Wirkungen von Literatur – eigentlich Kapitän werden wollen. Denn Krapf verbrachte seine Jugend fast ausschließlich in der Gesellschaft von James Bruces wahrhaftig haarsträubenden «Reisen zur Entdeckung der Quellen des Nils» und der für Knaben geeigneteren «Entdeckung von Amerika» von Joachim Campe. Dann jedoch führte auch sein Lebensweg über die Basler Missionsschule. 1837 erreichte Krapf somit den Schauplatz, an dem sein Jugendidol James Bruce gesehen hatte, wie man Steaks aus lebenden Rindern herausschnitt oder sich auf Kriegszügen mit den Hoden gefallener Feinde schmückte: Äthiopien.

Unverhoffte Begegnung: dem 19. Jahrhundert zugehörige Darstellung einer gefährlichen Begebenheit während der von Ludwig Krapf unternommenen Forschungsreisen.

Seine eigenen Abenteuer standen nun jenen von Bruce kaum nach, aber wesentlicher war die wissenschaftliche Ausbeute des Aufenthaltes: viele Landkarten, ein Wörterbuch der Gallasprache, Berichte über die Bewohner der Landschaft Shoa. Weil die Missionstätigkeit weniger gedieh, versuchte sich Krapf ab 1844 nahe Mombasa im heutigen Kenia und musste bald einsehen, dass er die Gefahren des Klimas unterschätzt hatte: Mombasa war unwirtlicher als das äthiopische Hochland. Krapf begrub zunächst seine Frau und wenige Tage darauf seine Tochter. Als Rebmann eintraf und in der Folge mit ihm die Station Rabai betrieb, war beiden klar, dass sie damit keinen vollkommenen Ort gefunden hatten. Sie träumten deshalb von fernen Höhenzügen, vom Hinterland, das ohnehin ihr Interesse fesselte, weil einmal eine Perlenschnur aus Missionsstationen die östliche Küste Afrikas mit der westlichen verbinden sollte.

Erheblich können die geografischen Kenntnisse der beiden nicht gewesen sein. Zwar schrieb der griechische Tragödiendichter Aischylos schon im 5. Jahrhundert vor dem Beginn unserer Zeitrechnung, Ägypten werde «genährt von schmelzendem Schnee», während sein Landsmann, der Geschichtsschreiber Herodot, den Ursprung des Nils in den Quellen sah, die in «Mondbergen» am Äquator entspringen würden. Beides sprach für das Dasein hoher Berge in jenem Erdstrich, aber die Missionare werden derlei Berichte kaum gekannt haben. Auch nicht den afrikanischen «Silberberg» des Aristoteles aus dem folgenden Jahrhundert oder die schneebedeckten Berge, die der griechische Seefahrer Diogenes im 1. Jahrhundert unserer Zeit erblickte, nachdem er den sagenhaften Hafen Rhapta – vielleicht das heutige Pangani in Tansania – verließ und 25 Tage landeinwärts reiste. Und ebenso wenig die «Montes Lunae» des Weltbeschreibers Ptolemäus, von denen dann um 150 nach der Zeitenwende die Rede war.

Schneebedeckte, quellenreiche «Mondberge» oder «Silberberge» am Äquator, deren Anblick das Auge blendet, wurden in der Antike mehrfach erwähnt. Es ist später viel darüber gestritten worden, ob damit das Kilimandscharogebirge, der Mount Kenya oder das Ruwenzorimassiv gemeint war – sie alle sind verschneit und tragen Gletscher. Chinesische Chroniken aus dem 12. und 13. Jahrhundert berichteten von einem «großen Berg westlich von Sansibar», und der Spanier Martin Fernández de Encisco erzählte in seiner 1519 erschienenen «Suma de Geografía» von einem «äthiopischen» – also afrikanischen – Olymp im Westen Mombasas, dessen Abbild man gewiss im Kilimandscharogebirge suchen darf. Aber auch das war nur der Widerschein von Kenntnissen, die arabisch-swahilische Handelskarawanen erworben hatten, und wurde rasch vergessen. Stattdessen füllten Kartografen jene Weltgegend weiterhin phantasievoll mit den Umrissen von Bergen, die in der Dunkelheit hell wie der Mond leuchten sollten, mit Menschlein, die unter ihren riesigen Ohren Schatten suchten, mit Einhörnern, Elefanten und Affen.

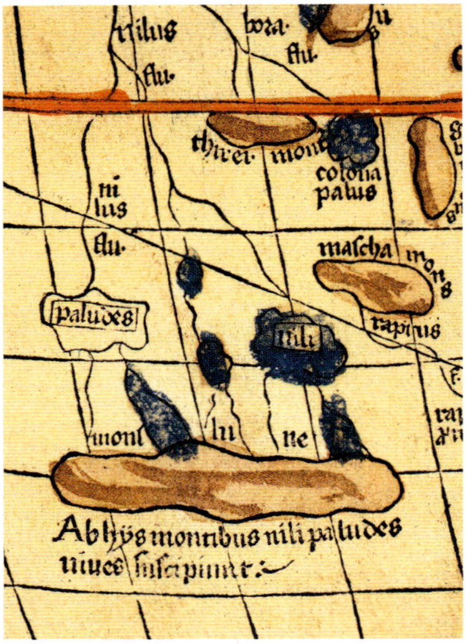

Dieser Ausschnitt aus der Ulmer Ptolemäus-Ausgabe von 1482 (Süden oben) bildet die legendären Mondberge südlich von den Nilquellseen ab (oben). Ein Kupferstich aus einem Schulatlas von Justus Perthes (1852): an der Ostküste Afrikas, westlich von Mombasa, das Mondgebirge (rechts).

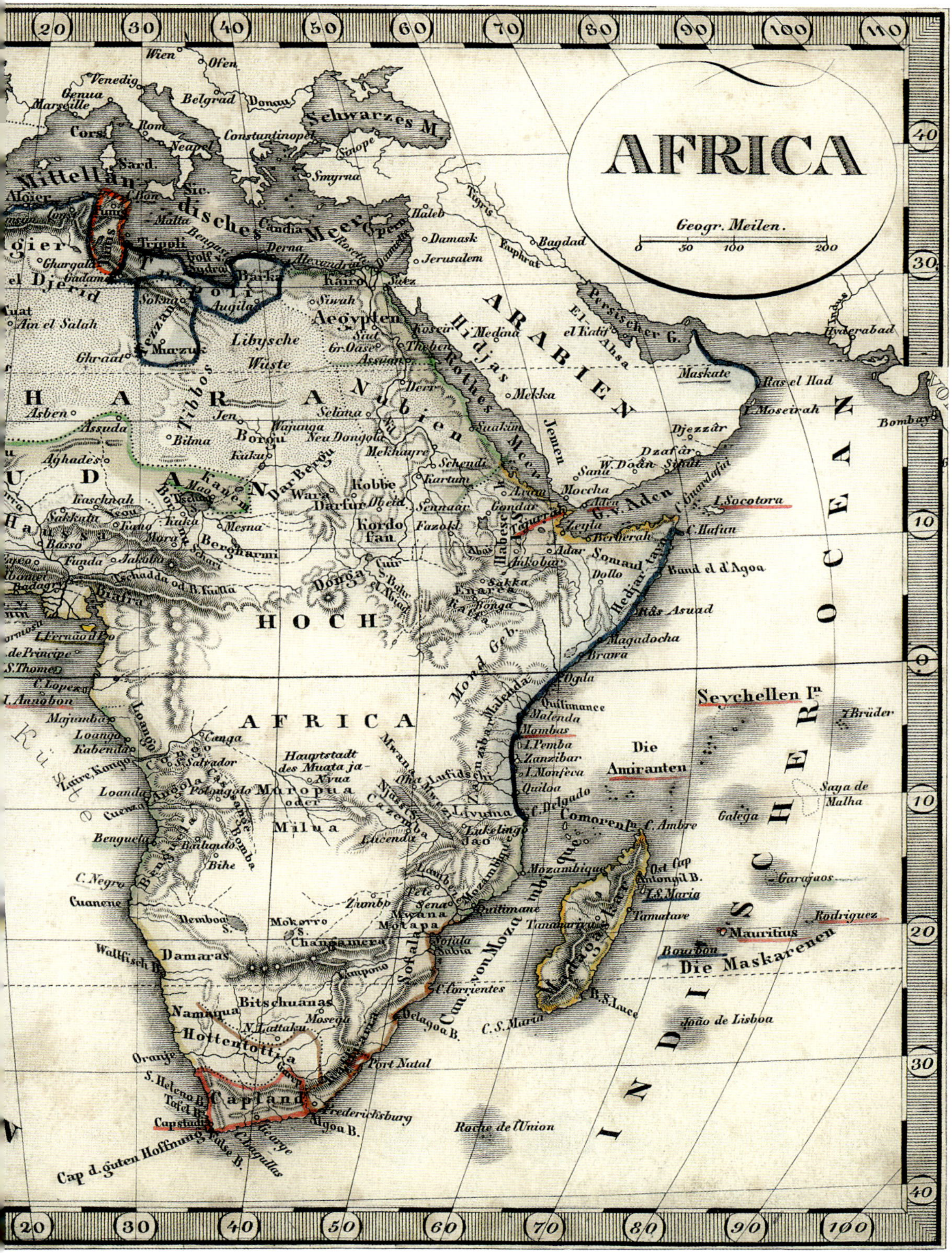

AFRICA
Geogr. Meilen.
0
50
100
200
Schwarzes M.
Constantinopel
Belgrad
Donau
Wien
Ofen
Venedig
Genua
Marseille
Rom
Neapel
Sard.
Sinope
Smyrna
Candia
Cypern
Haleb
Damask
Jerusalem
Bagdad
Tigris
Euphrat
Tripoli
Derna
Alexandria
Rosette
Damiette
Barka
Kairo
Suez
Siwah
Augila
Aegypten
Libysche
Wüste
Ghraat
Tibbos
Mekka
Medina
Rothes
Meer
Hidjas
ARABIEN
Persischer G.
El Katif
Maskate
Ras el Had
I. Moseirah
Djezzar
Dzafar
Hyderabad
Indus
Bombay
Jemen
Sana
Moccha
Aden
G. v. Aden
I. Socotora
C. Guardafui
C. Hafun
Zeyla
Berberah
Somaul
Adar
Dollo
Band el d'Agoa
Hedjan
Ras Asuad
Magadocha
Brawa
Ogda
Quilimance
Malenda
Mombas
I. Pemba
Zanzibar
I. Monfeea
Quiloa
C. Delgado
Comoren
C. Ambre
Mozambique
Ost Cap
Antongil B.
I. S. Maria
Tamatave
Madagascar
B. S. Luce
C. S. Maria
Seychellen In.
7 Brüder
Die
Amiranten
Saya de
Malha
Galega
Garajaos
Rodriguez
Mauritius
Bourbon
Die Maskarenen
João de Lisboa
Roche de l'Union
INDISCHER OCEAN
Bilma
Borgu
Kuku
Kanem
Darfur
Kobbe
Kordo
fan
Sennaar
Fazokl
Kartum
Schendi
Mekhayre
Neu Dongola
Nubien
Derr
Assuane
Theben
Kosseir
Selima
Asben
Assuda
Aghades
Kaschnah
Sakkatu
Mesna
Begharmi
Basso
Funda
Jakoba
Tschadda od. B. Kulla
Biafra
I. Fernão d. Po
de Principe
S. Thomé
C. Lopez
I. Annobon
Majumba
Loango
Kabenda
Congo
S. Salvador
Zaire, Kongo
Loanda
Angola
Cuenza
Benguela
Bihe
C. Negro
Cuanene
Cimbeba
Damaras
Walfisch B.
Namaqua
Hottentotten
Bitschuanas
Mosega
N. Lattaku
Oranje
S. Helena B.
Tafel B.
Capstadt
Capland
Cap d. guten Hoffnung
False B.
C. Agulhas
George
Algoa B.
Friedrichsburg
Port Natal
Delagoa B.
C. Corrientes
Sofala
Sabia
Quilimane
Sena
Tete
Zumbo
Mokorro
Chansamera
Dembo
Hauptstadt
des Muata ja-
Nvua
Muropua
oder
Milua
Mwana
Motapa
Lucenda
Cazembe
Livuna
HOCH
AFRICA
Mond Geb.
Donga
Abyssinien
Gondar
Habesch
Enarea
Kaffa
Bonga
Canal von Mozambique
Mozambique
20
30
40
50
60
70
80
90
100
110
10
0

Und selbst einige Jahre nach der Entdeckung des Kilimandscharos für Europa zeigte der schöne, in Kupfer gestochene und wiederkehrend bei Perthes in Gotha erscheinende Schulatlas, der auch Johannes Rebmanns Schulzeit begleitet hatte, dort nur die von willkürlichen Konturen umgebene Eintragung «Mond-Gebirge».

Der erblindende Johannes Rebmann musste 1875 nach Deutschland zurückkehren. Diese Fotografie aus jener Zeit zeigt ihn mit seinem afrikanischen Begleiter Isaak Nyondo, der die Reise nicht überlebte.

Im Oktober 1847 zog Rebmann – Krapf musste wegen eines Fieberanfalles zurückbleiben – zum ersten Mal forschend westwärts und erreichte eine Bergkette, die heute Taita Hills heißt. Doch es wurde ihm von den Einheimischen nicht gestattet, hinaufzusteigen und nach dem weiß schimmernden Berg Ausschau zu halten, den man den Berichten seiner Gewährsleute zufolge von dorther sehen konnte: den Berg, von dem der Karawanenführer Kheri ihm erzählt hatte, er heiße Kilimasharo und sei eine Heimstätte böswilliger Geister, die jeden töten oder verkrüppeln würden, der den Aufstieg wagt. Rebmann kehrte also zurück nach Rabai. Er war enttäuscht, und die Gedanken an den Berg und an die unbedarften Heiden an seinen Hängen ließen ihm keine Ruhe. Im April 1848 brach er wiederum ohne seinen Mitstreiter auf, weil Ludwig Krapf abermals fiebernd darniederlag. Und damit beginnt nun endlich die Geschichte.

Johannes Rebmann tritt jenen Marsch mit bewundernswerter Zuversicht an, denn zur Abwehr unterwegs lauernder Gefahren steht ihm nur ein Regenschirm zur Verfügung. Und die neun Swahili, die ihn begleiten, sind nicht gänzlich vertrauenswürdig: Sie tun es für Geld, sie huldigen einem anderen Gott als dem, dessen Botschaft hier in die Wildnis getragen werden soll. Einer von ihnen, der Karawanenführer Kheri, weiß aufmunternde Dinge zu berichten. Er kennt einen Mann namens Sabaya, den einzigen Überlebenden einer Schar Tollkühner, die vor Jahren den weißen Berg bezwingen wollten. Sabaya war mit verkrüppelten Händen und Füßen heimgekehrt. Alles, was er dort oben fand, war eine offen stehende, gewaltige Tür gewesen, so groß wie das Tor der Festung in Mombasa, deren Schwelle er nicht zu übertreten

wagte. Zuvor hatte der Berg den Männern schon andere Schrecken bereitet: Schießpulver zündete nicht mehr, sobald sie sich auf die Hänge begaben, und boshafte Geister lähmten ihnen Arme und Beine.

Aus heutiger Sicht besehen, sind das gar keine Schauermärchen. Kheri erzählte von einem Mann, den die Höhenkrankheit mit Trugbildern narrte – oder der schlicht eine Höhlenöffnung beschrieb – und dem Finger und Zehen erfroren. Die vorgeblich verhexten Begleiter hingegen kamen wohl mit froststarren Gliedmaßen davon. Dass Schießpulver in den nebligen Bergwäldern nicht mehr zündete, ist gleichfalls kaum verwunderlich. Einem Swahili, also einem Küstenbewohner, musste dergleichen allerdings bedrohlich erscheinen: Kuzimu, der «kalte Ort», der Hades der Swahili, wurde ja genauso beschrieben – als dunkler, von Regen und kalten Dünsten durchzogener Wald voller ellengroßer Giftpilze und garstiger Fledermausschwärme, in dem die Geister der Toten fröstelnd kauern.

Rebmann mag das für wirre Gruselgeschichten halten, die seine Mission ohnehin nicht berühren. Er braucht schließlich kein Schießpulver: Der fürsorgliche Krapf, der alle Reisevorbereitungen traf, hat vom Statthalter in Mombasa eine Genehmigung für den Marsch erwirkt. Dass die hier, fern von der Küste und somit vom Einflussbereich des Sultans von Sansibar und seines Statthalters, nichts wert ist, muss der Missionar erst noch erfahren. Es wird ihm

Der dominierende und deshalb gewöhnlich Kilimandscharo genannte Berg des Kilimandscharogebirges: der Kibo. Die von Ernst Platz gemalte Ansicht zeigt ihn von Nordwesten mit den 1898 noch tief hinabreichenden Gletscherzungen des Nördlichen Eisfeldes. Die dunkle Bresche rechts ist durch Einbruch entstanden – durch sie führt heute eine Aufstiegsroute in den Kraterkessel.

Wie eine Fata Morgana schwebt Kibos Silhouette über dem Grenzort Rongai. Zwischen der Ansiedlung und dem Berg Zedernforste, die das dringend benötigte Feuer- und Nutzholz liefern.

Rechte Seite: Der Kibo über abgeernteten Feldern am Stadtrand von Moshi im Süden des Gebirges.

vielleicht schon während der ersten Nacht in der Steppe klar, die er schlaflos verbringt, weil ringsum Löwen brüllen. Wach liegt er da allerdings auch wegen der zahllosen Sternschnuppen, die über ihm aufleuchten – strahlender und sehr viel länger als daheim. Pfeile sind das, erklärt ihm einer der Swahilibegleiter, Shibabu, mit denen die Engel Teufel abwehren, die einen Blick in die Mutter der Bücher werfen wollen. Denn dort oben sitzt der Engel Kalamu und schreibt mit weißer Tinte auf eine Tafel aus Smaragd das Buch der Zukunft: alle guten und schlechten Taten der Menschen, zuvor, jetzt und künftig begangen, ihr Schicksal und alle Weisheit der Welt. Rebmann lächelt, aber auch ihn befällt das Gefühl, etwas Überirdisches kündige sich an.

Am 11. Mai 1848 kommt, eine Tagesreise entfernt vom heutigen Taveta, der Augenblick, mit dem das Kilimandscharogebirge für Europas Geografie entdeckt wird. Aus der Ebene erscheint es freilich eher als Fata Morgana, und Rebmann notiert: «Wir sahen diesen Morgen die Berge von Dschagga immer deutlicher, bis ich gegen zehn Uhr den Gipfel von einem derselben mit einer auffallend weißen Wolke bedeckt zu sehen glaubte. Mein Führer hieß das Weiße, das ich sah, schlechtweg ‹Kälte› (baridi); es wurde mir aber ebenso klar als gewiss, dass das nichts anderes sein könne als Schnee. [...] Alle die sonderbaren Geschichten von einem unzugänglichen, weil von bösen Geistern

Ein Ausblick vom Maundikrater an der Maranguroute mit dem teilweise von Wolken verdeckten Mawenzi und Kibos Schneegipfel über dem Höhenzug. Darunter Wanderer im Sattel zwischen den beiden Bergen auf ihrem Weg zur Kibohütte.

Vorangehende Doppelseite: Der Kibo und die Lentgruppe, gesehen vom Amboseli-Nationalpark in Kenia.

bewohnten Gold- und Silberberg im Innern, die ich mit Dr. Krapf seit meiner Ankunft an der Küste oftmals gehört hatte, waren mir nun auf einmal klar geworden.»

Das sind dürre Worte für ein Bild, das Rebmann noch vor sich sehen wird, wenn er längst erblindet ist. Die gewandtere Feder seines Nachfolgers Hans Meyer schildert vier Jahrzehnte darauf das Bild so: «Man mag tage- und wochenlang das sichere Eintreten eines Ereignisses erwartet haben und noch so gefasst dem nahenden entgegensehen, es packt uns doch mit unwiderstehlicher Gewalt, wenn es mit einem Mal zur Tatsache wird. So ergriff mich hier die plötzliche Erscheinung des sehnlich erstrebten Zieles, des Kilimandscharo. Das Auge war tagelang über die weiten graubraunen Ebenen der Steppen und Savannen geschweift, vergeblich die ersehnte Gebirgslinie am Horizont suchend, und hatte sich an der beständigen Einförmigkeit ermüdet. Da plötzlich öffnet sich vom Kamme eines Höhenzuges ein wundersames Panorama. Einige Meilen vor uns erstreckt sich der schmale, hell schimmernde Dschipe-See nach Süden, dahinter ragen die dunkeln, schroffen Mauern der Uguenoberge bis in die grauen Schichtwolken empor; nach rechts hin zieht sich im Mittelgrund der dunkle Streifen der Wälder, welche den Lumifluss umsäumen und Taweta einschließen. Hinter diesen Wäldern steigt die Steppe leicht an und verläuft in dunstiger Ferne zu dem unteren Teil des mächtigen Gebirgsstockes des Kilimandscharos, der nun mit einem Mal zu der Riesenhöhe von 6000 Metern unvermittelt aus der Steppenebene emporwächst. Ziemlich deutlich lassen sich unterhalb der breiten Wolkenschicht, welche den mittlern Teil des Gebirges umhüllt, die waldigen Hügel der Dschaggalandschaften erkennen, und über den Wolken strahlt plötzlich aus dem Himmelsblau ein wunderbar erhabenes Bergbild in schneeblendender Weiße hervor wie eine Erscheinung aus einer andern Welt. Es ist der Kibo, der Hauptgipfel des Kilimandscharo. Sein kleinerer Zwillingsbruder Mawensi verbirgt sich hinter einer hoch aufgewölbten weißen Cumuluswolke, nur der nordöstliche Abfall tritt unter den Wolken als eine weit geschwungene, geradezu architektonisch regelmäßige Linie hervor. Welche Gegensätze sind in diesem Bild harmonisch vereint! Hier unten die Glut des Äquators und tropisches Leben, neben uns der nackte Neger und vor uns Palmenhaine am Rande des Tawetawaldes; dort oben die Eisluft der Pole, die überirdische Ruhe einer gewaltigen Hochgebirgsnatur, ewiger Schnee auf erloschenen Vulkanen.»

Auf dem weiteren Weg zur Chaggalandschaft Kilema – südlich von Marangu, wo heute die meisten Bergwanderer ihren Aufstieg beginnen – sieht Rebmann den nach seinen Worten «mit ewigem Schnee und Eis bedeckten Kilimandscharo» noch oft vor sich. Allerdings gilt sein Interesse dort eher den Chagga, dem anscheinend friedfertigen und offensichtlich arbeitsamen Bauernvolk, dem er an den Gebirgshängen begegnet. Menschen und Klima bieten, wie er begeistert meint, ideale Voraussetzungen für die Missionierung.

Marktszene in Moshi, dem wirtschaftlichen Zentrum der Chaggalandschaften.

Rechte Seite: Ein Schnappschuss von der Busstation in Moshi sowie junge Maasai im Tanzreigen. Die Maasai, Nachbarn der Chagga, leben im Norden des Kilimandscharogebirges.

Sein Aufenthalt währt zwar nur wenige Tage, aber er kehrt schon im November 1848 und dann nochmals im April 1849 zum Kilimandscharo zurück.

Während der Novemberreise kommt er den Bergen so nahe, dass er ihr «herrliches Schneehaupt sogar bei Nacht im Mondschein ganz deutlich sehen konnte». «Es sind zwei Hauptgipfel», schreibt er da in sein Tagebuch, «die sich auf der gemeinsamen, etwa zehn Stunden langen und ebenso breiten Basis so lagern, dass zwischen denselben ein Sattel gelassen ist, der sich von Osten nach Westen drei bis vier Stunden ausdehnt. Der östliche Berggipfel ist niedriger und von spitzigen Formen, während der westliche höhere eine prächtige Kuppe darstellt, die auch in der heißen Jahreszeit, wo der östliche Nachbar seine weiße Decke nicht mehr halten kann, mit einer Masse von Schnee bedeckt ist.»

Das ist eine treffende Beschreibung vom «spitzigen» Mawenzi, dem höheren, ebenmäßigen Kibo und dem zwischen den beiden Bergen liegenden Sattelplateau. Als unzulänglich erweisen sich dagegen Rebmanns Ansichten vom ausgeglichenen Wesen der Chagga: Von Krankheit und Entbehrungen geschwächt, lernt er seine Gastgeber während der dritten Reise als zudringliche Menschen kennen, die ihn ausplündern und sogar sein Leben bedrohen. Das geschieht in der Landschaft Machame, einem weiteren Ausgangspunkt heutiger Kilimandscharotouren, gelegen am Südwestfuß des Kibos.

Insbesondere von Machame her bietet der glitzernde Kibogipfel, sofern die darunter hängenden Wolkenschleppen ihn freigeben, einen gewaltigen Anblick, der jeden Betrachter bannt. Rebmann erliegt einer in Hochgebirgen häufigen Täuschung, als er sich in Machame nur eine Stunde vom Gipfelkegel entfernt wähnt – es sind bis dorthin aber noch zwei Tagesmärsche. Und wegen

REFINED

der misslichen Zwischenfälle kommt es dann nicht einmal zu einem Aufstiegsversuch. Die Schemen der Gipfelregion bleiben unerreichbar, liegen im Dunst, im Hauch vergeblicher Gebete. Machames Häuptling Mamkinga – sein Name wird auch in der Form Mankinka überliefert – verhindert zwar, dass Johannes Rebmann am Ende als Märtyrer des Schneeberges in die Missionsgeschichte eingeht. Er findet aber, wie auch seine Untertanen, großes Vergnügen daran, den Gottesboten am Bart zu zerren und ihn der Kleidung zu berauben, obwohl die beiden zuvor Blutsbrüderschaft geschlossen hatten.

Der deutsche Missionar und Ethnograf Bruno Gutmann fragte ein halbes Jahrhundert später die ältesten Einwohner Machames nach dem Grund für ihr Verhalten und erhielt Antworten, die eher auf physiologische Interessen als auf Raublust und Aggressivität hindeuten: Rebmanns Körper erschien den Leuten so hell und durchsichtig wie eine ihrer lose geflochtenen Markttaschen, und da hätten sie der Versuchung, ihn zu betasten, nicht widerstehen können. Wie dem auch sei, angesichts darauf folgender, in Europa und Nordamerika begeistert aufgenommener Abenteuerberichte, deren Verfasser schwer bewaffnete Karawanen kommandierten und die Gefahren einer Expedition in Afrika maßlos übertrieben, wirkt Rebmanns Beispiel ernüchternd: Er hatte meist nur ein Dutzend Begleiter.

Wirklich schmerzhafte Verletzungen erfährt Johannes Rebmann dagegen von seinen europäischen Zeitgenossen. Im April 1849, also ein gutes halbes Jahr bevor auch sein Amtsbruder Ludwig Krapf den Kibo sieht und kurz darauf den ebenfalls von Gletschern gekrönten Mount Kenya (5199 m) entdeckt, erscheint Rebmanns erster Bericht über das Chaggaland im «Church Missionary Intelligencer». Seine Schilderung des äquatorialen Schneegipfels wird von der Fachwelt teils mit skeptischem Interesse, teils mit Zurückhaltung aufgenommen. William Desborough Cooley jedoch, Geograf und Autor umfassender Veröffentlichungen über Innerafrika, ein verdienstreicher Mann, von dem man annehmen sollte, er könne sein Selbstbewusstsein auch ohne Herabwürdigung anderer nähren, erhebt hochfahrenden Einspruch. Heute würde man sagen, er habe sich zu profilieren versucht, indem er einen Laien hämisch bloßstellte, und in gewisser Weise ist ihm das ja auch gelungen. Cooley bezweifelt alles: Rebmanns Wahrnehmungsfähigkeit und seine Ehrlichkeit, selbst seine Ortsangaben, den Namen des Berges und vor allem den Umstand, dass er von Schnee bedeckt sein soll. Denn, so Cooley, zunächst einmal würde der Berg Kirimanyara heißen, was allein schon auf eine rote Beschaffenheit hindeute, und in der Tat sei er wegen reicher Karneolvorkommen rot gefärbt. Dann läge er in einer anderen Gegend, und von einer weißen Masse, die den Gipfel bedecke, könne schon gar nicht gesprochen werden. Rebmanns Bericht sei schlichtweg eine Ausgeburt seiner erhitzten Einbildungskraft, die Existenz von «Schneebergen» am Äquator eine Fabel, die den Proportionen der Natur und den Farben der Realität widerspreche.

Tansania mit dem Kilimandscharo und den Nachbarländern

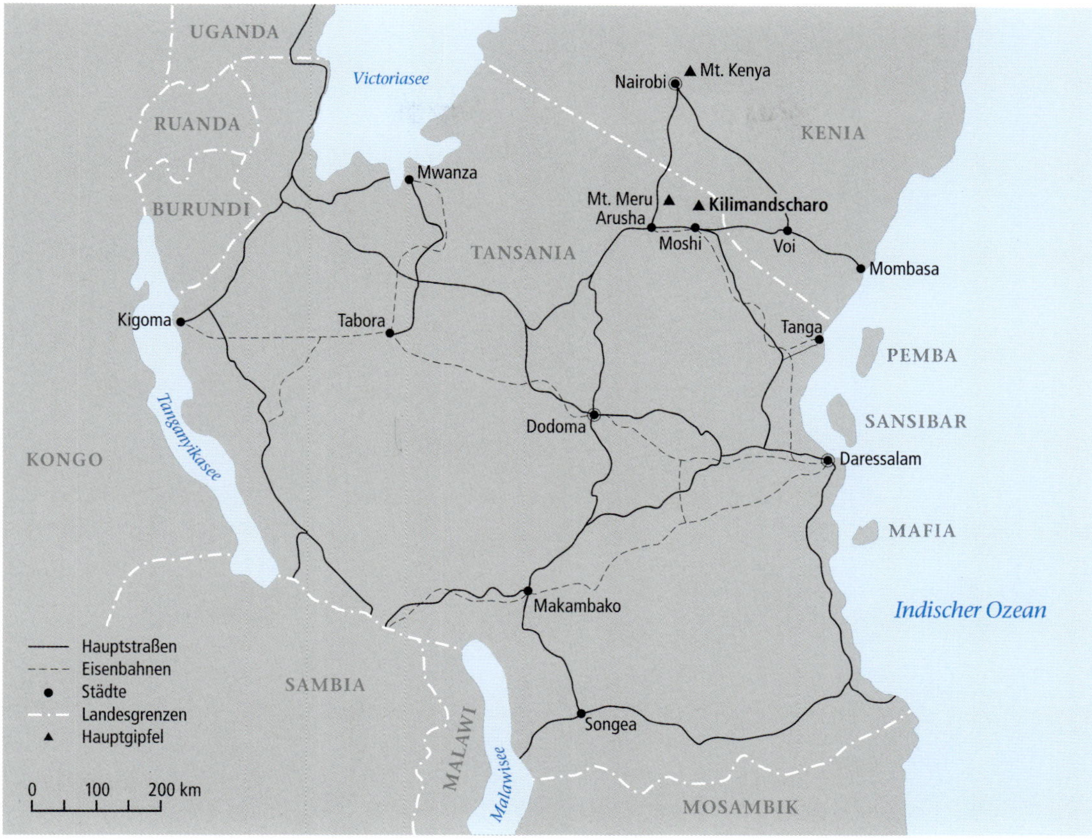

Freilich sind die Proportionen der Natur und die Farben der Realität vielgestaltiger und schillernder, als Cooley vermutet: «Kirimanyara» klingt hübsch, hat aber seinen Ursprung nicht in der Topografie, sondern eher in der Flora Ostafrikas. Das Wort mag vielleicht deshalb in seine Unterlagen geraten sein, weil «Kirinyaga» der Kikuyu-Name für den Mount Kenya ist. Das bedeutet allerdings etwa «Weißer Berg», und anzumerken wäre überdies, dass es neben roten auch rötlich weiße und sogar milchweiße Karneole gibt. Zu Cooleys Ehrenrettung sei erwähnt, dass selbst Alexander von Humboldt, der zuvor den ebenfalls knapp unter dem Äquator aufragenden Chimborasso in Ecuador bestiegen und dort Schnee vorgefunden hatte, Zweifel an Rebmanns Darstellung äußert. Aber im Gegensatz zu Humboldt führt Cooley den Disput auf unehrbare Weise und mit dem lächerlichen Anspruch, er könne von seiner Londoner Studierstube aus Afrika deutlicher erkennen als ein dort umherziehender Laie. Der Verdacht drängt sich angesichts seiner Polemik auf: Es ist durchaus belangvoll, dass Rebmann und Krapf – später gerät auch der deutsche Forschungsreisende Carl Claus von der Decken an Cooleys Pranger – keine Briten sind.

Die Werbeschriften kenianischer Tourismusfirmen und ihrer europäischen Partner wecken zuweilen den Eindruck, das Kilimandscharogebirge liege in Kenia. Es fiel jedoch schon bei der ersten Grenzziehung der Kolonie Deutsch-Ostafrika zu und ist seit langem Bestandteil Tansanias.

Der Name Kilimandscharo

Die an seinen Hängen siedelnden Chagga kannten keinen übergreifenden Namen für das Kilimandscharogebirge, sondern benannten nur seine beiden höchsten Gipfel: Kipoo (Kibo, nach Gutmann «der Scheckige») und Kimawenzi (Mawenzi, nach Gutmann «der Gezackte»). Unter den nördlich davon lebenden Maasai hingegen sollen die Namen Ngaj E'Ngai oder Oldoinyo Eibor für den Kibo gebräuchlich gewesen sein. Abgesehen davon, dass solche Schreibweisen mit den Autoren wechseln, bedeuten sie etwa «Haus des Ngai» – des höchsten Wesens der Maasai, die diesen Namen auch auf den Mount Kenya sowie auf ihren heiligen Berg Oldoinyo le Engai anwenden – beziehungsweise «weißer Berg» oder «glänzender Berg».

Hans Meyer, Erstbesteiger des Kibos und überragender Erforscher dieses Gebietes, war der Ansicht: «Kilimandscharo ist eine Suaheli-Bezeichnung und bedeutet ‹Berg des Geistes Ndscharo›. Der Geist Ndscharo ist [...] eine Art afrikanischer Rübezahl, der auch einen Berg in Bondei bewohnt und diesem gleichfalls den Namen ‹Kilimandscharo› gibt. Die Bewohner des Kilimandscharo, die Wadschagga, [...] nennen den eisbedeckten Westgipfel ‹Kibo›, d. h. ‹der Helle›, den felsigen, eislosen Ostgipfel ‹Mawensi›, d. h. ‹der Dunkle›.»

Das erwähnte Bondei ist eine bergige Landschaft am nördlichen Panganiufer; widerspenstiger wird die Auslegung jedoch bei näherer Betrachtung der Wortstämme «kilima» und «ndscharo» oder besser «njaro». «Kilima» stammt sicherlich aus dem Kiswahili und bedeutet Berg, wenngleich heutige Wörterbücher dafür das Wort «mlima» angeben. Aber die Reiseliteratur des 19. Jahrhunderts zeigt einhellig, dass man – zumindest in dieser Gegend – «kilima» sagte. Allerdings ist «kilima» gleichermaßen ein Swahili-Begriff für eine Art der «pepo» (Geister), die Besitz von Menschen ergreifen und Krankheiten hervorrufen, aber auch Schutz bieten kann. «Njaro» hingegen soll im Kiswahili «leuchten» bedeuten oder ist als Ableitung aus dem Chaggawort «jyaro» für Karawanen betrachtet worden. Letzteres ergäbe also «Berg der Karawanen» – zweifellos lag der Kilimandscharo an einer viel begangenen Karawanenroute. Oder er wurde dem unter den

Swahili bekannten Dämon Njaro zugeschrieben: Weil Njaro seine Opfer durch Kälte lähmt, erschiene das auch einleuchtend, und wir wären wiederum bei der Erklärung angelangt, die Hans Meyer gab. Für die Deutung bemüht wurden schließlich auch zwei Wörter aus dem Maa, der Sprache der Maasai: «njoro» und «ngare» – beide sollen Wasser sowie im weitesten Sinne einen Ort kennzeichnen, an dem es Wasser gibt.

Babylonische Verwirrung also. Es bleibt nun jedem Bergwanderer sowie der Art seiner Erlebnisse überlassen, ob er «Kilimandscharo» als «Haus Gottes» oder als «Berg des bösen Geistes» deutet. Spaßvögel bieten zudem noch eine andere Erklärung an: Das Gebirge soll nach einer tansanischen Biermarke namens «Kilimanjaro» benannt worden sein.

Den Namen «Kilimanjaro» tragen viele tansanische Produkte, darunter erheblich höherprozentige als die hier abgebildeten.

Latham Peak. So also sieht es aus, wenn man den Göttern nahe ist. Nebel, Nebel und Schöpfungstrümmer. Steinerne Aufschreie, zurückgelassen in der Werkstatt eines verwirrt geflohenen Bildhauers.

In den heillos morschen Felsbrocken schwimmen feine weiße Nadeln: irgendein Mineral, das den Pol wies, als das Gestein kochend hervorbrach – und dann mit ihm erstarrte.

Der Rabe, mein letzter Gefährte, ist im Nebel verschwunden. Ich muss zusehen, wie ich hier wieder hinunterkomme. Davon spricht und schreibt niemand gern: von Verwitterung, von den Mühen des Abstiegs, von verwehter Polrichtung und erloschenem Feuer.

Als die Erde mit dem Himmel sprach

Eine Chaggalegende erzählt, das Kilimandscharogebirge sei entstanden, weil die Erde mit dem Himmel reden wollte. Die Wissenschaft sieht die Schöpfungsgeschichte jener Gegend nüchterner, doch nicht weniger erregend: nämlich als vulkanischen Prozess im Zusammenhang mit der Bildung des so genannten Ostafrikanischen Grabens. Begonnen hat diese Grabenbildung ursprünglich in Äthiopien, inzwischen erreichte sie einerseits Botswana und andererseits Vorderasien. Das ist simpel gesagt, denn es gibt in Afrika mehrere Grabenbrüche mit vielen Verzweigungen; aber es geht hier nur darum, das Bild eines sich erweiternden Risses in der Erdkruste zu skizzieren, der irgendwann zur Loslösung vom Kontinent führen wird. Das eindrucksvolle Ergebnis einer solchen Grabenbildung ist zum Beispiel das Rote Meer.

Latham Peak, der gerundete Gipfel in der linken Bildhälfte, gehört zu den stark verwitterten Überresten der Mawenzi-Kraterumwallung. Der sich östlich vom Kibo erhebende Mawenzi (5149 m) ist der dritthöchste Berg Afrikas.

Von einer Grabenverzweigung im Norden Kenias verläuft nun ein Riss zum Victoriasee, ein weiterer ost- und südwärts. An einem Querbruch des Letzteren liegen die Vulkane des Kilimandscharogebirges. Derlei Vulkane findet man sowohl am Rand als auch innerhalb des Grabenbruches, überall dort, wo das Magma einen Weg zur Erdoberfläche fand, und man darf sich die Entstehung der heutigen Gebirgsform bildhaft etwa so vorstellen: Vor langer Zeit, vielleicht vor 750 000 Jahren, stieg im Umkreis der uralten Vulkane um Kilema, Kibongoto und Ol Molog Rauch auf. Zischend kroch Hitze aus der Tiefe und versengte Gras und Buschwerk, wirbelnde Gasnebel erstickten das Wild. Bald darauf erschütterten Erdstöße den Nebenarm des Ostafrikanischen Grabens. Bäume stürzten und kehrten ihre verkohlten Wurzeln himmelwärts. Flammensäulen erhoben sich aus der berstenden Erde, und blutrote Lava quoll aus einer Feuergrube. Immer wieder glutflüssig hervorbrechend und erkaltend, schichtete sie im Verlauf viele Jahrtausende währender Ausbrüche einen Vulkankegel auf: den Shira. Als der Druck in der Magmakammer darunter nachließ, sank Shira in sich zusammen. Nun brach ostwärts davon der Mawenzi aus und verdunkelte mit seiner Asche den Himmel über unseren Vorfahren, es regnete Steine und Glut, bis der Berg vor etwa 500 000 Jahren verstummte. Da wurde der Kibo geboren, füllte brüllend den eingebrochenen Shirakrater und umschlang seinen Nachbarn Mawenzi mit Lavaströmen. Und irgendwann, nach einem letzten Aufbäumen, schwieg auch er. Manches davon haben schon Menschen erlebt, denn in Ostafrika erlernten wir das Laufen und das Fortlaufen, den Gebrauch und die Herstellung von Werkzeugen. Mit ihnen verschafften wir uns Fleischkost, die uns zu dem machte, was wir sind. Dort schwirrten die ersten Pfeile.

Das Kilimandscharogebirge auf seiner etwa 60 mal 40 Kilometer messenden Basis mit den höchsten Erhebungen Shira, Kibo und Mawenzi. Hauptort ist die Stadt Moshi im Süden, die von Touristen meist über den nicht weit entfernten Kilimanjaro International Airport im Südwesten erreicht wird.

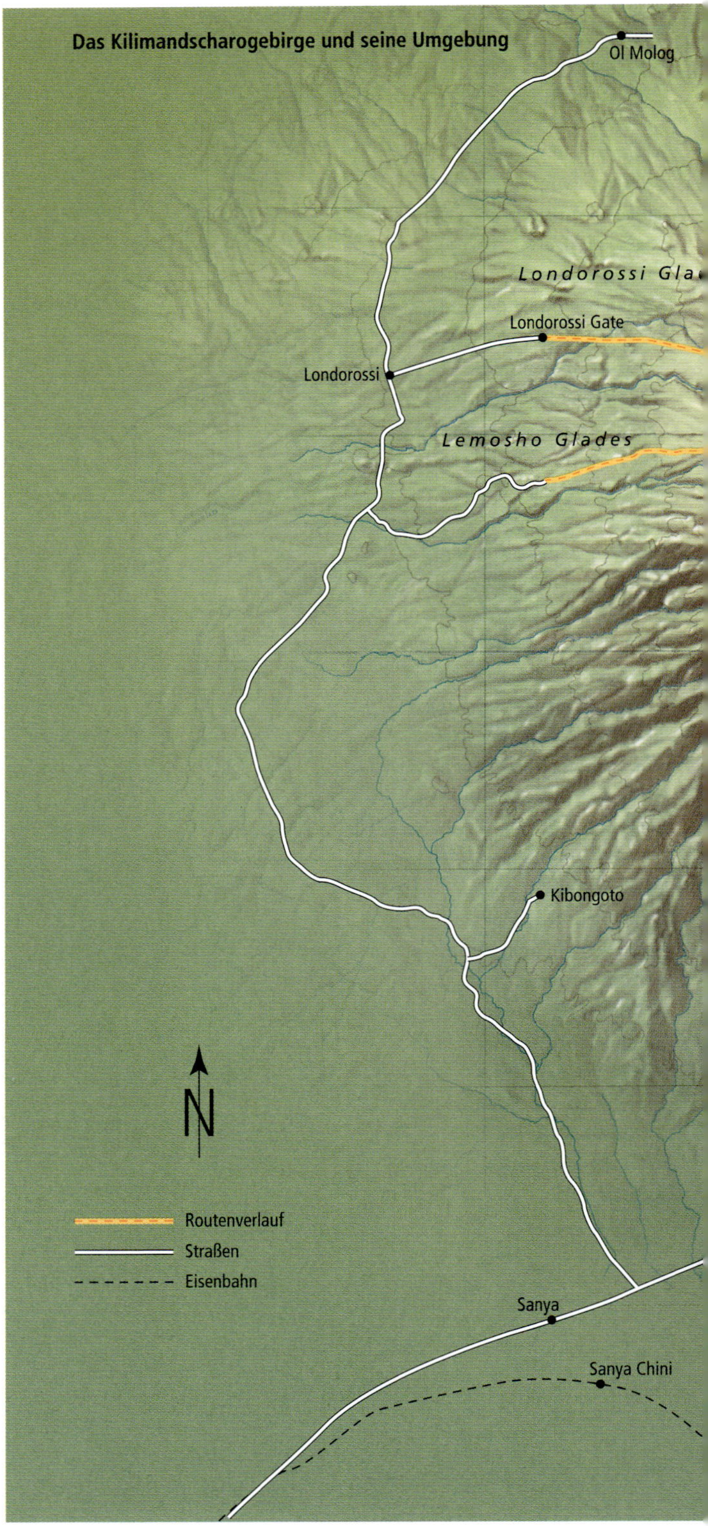

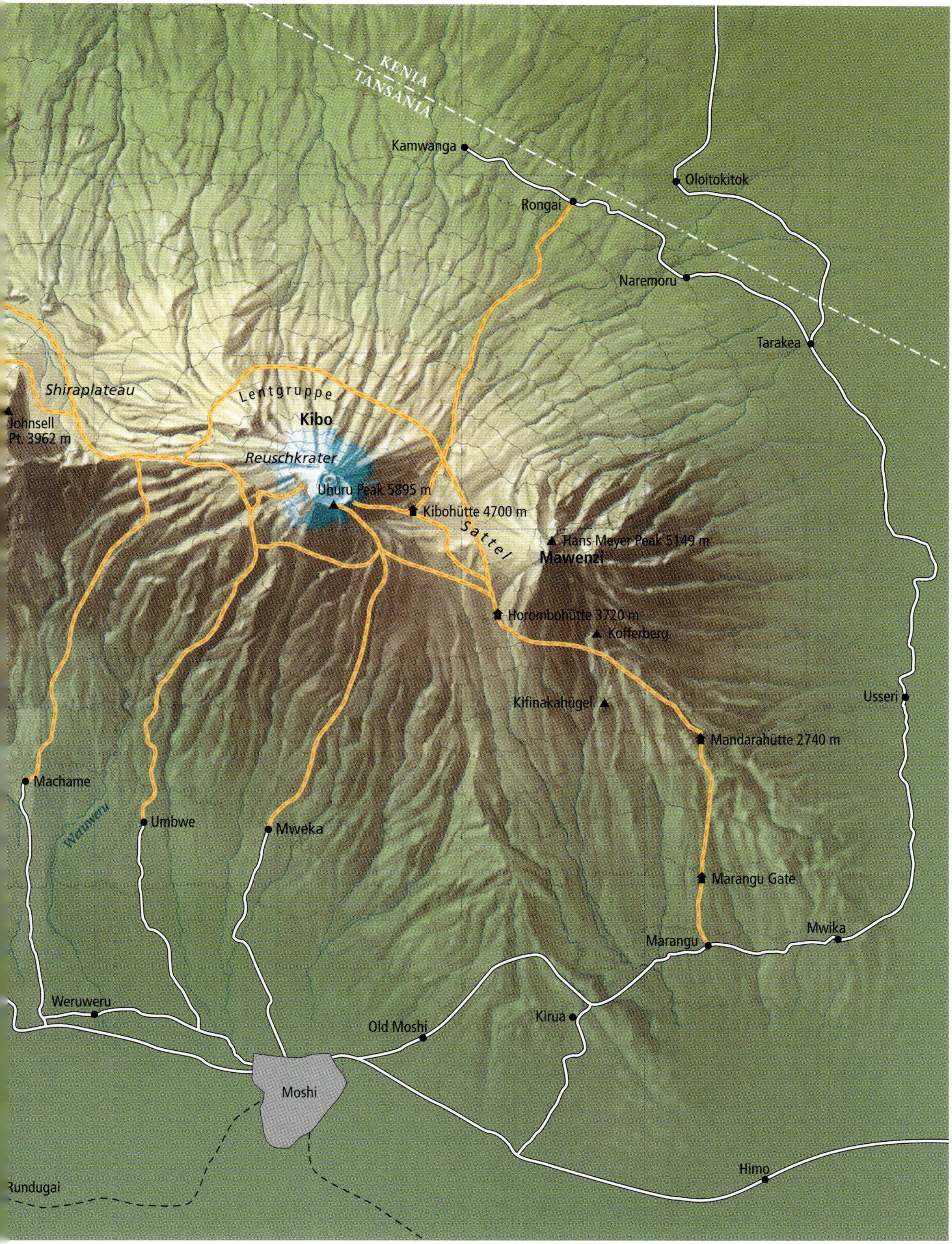
KENIA
TANSANIA
Kamwanga
Oloitokitok
Rongai
Naremoru
Tarakea
Shiraplateau
Lentgruppe
Kibo
Johnsell Pt. 3962 m
Reuschkrater
Uhuru Peak 5895 m
Kibohütte 4700 m
Sattel
Hans Meyer Peak 5149 m
Mawenzi
Horombohütte 3720 m
Kofferberg
Kifinakahügel
Usseri
Mandarahütte 2740 m
Machame
Weruweru
Umbwe
Mweka
Marangu Gate
Mwika
Marangu
Weruweru
Old Moshi
Kirua
Moshi
Himo
Rundugai

Der Shirakamm – hier gesehen vom Lager Stream Camp auf dem Shiraplateau – ist wie der schartige Mawenzigrat darunter das von Erosion und Verwitterung zerstörte Relikt einer Kraterumwallung.

Folgende Doppelseite: Ausblick auf den Mawenzi von Kibos Kraterrand.

Inzwischen formten Gletscher und Bäche, Regen und Sandstürme das Gestein. Vulkanische Aschen sowie ein Wechselspiel von Hitze, Frost und Wasser schufen Erdreich. Wind und Vögel trugen Samen herbei. Jetzt liegt dort das Kilimandscharogebirge mit seiner 60 mal 40 Kilometer messenden Basis, überragt von den Skelettresten und Gipfeln der drei Vulkane: vom verwitterten Shirakamm (3962 m am Johnsell Point), vom zerrissenen, dunklen, bisweilen völlig verschneiten Überrest der Kraterumwallung des Mawenzis (5149 m am Hans Meyer Peak) und vom ebenmäßigen, gletschergekrönten Kibo (5895 m am Uhuru Peak), dem höchsten Gipfel Afrikas und Ziel so vieler Sehnsüchte, dem Berg der Karawanen. Weshalb eigentlich? Mawenzi ist herausfordernder, der benachbarte Meru bizarrer und von einer immer noch reichen Tierwelt umgeben, dem nicht weit entfernten Oldoinyo le Engai wohnt für jene, die sie empfinden können, eine mächtige Spiritualität inne, und überdies ist er ein aktiver Vulkan. Gletscher gibt es auch auf dem Mount Kenya oder im Ruwenzorigebirge. Doch wir, getrieben vom Verlangen nach Höhe, schätzen dergleichen meist gering.

Der Kibo – oder schlechthin Kilimandscharo – wird gern als der höchste frei stehende Berg der Welt bezeichnet. Genau genommen ist jedoch auch er Bestandteil eines vulkanischen Höhenzuges, dessen Gipfel wahrhaftig nicht unscheinbar sind: Sein Nachbar Mawenzi ist immerhin der dritthöchste Berg des Kontinents, der Shira war einmal 5000 Meter hoch, bevor er einbrach und eine Caldera – einen durch Einsturz oder Explosion entstandenen Kraterkessel – mit einem Durchmesser von nahezu 3 Kilometern hinterließ. Und die Zahl der an Kibo und Mawenzi angrenzenden Vulkane ist groß, weil dort ein Querbruch des Ostafrikanischen Grabens eine andere tektonische Spalte kreuzt: der Meru zum Beispiel, dann natürlich die Triplets und Middle Red Hill genannten Kraterkegel auf dem Sattelplateau, aber auch der Kofferberg, Podocarpus Hill, der Kifinikahügel, der Maundikrater und der Chalasee, der ebenfalls ein Vulkankrater ist. In der entgegengesetzten Richtung, nordwestlich vom Kibo, gehören die Lentgruppe und die Nordshirazone in diese hitzige Gesellschaft.

Das ist ein weites Feld. Wie seine Nachbarn vor langer Zeit aussahen, wann der Kibo ausbrach und wie lange er gemeinsam mit ihnen tätig war, ist nur zum Teil nachweisbar und meist in unzugänglichen Schichten verborgen. Vermutet wird, das Geschehen habe sich in der hier geschilderten Reihenfolge ereignet und der Kibo sei ungefähr 450 000 – andere sagen 360 000 – Jahre alt, aus der Sicht der Geologen also ein junger Berg. Er gilt nicht als erloschener, sondern als ruhender Vulkan, und manches deutet darauf hin, dass es während der vergangenen 600 Jahre zumindest einen Ausbruch gab. Etwa vor sechs Jahrhunderten sollen nämlich die Chagga in das Kilimandscharogebiet eingewandert sein, deren Überlieferungen Hinweise auf Kibos Aktivität geben. So zeichnete Bruno Gutmann eine Chaggalegende auf, welche die schartige,

Linke Seite: Das Bild zeigt noch einmal den Mawenzi im Schneemantel, diesmal vom Sattelplateau her (oben). Darunter ein trüber Morgen auf diesem Plateau, über das sich der ausgetretene Pfad zur Kibohütte hinaufwindet (unten).

Das von Wolken gefüllte Barrancotal in Kibos Südwesten, das nicht unmittelbar durch vulkanische Vorgänge, sondern durch Einbruch entstand.

zerklüftete Gestalt des Mawenzis erklären soll und zugleich Kibo als Bewahrer vulkanischen Feuers zeigt. Demnach verlosch dem Mawenzi eines Tages das Herdfeuer. Er ging deshalb hinüber zu Kibo, der gerade getrocknete Bananen stampfte, und bat ihn um Feuer. Kibo gab es ihm, beschenkte ihn dazu auch noch freigebig mit Bananen. Mawenzi liebte Bananen so sehr, dass ihm auf dem Heimweg die Idee kam, das Feuer auszublasen und zurückzukehren. Kibo brummte zwar, als sein Gast behauptete, der Wind habe das Feuer gelöscht, gab ihm jedoch wiederum Feuer und Bananen. Erst als Mawenzi das Spiel zum dritten Mal wiederholen wollte, erhob Kibo wütend den Stampfer und prügelte auf seinen Nachbarn ein. Es sind jene Schläge, die den zerrissenen Mawenzigrat geformt haben.

Inzwischen weiß man, dass die Mawenzitürme von so genannten Härtlingen gebildet werden: von vertikalen, im Vulkanschlot stecken gebliebenen Lavaströmen, deren weicheres Umgebungsmaterial verwittert und hinabgestürzt ist. Dennoch bestätigt die von Gutmann bewahrte Legende wichtige Erkenntnisse: Mawenzi erlosch wohl tatsächlich als erster der beiden Vulkane, so dass er sich bei seinem Nachbarn Feuer holen musste, und Kibos Bananenstampfen erinnert an Erdbeben. Am Ende des 19. Jahrhunderts waren Beben dort so häufig, dass Hans Meyer eine ganze Reihe solcher Ereignisse aufzeichnen konnte. 1891 sollen auf dem Kifinikahügel, einem Nebenvulkan des Mawenzis, noch Opfer dargebracht worden sein, um den zürnenden Kibo zu besänftigen. Und auch in unseren Tagen künden Fumarolen – Gasaushauchungen – in seinem Krater von Kibos brodelndem Innenleben.

Es ist durchaus möglich, dass der Kibo in einer nahen Zukunft wiederum ausbricht. Den Vulkanologen bereitet seine Gestalt Sorge: Im Gegensatz zu den eleganten Silhouetten von Vulkanen, die von dünnflüssiger Lava aufgetürmt wurden – etwa denen des pazifischen Feuerkreises auf Kamtschatka, den Aleuten und in Japan –, wirkt der Kibo aufgebläht, einem Napfkuchen ähnlich, seine Flanken sind nicht konkav, sondern konvex geformt. Das mag auf zähflüssige Lava hindeuten, die sich in seinem Innern wie ein Pfropfen anstaute, der vielleicht eines Tages mit einer gewaltigen Explosion befreit wird. Es wäre nicht der erste Ausbruch von solcher Art: Selbst die höchste Kraterumwallung am Uhuru Peak ist nur der Überrest einer früheren, irgendwann weggesprengten Bergspitze. Und verheerender noch als damit einhergehende Lavaflüsse, Ascheregen und vulkanische Bomben muss vor langer Zeit die Mischung aus Feuer und Eis gewesen sein, die sich dann über die Berghänge ergoss – eine Flut aus kochendem Schmelzwasser, Felsbrocken, Schlamm und den Baumstämmen des Waldgürtels. «Moshi und die Dörfer im Südwesten sind auf einigen dieser ehemaligen Schlammlawinen erbaut», schreibt darüber der Geologe Roger Bilham und deutet damit an, welches Unheil ein erneuter Ausbruch über die Menschen an den dicht besiedelten Berghängen bringen könnte.

Während der ersten Überfliegung durch die Schweizer Walter Mittelholzer und Alfred Künzle entstandene Luftaufnahme vom Reuschkrater. Rechts oben das Nördliche Eisfeld; der Kibogipfel ist nicht sichtbar, er liegt jenseits vom linken Bildrand.

Lange Zeit schien es so, als sei der Kibo gänzlich erloschen: Als 1889 Hans Meyer und Ludwig Purtscheller als erste Europäer am Rand des mit Eis gefüllten Kraterkessels standen, schlossen sie natürlich aus, dass darunter noch ein vulkanischer Herd brodeln würde. Heute wird jedoch von einigen Wissenschaftlern vermutet, neben dem Rückgang der Niederschläge könnte Kibos innere Hitze am Abschmelzen der Gletscher – gewöhnlich allein als Folge der Klimaerwärmung betrachtet – beteiligt sein. Und für den, der sich in den Krater begibt, ist diese Hitze ja auch spürbar. Allerdings wäre erst einmal zu klären, wo dieser Krater zu suchen ist. Von Kibos höchster Erhebung, Uhuru Peak, blickt man zunächst auf den dort 180 Meter tiefer liegenden Kraterkessel. Er misst im Durchmesser etwa 2,5 Kilometer. Darin ist ein «Krater im Krater» exzentrisch nach Norden zu angeordnet, der den nach dem Missionar Richard Reusch benannten Reuschkrater enthält, dessen Durchmesser 820 Meter beträgt. Damit nicht genug, birgt auch dieser noch einen Kraterkegel: Ash Cone mit seinem 130 Meter tiefen, Ash Pit genannten Auswurfkrater. Solche Gegebenheiten sind allerdings vom Gipfel her schon deshalb nicht erkennbar, weil der innere Kraterrand (ca. 5835 m) dafür zu weit entfernt ist und nur 60 Meter tiefer als Uhuru Peak liegt. Vom Gillman's Point gesehen, erhebt er sich sogar etwa 130 Meter über den Betrachter.

Zu fragen bliebe, ob der Berg seine vulkanische Natur dem Bergwanderer auch anderenorts verrät. Das tut er natürlich schon allein mit den Stirnen ehemaliger Lavaflüsse, die vielerorts überwunden werden müssen, mit den vulkanischen Bomben, die überall herumliegen, und mit Gesteinen wie Porphyr, Basalt, Obsidian oder Tuff. Ein besonders eindrucksvolles Bild früherer Lavaströme gewinnt man unmittelbar unter der Horombohütte, in

Tansanit

Tansanitdiamanten gehören zu den begehrtesten Angeboten tansanischer Edelsteinhändler.

Nach seiner Entdeckung 1967 wurde der Tansanit von Edelsteinhändlern als «Diamant des 20. Jahrhunderts» gefeiert. Der oft tiefblaue, leicht purpurn angehauchte Edelstein fällt schon durch sein Farbspiel auf: Abhängig von der Richtung des Lichteinfalls erscheint er blau, rotviolett oder bräunlich gelb. Der bräunlich gelbe Farbanteil ist in den Rohkristallen stark ausgeprägt. Sie sehen deshalb fast wie brauner Kandiszucker aus und lassen kaum ahnen, dass es sich um Diamanten handelt, für die in erheblichen Größen und bei entsprechender Reinheit nahezu jeder Preis gezahlt wird. Seine von Aquamarin bis zu tiefem Blau spielende Farbe gewinnt der Stein erst durch Brennen bei 500 Grad.

Tansanitdiamanten werden bisher nur an einem einzigen Ort gefunden: in den Mererani Hills im Schatten des Kilimandscharos, nur zwei Dutzend Kilometer vom Kilimanjaro International Airport entfernt. Wer diesen Ort aufsuchen möchte, an dem man mehr über Tansania und den Lauf der Welt erfahren kann als etwa auf dem Kibogipfel oder an den bevorzugten Touristenzielen, der sei gewarnt. Zwar verkündet eine der Aufschriften auf den Felsen an der Zufahrt «Mungo yupo», Gott lebt, aber dahinter liegt eine Höllenvision Dante Alighieris, ein Maschinenraum der Dritten Welt: 10 000 Männer, Jugendliche und Kinder schuften dort in etwa 750 Minen, graben sich oft 100 Meter tief in den Grafitschiefer. Und es vergeht kein Jahr, in dem nicht viele von ihnen bei einer der ständigen Streitereien umgebracht werden, in den Schächten ersticken oder während heftiger Regenfälle ertrinken. Allein 1998, beim bisher letzten großen Wassereinbruch, starben weit über 100 Minenarbeiter. Kaum ein Besucher wird es wagen, über eine der unsäglichen Hühnerleitern hinabzusteigen. Die Dunkelheit, der Staub, die Enge, die erschöpften, halb irren und vom Banghi, vom Hanf, berauschten Menschen, die da heraufklettern, die Geiergesichter der am Rande hockenden Aufkäufer und vor allem die furchtbare Not, die hinter all dem zu erahnen ist, sind Eindruck genug.

deren Umkreis manchem Aufsteigenden auch eine weitere Hinterlassenschaft vulkanischer Vorgänge auffallen mag: kleine, nicht ganz regelmäßig geformte Feldspatkristalle, ausgewittert aus dem Gestein oder – ursprünglich – hervorgeschwappt aus einem See von flüssiger Lava. Häufiger noch findet man solche Kristalle im Sattel und in unendlicher Anzahl – dann bisweilen von Fingerlänge – kurz unter dem Gipfel, wo sie den Boden weithin bedecken und in der Sonne funkeln. Ein anderes steinernes Reiseandenken vom Kilimandscharo könnte Obsidian sein, das schwarze «vulkanische Glas», sofern man jemanden kennt, der daraus Schmuckstücke schleifen kann. Obsidian ist hin und wieder in Felsspalten zu sehen; in einem trockenen Bachbett, das Wanderer auf der Machameroute etwa eine Viertelstunde vor dem Shira Camp überqueren, liegen sogar zahlreiche Obsidianknollen verstreut. Und es wäre gewiss erfreulich, wenn jemand seiner Sammlung zudem einen Tansanit hinzufügen könnte, der ja ebenfalls in der Zeit entstand, in der die Erde mit dem Himmel sprach. Doch die bislang einzige bekannte Lagerstätte von Tansanitdiamanten liegt am Fuß des Kilimandscharogebirges.

Western Breach. Fahles Sonnenlicht lässt den Schnee aufleuchten und erhellt eine dämmrige Landschaft voller Felswände und feindseliger Gleichgültigkeit, reicht aber nicht aus, um Schatten zu werfen. Zunächst sind die Flocken fein wie Reif, dann werden sie größer und klatschen uns feucht in die Gesichter. Ein Sturm kommt auf. Erst in Böen, mit hohlem Summen, dann rasend. Ich stemme mich dagegen, fluche vor mich hin, wütend über diese irrwitzige Verschwendung von Energie. Da hebt der Sturm wirbelnde Schneeschleier vom Boden, füllt mir die Augenhöhlen mit nassen Flocken und verschüttet höhnend Schnee wie Mehl aus einem Sack.

Wir stolpern blindlings über einen Geröllhang. Lärmend kullern losgetretene Steine abwärts. Aber auf einmal verstummt das Fallgeräusch. Die Steine hüpfen in eine unsichtbare, weit entfernte Tiefe. Wir blicken uns an. Zu lange haben wir keine der roten Farbmarkierungen mehr gesehen. Auch keinen der Steinmänner, die mitunter an der Route aufgetürmt waren.

«Die Kegelbahn», murmelt Justin, «sie nennen das hier die Kegelbahn.»

Von einer Wand irgendwo im Nichts springen Felsbrocken mit widerlichem Geräusch herab: tack, tack, taaak! Tack, tack, taaak! Das Krachen am Ende des Falles, auf das wir bangend warten, bleibt unhörbar.

15 Stunden sind wir jetzt unterwegs. Manchmal sehe ich neben uns Menschlein, Zwerge, die Haut grau wie Asche, die Gesichter knotig. Sie laufen zwischen Hütten umher, die schwarz sind vor Nässe, und winken mir zu. Stumpf schleppe ich mich vorbei, und dennoch gibt die Furcht mir hundert Augen.

«Ein Mann stirbt irgendwann, ein Feigling jeden Tag.»

Carl Claus von der Decken.

Linke Seite: Die Western Breach – hier ein Abschnitt der so genannten Kegelbahn – am Südwestkibo gehört wegen ihrer Steilheit und Unwegsamkeit zu den schwierigsten Routen.

Im Jahr 1858 richten sich die Hoffnungen der gelehrten Welt auf den erst 22-jährigen Albrecht Roscher, der – unterstützt von König Max II. von Bayern und dem Hamburger Handelshaus O'Swald – im Herbst auf Sansibar eintrifft. Roscher verfügt über eine naturwissenschaftliche Grundausbildung, hat Medizin und Arabisch studiert und mit einer Arbeit über Ptolemäus und die zentralafrikanischen Handelswege promoviert. Claudius Ptolemäus war jener antike Kosmograf, der von den legendären «Mondbergen» berichtete, und eines von Roschers Zielen ist es, endlich das Rätsel um die immer wieder – schneebedeckt oder nicht – wie Trugbilder nahe dem Äquator erscheinenden und verschwindenden Gebirge aufzuhellen. Tatsächlich beweist Roscher sogleich große Fähigkeiten, obwohl seine Vorhaben in einem tragischen Verhältnis zu seinen Mitteln stehen. Er versucht im Verlauf seiner Reisen naturkundliche und ethnografische Sammlungen zusammenzutragen, um mit dem Verkaufserlös den Zug zu den Schneebergen zu finanzieren. Bald steht er, nur wenige Wochen nach dem gefeierten David Livingstone, als zweiter Europäer am Ufer des Nyassasees, des heutigen Malawisees; aber dann verliert sich seine Spur im Dunkeln. Später findet man heraus, dass er im März 1860, 24 Jahre alt, in einem Dorf am Karawanenweg zwischen Kilwa und dem Nyassasee ermordet wurde.

Ein halbes Jahr nach Roschers Tod erreicht ein anderer Deutscher Sansibar: Baron Carl Claus von der Decken. Nebenher: Seit manche Sachbuchautoren nicht mehr aus den Primärquellen, sondern nur noch voneinander abschreiben, werden Deckens Vornamen selten in dieser korrekten Schreibweise überliefert. Das wäre durchaus noch erträglich, wenn nicht auch noch fortwährend behauptet würde, Deckens Wiege habe in Hannover gestanden. Richtig ist, dass Carl Claus von der Decken in Hannover lebte. Geboren wurde er jedoch 1833 in einem brandenburgischen Dorf, dessen schamhaft verschwiegener Name Kotzen lautet.

Der Baron ist sehr vermögend, ein gebildeter, leidenschaftlicher Reisender und noch etwas mehr als das. Seine Streif- und Jagdzüge führten ihn bisher durch viele europäische Länder und nach Algerien. Folgenreicher wurde, dass er solche Reisen mit historischen und naturwissenschaftlichen Studien verband. Decken hatte diesmal eigentlich vorgehabt, in Südafrika zu jagen, bis der

Afrikaforscher Heinrich Barth ihn für Albrecht Roschers Unternehmung begeisterte. Das Erscheinen des hervorragend ausgerüsteten, über bedeutende Mittel verfügenden Barons hätte Roschers Schicksal sicherlich anders verlaufen lassen. Aber als Decken auf Sansibar eintraf, war Roscher bereits umgebracht worden, und es blieb wenig mehr zu tun, als zu versuchen, wenigstens seine Aufzeichnungen zu retten. Vorangetrieben auch vom Wunsch, Roschers Mörder aufzuspüren, marschierte Decken deshalb im November und Dezember 1860 auf der Handelsroute von Kilwa zum Nyassasee westwärts, musste seinen Vorstoß jedoch wegen «der Ungunst der Umstände» – gemeint sind versteckter und offener Widerstand seiner Begleiter sowie die Feindseligkeit der Bevölkerung – abbrechen.

Anschließend, im Februar 1861, erscheint Decken in Mombasa, ist zu Gast bei Johannes Rebmann und Ludwig Krapf und lässt sich von den Missionaren beraten, wie Roschers Vorhaben fortgesetzt werden kann. Er erfährt dabei von Umständen, die seine ohnehin nicht geringe Tatkraft anstacheln. Rebmann wird ihm berichtet haben, dass er den von Eis und Schnee funkelnden Gipfel in Machame zum Greifen nahe sah, wird ihm auch nicht verschwiegen haben, was man an den Lagerfeuern der Maasai sowie in Machame und in den anderen Bergsiedlungen erzählt: Alle Elefanten der Savanne kämen zum Sterben auf den Kibo, die Höhlen dort seien gefüllt mit schimmerndem Elfenbein.

Wieder nach Sansibar zurückgekehrt, stellt Decken sogleich eine Karawane zusammen. Das bedeutet nun nicht nur, Diener, Träger und bewaffnete Begleiter zu verpflichten. Die mitgeführten Waren – es sind Wegzölle und Geschenke für Häuptlinge der durchquerten Gebiete sowie Tauschartikel, um Verpflegung einzuhandeln – wollen sorgsam ausgewählt sein. Denn an der Küste lassen Händler sich mit Goldmünzen verschiedener Währungen, mit silbernen Dollars, Piastern oder Maria-Theresia-Talern und mit indischen Rupien bezahlen, im Landesinneren jedoch ist dergleichen kaum etwas wert. Dort verlangt man Tuche in vielerlei Beschaffenheit und Farben, darunter weißes Merikani aus amerikanischer Baumwolle, das blaue, zartere indische Kaniki sowie das rote Bandera assilia, zudem Kupfer- oder Messingdraht und bunte Perlen aus Porzellan oder Glas wie die roten Sami sami, die blauen Maji bahari, die schwarzen Bubu. Jeder Stamm bevorzugt andere Tauschartikel als seine Nachbarn. Bubu sind in Unyamwezi unnütz, weil die Leute dort nur Sami sami schätzen, die wiederum in Ugogo verachtet werden. Im Chaggaland hingegen, wo man nach winzigen karminrot oder türkis gefärbten Glasperlen verlangt, wäre dies alles fast wertlos. Der afrikanische Perlenschmuck bekundet nämlich Gegebenheiten, für die man in Europa einen Ehering oder einen Orden benötigt. Und wie es kunstsinnige Menschen nun einmal sind, können auch die Bewohner Ostafrikas sehr starrköpfig sein, wenn es um die Beschaffenheit solcher Ausdrucksmittel geht: Die Tuche müssen in Bahnen von ganz bestimmter Länge geteilt, die Perlen in vorgeschriebener Anzahl aufgereiht sein,

Abbildung eines Affenbrotbaums in Deckens Reiseschilderung. Ludwig Purtscheller vermaß später während einer Reise zum Kilimandscharogebirge einen solchen Baum: Der Umfang betrug 30 Meter.

und auch die Vorschriften dafür wechseln mit den Landschaften. Allein für die Verpflegung seiner Karawane benötigt der Baron etwa 10 Doti – nahezu 40 Meter – Tuch täglich. Er muss also schon jetzt planen, wie lange er sich in welcher Gegend aufhalten möchte. Bedacht sein sollte ebenso, dass sich mit der Anzahl der Traglasten auch der Wegzoll erhöht und somit weitere Träger erforderlich werden, die wiederum neue Lasten bedingen: eine verworrene Berechnung, die uns erklären mag, weshalb wir manchen Reisenden überstürzt einen Landstrich verlassen sehen. Zum Schluss wird der Warenberg endlich in tragbare Lasten geteilt, möglichst wetterfest verpackt, vernäht und markiert. Listen verzeichnen, welcher Träger für welchen Ballen verantwortlich ist, und mit etwas Glück findet man dann unterwegs die jeweils benötigten Dinge wieder.

Auf Sansibar gewinnt Decken auch einen Reisegefährten: Richard Thornton, ein 23-jähriger britischer Geologe, zuvor Teilnehmer an David Livingstones Sambesi-Expedition. Diese Unternehmung war schon deshalb kein Ruhmesblatt in der Geschichte der Afrika-Expeditionen, weil der Einzelgänger Livingstone mit ihrer Leitung wohl überfordert war. Thorntons Erinnerungen daran sind jedenfalls überaus unangenehm. Aber er hat in den anderthalb Jahren nach seiner schimpflichen Entlassung bewiesen, dass er sehr wohl zu selbständiger und zielstrebiger Forschungstätigkeit fähig ist. Man wird ihm daheim zumindest zutrauen, Karneol von Eis und Quarz von Schnee unterscheiden zu können.

Carl Claus von der Deckens Abenteuer beginnt Ende Juni 1861 in Mombasa und führt ihn gemeinsam mit Thornton sowie 54 Führern, Bewaffneten, Trägern und Dienern zunächst südwestwärts zu den Shimbabergen. Die Berge

Anderthalb Jahrhunderte nach Deckens Expeditionen sind die Aufstiegswege gebahnt – auf der Maranguroute sogar zum Teil befestigt. Dennoch erfordert der Marsch durch den Bergregenwald Ausdauer und Gleichmut angesichts der Regenfälle. Oben ein Lagerplatz der Machameroute, unten ein Blick auf Unterkünfte im Umkreis der Mandarahütte (Maranguroute).

gewähren den ersten Ausblick auf die Landschaft, durch die sie ziehen werden: Die Regenzeit ist gerade vorüber, frisches, weiches Grün bedeckt den Boden, die Schirmakazien sind belaubt und mit winzigen gelben und weißen Blüten geschmückt, Antilopen huschen schattenlos umher. Hin und wieder erhebt dazwischen ein Baobab, ein Affenbrotbaum, sein seltsames, wurzelartiges Astwerk. Gott hat diesen Baum, so erzählt man hier, im Zorn ausgerissen und verkehrt herum wieder eingepflanzt, weil er nach der Schöpfung stets auf seinen Wurzeln fortgelaufen war. Decken lagert bald unter einem Affenbrotbaum – nicht zur Freude seiner afrikanischen Begleiter: Baobabs sind Wohnstätten von Geistern. Ihr Schatten ist voller Geflüster, das den Wanderer um den Verstand bringen kann.

Die weitere Reiseroute verläuft ungefähr parallel zur heutigen Grenze zwischen Kenia und Tansania. Der Baron durchquert dabei das Gebiet der wehrhaften Taita, über die schon Rebmann geklagt hatte und die auch diesmal ein geringes Interesse für den Fortgang der europäischen Entdeckungsgeschichte bekunden. Sie fordern einen ungewöhnlich hohen Wegzoll; zudem sollen ihnen die botanischen Sammlungen der Expedition übergeben werden. Vermutlich befürchten die Medizinmänner der Taita, Decken wolle damit Unheil bringende Handlungen vornehmen. Der Baron, der sich bei solchen Gelegenheiten eigentlich lieber eines Rohrstocks bedient, muss angesichts von 200 aufgebrachten Kriegern nach einer diplomatischen Lösung suchen und findet sie.

Schon am 14. Juli 1861, an den Nordhängen des Paregebirges, erblickt die Expedition zwischen treibenden Wolken erstmals ihr Ziel: «So hoch wie vier Vollmonde übereinander ragt der Riesenberg empor, einem mächtigen Dome gleich, bedeckt von blendend weißem Schnee, welcher den hellen Sonnenschein noch heller zurückstrahlt», berichtet Decken von diesem Tag. Der Anblick währt nur Minuten, bis der Wind wiederum Wolken in die Szene streut. Doch ein zuvor stets mitwandernder, wispernder Begleiter – der Zweifel – geht nun endlich davon. Die Karawane wendet sich nach Norden, folgt dem wildreichen Ufer des von Johannes Rebmann entdeckten Jipesees und erreicht über Taveta die Landschaft Kilema im Südosten des Kilimandscharogebirges. Nach langen und kostspieligen Verhandlungen mit dem Herrscher über Kilema, dem Chaggahäuptling Mambo, unternimmt der Baron in der Zeit vom 8. bis zum 11. August einen Versuch, zum Kibo hinaufzusteigen.

Das geschieht annähernd in jener Gegend, in der die von heutigen Bergwanderern benutzte Maranguroute verläuft. Die sich danach noch oft wiederholende Übereinstimmung ergibt sich daraus, dass solche Wege Wildwechseln folgen, auch von Holzfällern, Honigsammlern, Fallenstellern und Jägern begangen werden und schließlich zu einem Handelspfad an der oberen Waldgrenze führen, der alle Landschaften der südlichen Gebirgshänge miteinander verbindet. Decken gerät aber wohl an unkundige oder unwillige Führer, anders

Am oberen Waldgürtelrand weicht der Baumbestand dem Verbreitungsgebiet der Baumheide – hier im linken Bildteil –, die den Übergang zur Heide- und Moorlandzone kennzeichnet.

bleibt sonst unerklärlich, weshalb die Europäer und ihre Begleiter nur unbedeutend vorankommen. Gewiss, der Marsch durch den Bergregenwald ist kräftezehrend: Ständig muss die Richtung gewechselt, Bachläufen, im Weg liegenden Baumstämmen und knotigem Wurzelgeflecht ausgewichen werden. «Wir gingen auf abscheulichen Wegen bald über steil aufragenden, schlüpfrigen Tonboden, in welchem Elefanten ihre riesigen Fußspuren eingedrückt, bald im Wasser bis an die Knöchel, bald durch dichte Büsche, deren nasse Zweige uns in das Gesicht klatschten, bald über umgestürzte Bäume und abgebrochene Äste hinweg . . .»

Es herrscht Südwinter; die Nächte sind frostkalt, der Mittag bringt statt Erwärmung brausende Regenfälle. Die frierenden, durchnässten und barfüßigen Träger erschöpfen rasch, gleiten im Morast aus, stürzen über Wurzeln. Sie verweigern immer häufiger die Arbeit, zumal sie keine ausreichenden Mahlzeiten bekommen, weil die Proviantvorräte knapp sind. Die von Häuptling Mambo gesandten Führer erweisen sich als widerwillig und suchen bald das Weite. Ihre Unlust mag auch daher rühren, dass sie sich im Wald fürchten, obgleich sie durchaus nicht abergläubischer sind als die Menschen in der Heimat des Barons. Wie jedermann hier weiß, sind Bäume lebende Wesen, manche davon heimtückisch. Die großen unter ihnen werden von Geistern bewohnt, deren warnende Stimmen jeder deutlich hören kann, sofern er die Sprache der Geister versteht. Und die verstehen einige, weil es auch die Sprache der Trommeln ist, die aus solchen Bäumen angefertigt werden. Es ist unheimlich im Wald, er beherbergt verschlagene Zwerge, Dämonen und Oger: grässliche Riesen, die Menschen fressen, nachdem sie ihnen bedächtig Arme und Beine abgerissen haben. Und da ist noch etwas, was keiner der damaligen Forscher bedenkt: Für seine Anwohner ist der Kibo ein Heiligtum, ein Olymp, ein Sitz der Götter, den man nicht ungestraft heimsucht.

Decken und Thornton müssen schließlich einsehen, dass sie die Mühen des Aufstieges unterschätzt haben. Sie geben auf und bestimmen den Punkt ihrer Umkehr mit einer Höhe von 8360 englischen Fuß (2548 m). Ihre Hoffnungen richten sich nunmehr auf die Landschaft Machame. Sehnsuchtsvoll irrend, hatte Johannes Rebmann sich dort «nur eine Stunde» vom Gipfelkegel entfernt geglaubt, aber auch nicht verschwiegen, wie widerstrebend die Machthaber und Bewohner von Machame Fremden begegnen. Tatsächlich gelingt es Decken nicht – obwohl er statt des Rohrstocks jetzt sogar Feuerwerksraketen und andere Respekt heischende Dinge aus der Trickkiste einsetzt –, diesen Widerstand zu brechen. Die Expedition gerät sogar in große Gefahr und muss eilig davonziehen. Immerhin, sie hat drei Wochen an den Hängen des Gebirges verbracht. 13 Jahre nachdem Rebmann das Eis auf dem Gipfel leuchten sah, erscheint es für Gutwillige jetzt offenkundig, dass der Missionar nicht getäuscht worden ist. Trigonometrische Vermessungen, zahlreiche natur- und völkerkundliche Erkenntnisse sind zusammengetragen worden. Nahezu

Der Missionar Bruno Gutmann über die Chagga und den Kibo

«Der Kibo aber ist für sie der gute und schöne Ort, das Wahrzeichen ihrer Heimat, welches ihnen erst nach vielen Tagesmärschen entschwindet. Von dort gehen alle Gewässer aus, die ihre Fluren so grün und fruchtbar machen. Dort sammeln sich die regenschweren Wolken, nach denen besonders die Armen oft sehnsuchtsvoll ausblicken, wenn in der heißen Zeit die Reichen und Mächtigen ihnen den Anteil am gemeinsam erbauten Kanale versagen. [...] Wenn die weißen Körner, welche nach ihrer Meinung den Kibo bedecken, auch auf ihre Fluren hernieder fallen, gehen die Kinder hinaus und legen sie sich auf den Kopf, damit sie wachsen und auch recht groß werden.

Wer ‹von oben›, das heißt vom Kibo her, kommt, muss zuerst grüßen, denn er kommt von der Glück verheißenden Seite. Ihre Toten begraben sie mit dem Kopfe nach dem Kibo zu. Die nach dem Kibo zu gelegene Seite des Hofes und Hauses ist die Herrenseite. Dort werden die männlichen Glieder der Familie begraben. Auf dieser Seite versammeln sie sich zu Gelagen und Beratungen.»

Bruno Gutmann, «Dichten und Denken der Dschagganeger» (1909)

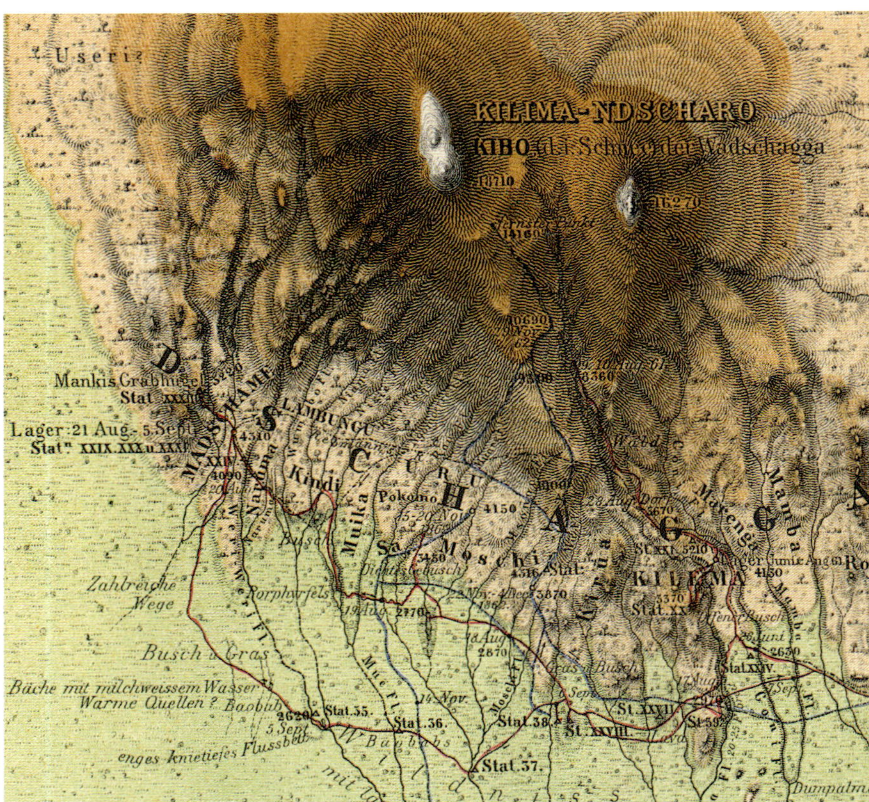

Ausschnitt aus der Karte «Das Gebiet des Schneeberges Kilima-Ndscharo», die nach Vermessungen von Richard Thornton und Otto Kersten entstand.

Ein Bergführer vor dem Deckengletscher (Südkibo), dessen Benennung an den unerschrockenen «Baruni» von der Decken erinnert.

alles davon wird bestehen: zum Beispiel Thorntons Schlussfolgerungen über den vulkanischen Aufbau sowie seine Vermutung, das von Erosion weitgehend zerstörte Shiraplateau sei der älteste, der Kibo dagegen der jüngste Vulkanherd.

28 Jahre später wird der Forschungsreisende Hans Meyer mit dem Recht des Erstbesteigers markante Punkte auf dem Kibo benennen. Dabei versäumt er es leider, an Richard Thornton zu erinnern: Rebmanngletscher, Deckengletscher, Kerstengletscher sowie Benennungen nach Wissenschaftlern, die den Berg niemals gesehen haben, aber keine Ehrung für den jungen britischen Geologen, dem es wohl nur an einer Voraussetzung mangelte, ohne die auch der Entschlossenste unterliegt: ein wenig Glück. Thornton ging nach der Trennung von Decken, nun wieder in Livingstones Expedition aufgenommen, an den Sambesi zurück und starb dort, 24 Jahre alt, an irgendeinem der Fieber Afrikas.

Dem Baron hingegen bleiben noch ein paar Jahre. Ruhmredig ist er nicht und berichtet seinen Landsleuten daheim zunächst nur wortkarg: «Der Berg» – er meint damit den Kibo –, «dessen Gipfel eine Kuppel bildet, ist etwa 20 000 Fuß hoch und in der Höhe über 17 000 Fuß mit Schnee bedeckt.» Wenn wir heute dennoch mehr über ihn und die Ergebnisse seiner Afrikareisen wissen, dann ist das dem Begleiter zu danken, den er für seine zweite Expedition zum Kilimandscharogebirge auswählt: dem damals 22-jährigen Otto Kersten. Eine gute Wahl. Otto Kerstens Leben wie auch seine wissenschaftliche Tätigkeit werden künftig stets vom Erlebnis dieser Reise bestimmt.

Die beiden Forscher erreichen das Gebirge im November 1862 und verhandeln im alten Moshi – das neue wird einmal dort entstehen, wo es für die

Wanderer auf der Maranguroute erblicken den Schneegipfel des Kibos erst dann, wenn sie die letzten flechtenbehangenen Steineiben hinter sich gelassen haben und sich vor ihnen die Heide- und Moorlandzone öffnet.

Trassenführung der Eisenbahn günstiger liegt – mit einem Chaggahäuptling namens Mandara, auch Rindi oder Mandikara genannt. Von diesem Mann, dessen Namen jetzt die unterste Berghüttenstation an der Maranguroute trägt, wird noch oft die Rede sein. Hier sei nur erwähnt, dass Otto Kersten ihn als einen hübschen, geschwätzigen jungen Mann beschreibt, dessen offensichtlichster Charakterzug seine Habgier zu sein scheint. Das ist wenig verwunderlich, denn natürlich weiß Mandara, dass andere Häuptlinge den Aufstieg in das Gebirge nicht gestattet haben. Vielleicht vermutet er auch, der «Baruni» – so nennt man den Baron hier – suche dort oben nach Schätzen, von denen er schon jetzt seinen Anteil erhalten möchte. Was sonst sollte die Europäer wohl auf die Berge treiben? Die Verhandlungen dauern deshalb fünf Tage. Decken, belehrt von den schlimmen Erfahrungen des vergangenen Jahres, wird nach einer für ihn widerwärtigen Zeremonie Mandaras Blutsbruder, und am Abend des 27. November darf die Expedition endlich aufbrechen. Noch am selben Abend gewinnt sie trotz zögerlicher Führer und beständig um Rast bittender Träger eine Höhe von 1800 Metern.

«Zitternd vor Frost, setzten wir nach einem dürftigen Frühstück die Reise fort. Bald erhob sich die Sonne, unsere vom abgestreiften Tau durchnässten Kleider trocknend und die durchfrorenen Glieder wärmend. Zunächst kamen wir durch ein Wäldchen von nicht sehr hohen Bäumen, untermischt mit Unterholz und buschartigen, steifblättrigen Farnen, dann durch Wald von immergrünen, mit ellenlangen Bartflechten behangenen Bäumen, endlich auf eine allerliebste Grasfläche, die, da sie mit zahlreichen violetten Glockenblumen und mit knabenkrautartigen Orchideen bestanden war, uns lebhaft an die sommerlichen Wiesen der Heimat erinnerte. [...] Obwohl die Steigung bis hierher eine ganz allmähliche gewesen war, fühlten wir uns doch ziemlich ermüdet, namentlich, weil wir im Walde häufig über umgestürzte Bäume hatten klettern müssen. [...] Gegen 5 Uhr machten wir Halt in der Nähe einer mit Regenwasser gefüllten Bodenvertiefung. Um der Kälte der Nacht besser begegnen zu können, schlugen wir ein kleines, für zwei Mann ausreichendes Zelt auf, das kaum 20 Pfund wog und sich leicht verpacken ließ. Die Leute suchten Holz für die Nacht zusammen, krumme, knieförmige, dürre Wurzeln und Äste eines niedrigen Strauches. Ich begab mich einige hundert Schritt weit seitwärts, stellte mein Messgerät auf und nahm zahlreiche Winkel nach beiden Kilimandscharogipfeln und nach der Sonne. Schon während der Arbeit fühlte ich, wie mir die Kälte unter die Nägel kroch und Finger und Zehen vor Frost erstarrten ...», berichtet Otto Kersten vom zweiten Aufstiegstag. Da lagert man schon in der Heide- und Moorlandzone, die in einer Höhe von etwa 2800 Metern beginnt, und ist somit bereits höher gelangt als während Deckens erster Reise.

Der Erfolg gründet auf mehreren Ursachen: Einvernehmen mit dem Herrscher des Landstriches und kundige Führer – das Gebirge ist ja nicht herren- und weglos; selbst an diesem Tag trifft die Expedition auf Einhei-

Vorangehende Doppelseite: Baumfarne, 5 bis 6 Meter hoch – eine von vielen botanischen Sehenswürdigkeiten an der Macharoute. Unter besonders günstigen Bedingungen können diese Gewächse (Cyathea) doppelt so groß werden.

mische, die das Gras auf den Hochflächen jenseits vom Waldgürtel abbrennen –, sodann eine bessere Ausrüstung, die unter anderem wärmende Baumwollkleidung für die Träger umfasst. Gefährdet wird das Vorhaben diesmal allein von der Ungeduld. Der Anstieg verläuft zu schnell, die mitgeführten Vorräte sind lediglich für fünf Tage ausreichend. Fünf Tage für den Auf- und den Abstieg: Das ist zwar ein Maß, das sich nunmehr viele Bergtouristen auf der Maranguroute zumuten, aber auch sie sind ja – trotz gebahnter und bisweilen sogar geschotterter Wege, hilfreicher Begleiter, Schutzhütten und reichlicher Verpflegung – längst nicht alle erfolgreich.

Für Decken und seine Begleiter kommt das Ende ihres Aufstieges schon am 29. November: «Wir kamen nur langsam vorwärts, weil wir uns von der anstrengenden Bewegung in der verdünnten Luft angegriffen fühlten. Um unsere Gesellschaft beweglicher zu machen, ließen wir den Tross der Träger sowie unsere ohnehin überflüssig gewordenen Führer zurück und wanderten, einzig begleitet von dem jungen Anamuri und drei mit Theodolit, Barometer und Gewehren belasteten Leuten, dem Westgipfel des Kilimandscharo zu. Das Steigen wurde immer beschwerlicher, immer häufiger musste gehalten werden. Sämtliche Träger klagten über Schwäche und Kopfschmerz; auch ich fühlte mich unbehaglich, und sogar der allen Strapazen gewachsene Baron ging nicht frei aus. Wir ließen nicht nach. Aber eine Bodenwelle nach der anderen erklommen wir, und noch sahen wir den Fuß des Domes nicht vor uns, vielmehr taten sich, sobald wir den nächsten Kamm erreicht, immer wieder neue Täler und Rücken auf. Nun verhüllte auch noch ein immer dichter werdender Nebel die Aussicht; das Holz wurde spärlich und hörte ganz auf; Wasser fand sich gar nicht mehr vor. Was sollten wir unter diesen Umständen tun? Die Grenze des Schnees lag nur noch 7–900 Meter über uns, und sie zu erreichen erschien höchst wünschenswert; doch ließ sich die Dringlichkeit der Gründe nicht verkennen, welche uns zur Rückkehr mahnten. Hierzu musste uns namentlich auch die Rücksicht auf unsere Schwarzen bestimmen, welche ernstlich litten und bei längerem Verweilen ohne Mittel sich zu erwärmen voraussichtlich den ungewohnten Verhältnissen erlegen wären.»

Otto Kersten benennt dann weitere Gründe, die eine Umkehr erzwangen oder zumindest ratsam erscheinen ließen. Wer noch nie unter den Wirkungen der Höhe litt, der wird sie wohl als fadenscheinig ansehen. In der Tat ist es schwer verständlich, weshalb die Unternehmung scheiterte, nachdem bereits das Sattelplateau erreicht war. Gewiss, mehrere Umstände, die wir heute als logistischen Hintergrund bezeichnen würden, waren mangelhaft. Wirklich entscheidend bestimmten jedoch wohl die Schrecken von Nebel, Kälte, Entkräftung und Enttäuschung das Geschehen. In der Steinwüste, die nunmehr vor den Forschern lag, war wissenschaftlicher Lorbeer kaum zu erringen, und Otto Kersten verschwieg das auch nicht. Für den Anstieg am schneebedeckten Gipfelberg war man schlecht gerüstet. Überhaupt entsprach das, was nunmehr

Auf dem um 4300 Meter hohen südlichen Abschnitt des Sattelplateaus – von Spaßvögeln «Tal der Tränen» genannt – beginnt für viele Bergwanderer der Leidensweg zum «Berg des bösen Geistes».

vor ihnen lag, so scheint es, nicht gänzlich einem Abenteuer nach dem Gusto des Barons.

Die erreichte Höhe bestimmten Decken und Kersten mit dem Siedethermometer und mit barometrischen Messungen. Das führte damals keineswegs zu unbestreitbaren Ergebnissen; auch sind die Angaben in Deckens Briefen und Kerstens Veröffentlichungen widersprüchlich. Es erscheint dennoch gerechtfertigt, die Höhe zwischen 13 000 und 13 800 Fuß (3962 und 4206 m) zu suchen. Andere – darunter Hans Meyer – bevorzugten 4280 Meter. Dem Kibo gestand der Baron nach Winkelmessungen eine Höhe von 20 065 Fuß (6116 m), dem Mawenzi dagegen 17 340 Fuß (5285 m) zu. Er kam damit den wirklichen Werten wenigstens im zweiten Fall nahe. Unumstritten blieben dagegen andere Verdienste seiner Expedition: das von Nachfolgern noch lange Zeit gerühmte Kartenmaterial, die naturwissenschaftlichen Sammlungen und Erkenntnisse, bald von Otto Kersten und anderen Gelehrten in vier Bänden mit sechs Büchern dargestellt. Nicht mehr bezweifelbar war nun vor allem, dass der Kibo von einer beständigen Haube aus Eis und Schnee bedeckt wird, denn Decken und Kersten sahen Schnee nicht nur auf dem Gipfelberg liegen, sondern sie beobachteten auch ein Schneetreiben. Die britische Royal Geographical Society übte endlich eine schöne Gerechtigkeit, als sie Carl Claus von der Decken 1863 ihre Goldmedaille verlieh.

Wer nun glaubt, dies hätte dem hochfahrenden Zweifler William Desborough Cooley die Sprache verschlagen, der irrt. Cooley scheute sich nicht, Decken in ähnlich herabwürdigender Weise wie zuvor Johannes Rebmann anzugreifen: «Der Baron sagt, es habe bei Nacht stark geschneit; im Dezember, als die Sonne vertikal stand! Ich kann dem Baron nur Glück wünschen zu einem Schneefall, der so gelegen kam. Aber ich glaube eher an die Exzen-

«Zackenfirn» im östlichen Kraterkessel – von Sonne, Schmelzwasser und Wind geformte Reste der früheren Eisbedeckung.

Vorangehende Doppelseite: Der Rebmanngletscher im Morgenlicht – Preis der Mühen eines Aufstiegs zum Kraterrand.

trizitäten eines Reisenden als an solche der Natur.» Kurzum: Stimmen im Lehnstuhl erlangte Vorstellung und gewonnene Erkenntnis nicht überein, so muss die Erkenntnis falsch sein! Immerhin bescherte der Disput um die afrikanischen Schneeberge Cooley so eine bis heute fortdauernde – wenngleich kaum erstrebenswerte – Berühmtheit.

Decken verfiel künftig gänzlich den geografischen Rätseln Ostafrikas. 1865 plante er, mit zwei Dampfschiffen über den Juba und den Tana in das Landesinnere vorzudringen. Die Erwartungen von der Schiffbarkeit dieser Flüsse stimmten damals noch zuversichtlich, und so sollte der Tana den Baron bis zum Mount Kenya tragen. Er hat ihn nie erblickt: Carl Claus von der Decken wurde im Oktober 1865, gerade 32-jährig, bei Bardera am Juba von Somalikriegern ermordet.

Die Freuden des Alters, darunter unbedenkliche Völlerei, ein heiteres Selbstbewusstsein und etwas Pedanterie, ein wenig Bosheit, Eigensinn und die Fähigkeit zu lieben, ohne sich zu zerstören, blieben ihm deshalb versagt. Dasselbe geschah auch Johannes Rebmann, dem Missionar, dessen Bericht den «Baruni» einst zum Kilimandscharo reisen ließ. Rebmann starb elf Jahre nach Decken im heimatlichen Kornthal, nachdem er Afrika 1875 wegen einer Erblindung verlassen musste. Zuvor war ihm kaum eine der Prüfungen erspart geblieben, die sein Gott den Menschen bisweilen auferlegt. Was ihn getrieben hatte, wird uns – einer Gesellschaft, die nur noch erreichbare Ideale kennt und nicht mehr daran glaubt, dass sie irgendwann über jeden Tag wird Rechenschaft geben müssen – unbegreiflich bleiben. Es war nicht der zeitlose Drang, sich auszuzeichnen, nicht die heute modische Sucht der Selbstfindung ohne Demut, die meist nur Selbsterfindung ist, nicht der bisweilen ein wenig neurotisch anmutende Hang eines Carl Claus von der Decken zum Abenteuer.

Aber wer jetzt an Sonntagen durch Kilimandscharodörfer wie Machame oder Marangu geht, der sieht dort Scharen festlich gekleideter und erwartungsvoll gestimmter Christen zu den Kirchen drängen. Neben Einrichtungen wie der – leider unzureichend ausgestatteten – Johannes-Rebmann-Gedenkbibliothek in Machame bewahrt auch der Rebmanngletscher auf dem Kibo den Namen jenes Mannes, der das Kilimandscharogebirge als erster Europäer erblickt haben soll. Für den Bergwanderer, der im Morgengrauen vom Gillman's Point zum Uhuru Peak zieht, ist dieser Gletscher ein erster Fingerzeig der Wunder, die ihn erwarten: von der aufgehenden Sonne rot beleuchtet und mit noch immer eindrucksvollem Säulenwerk. Dahinter erscheinen dann eine spiegelnde Eisfläche, die aussieht, als ob der Frost die Tanzschritte von Riesen bewahrt hätte, und der Deckengletscher mit seiner wundersamen blauen, minzegrünen und weißen Bänderung aus Sommereis und Winterschnee, schließlich die mächtige Haube des Kerstengletschers und all das Eis, zu dem jene Männer und ihre Begleiter so oft sehnsuchtsvoll oder verzweifelt emporgeblickt hatten.

Karanga Valley. Ich muss mich zwingen, endlich den Blick von dem blauen Zeltsack vor mir und von der daran hängenden, im Schrittmaß wippenden Petroleumlampe zu lösen. Die Landschaft hat sich verändert. Es ist feucht geworden, Wasser rinnt aus der Felswand neben uns. Silbrige Stauden, Strohblumen und verworren geformte Riesensenecien säumen den Weg.

Gehen, gehen. Ein Gefühl zuversichtlicher Melancholie. Das Wunderbare daran: alles hinter sich lassen und dennoch nicht beziehungslos werden, irgendwann ankommen. Beständig aufgeben und doch fortwährend gewinnen. Den Wandel deutend genießen, nichts festhalten, nichts besitzen wollen. Johann Gottlieb Seume kommt mir in den Sinn, der herbe Dichter, der mit einer Bibliothek im Tornister von Leipzig nach Sizilien und von Petersburg nach Schweden wanderte: «Ich halte den Gang für das Ehrenvollste und Selbständigste in dem Manne und bin der Meinung, dass alles besser gehen würde, wenn man mehr ginge.»

Wir fahren und fahren und gewinnen daraus nicht einmal die Erfahrung, dass Geschwindsein bewusstlos macht und das Leben verkürzt.

Brausepulver und Maasaidolche

Nach Deckens zweiter Expedition vergehen neun Jahre, bis sich erneut ein Europäer am Kibo versucht: Charles New, ein britischer Missionar, von dessen Aufstieg und Fall jedoch im zweiten Hauptkapitel erzählt werden soll. Und auch auf New folgen acht Jahre, in denen wiederum keine Expedition unter dem Schneeberg am Äquator erscheint. Zum Teil mag das daran liegen, dass in dieser Zeit der moderne Konquistador Henry Morton Stanley wie ein glühendes Schüreisen seinen Weg durch Zentralafrika nimmt. Gebannt sehen Europas Geografen ihn den Kongolauf bis hin zur Mündung erhellen. Es ist heute nicht mehr vorstellbar, in welchem Maße dieser kleine und doch große, von Ehrgeiz zerfressene Mann, der im Armenhaus aufwuchs und an dem nahezu alles so falsch war wie sein Name, die Entdeckungsgeschichte Afrikas bestimmte. Stanley zerreißt den verklärenden Schleier, den die Legenden über David Livingstone noch um die Afrikaforschung webten. Jetzt wird Machtpolitik, Kolonisation betrieben: Der Kongostaat entsteht, der Wettstreit um das noch nicht aufgeteilte Schwarzafrika beginnt. Das geschieht freilich zunächst insgeheim, vorangetrieben nur von wenigen.

Lagerplatz im Karangatal (Südkibo). Die auffallend glatte Wand hinter der Gruppe ist wahrscheinlich vor Jahrtausenden von einem Gletscher geschrammt und geschliffen worden.

Daneben gibt es weiterhin ein wissenschaftliches Interesse für den Kilimandscharo. So möchte die Vereinigung der britischen Botaniker das anziehende Rätsel lösen, ob die Hochvegetation auf dem Kibo von überlebenden Pflanzen der letzten Eiszeit oder von einer angepassten, in die Höhe gewanderten Steppenflora gebildet wird. Die Botaniker sind bereit, dafür viel Geld aufzuwenden, und würden einen erheblichen Teil der Kosten tragen, wenn die Royal Geographical Society eine Expedition aussenden würde. Stattdessen folgt die Society, bewusst oder nicht, anderem Verlangen. Ihr derzeitiger Stern am Entdeckerhimmel – David Livingstone ruht seit 1874 in der Westminsterabtei, und Henry Morton Stanley bevorzugt zahlungskräftigere Auftraggeber – ist der schottische Geologe Joseph Thomson. Aber den lässt man auf Stanleys Pfaden wandeln oder am Rovuma nach sagenhaften Kohlevorkommen suchen. Denn solche Fragen sind drängender als jene nach der Herkunft irgendeiner Hochgebirgsflora: Wie gelangt man unbehelligt zu den volkreichen Landstrichen – einem Hort künftiger Konsumenten für Britanniens Wirtschaft –, von denen Stanley berichtete, wo können britische Kriegs- und Handelsschiffe Kohle bunkern? Der kürzeste Weg zum heutigen Uganda, das Stanley als das begehrenswerteste Objekt geschildert hat, beginnt in Mombasa und führt am Kilimandscharogebirge vorbei. Doch in dessen Nähe – von der Decken und andere

David Livingstone und seine Begleiter überqueren während einer Forschungsreise im südlichen Afrika einen Fluss.

hatten es erfahren müssen – durchquert man von wehrhaften Völkerschaften beherrschte Gebiete, begegnet man schlimmstenfalls sogar den berüchtigten Maasai und ihren «brennenden Speeren». Mombasa ist deshalb kein bevorzugter Ausgangspunkt mehr: Reisen in das ostafrikanische Hinterland beginnen nunmehr in Pangani, Sadani, Bagamoyo oder Daressalam. Der Schneeberg gerät damit an ferne Horizonte.

Ein Wechselspiel zwischen Deutschen und Briten treibt den Verlauf der Dinge voran. Im Dezember 1882 beginnt Gustav Adolf Fischer mit einer stattlichen, 230 Träger vereinenden Karawane in Pangani einen Marsch in das Innere Ostafrikas. Der 34-jährige Arzt Fischer ist kein Neuling: Teilweise gemeinsam mit den Brüdern Clemens und Gustav Denhardt unterwegs, hat er zuvor zwei Jahre lang in Ostafrika geforscht, praktizierte dann auf Sansibar, legte wissenschaftliche Sammlungen an und erlernte nebenher das Kiswahili sowie andere Sprachen des Landstriches. Fischer verfügt über tiefe Einsichten in die Zusammenhänge zwischen geografischer Forschung, Handel und Politik. Sein Umgang mit Patienten aus Diplomatenkreisen war überaus lehrreich gewesen. Es darf deshalb vermutet werden, dass seine auf Uganda gerichtete Reiseroute – sie endet dann allerdings bereits am Naivashasee – von weitsichtigen Motiven bestimmt wird. Jedenfalls erscheint Fischer 1883 in Siha, im westlichen Siedlungsraum der Chagga am Fuß des Kibos. Bis auf Ausblicke auf diesen Berg und den benachbarten Meru (4566 m) bietet Fischers Reise jedoch dem Gegenstand unseres Interesses nichts. Er zieht davon, dem gelobten Land hinter den Bergen und den kriegerischen Maasai entgegen.

Das ist aber noch kein hinreichender Grund, um den unternehmenden Mann enttäuscht und mit einem geringschätzigen Lächeln zu verabschieden. Deshalb sei vermerkt, dass er während jener Expedition unter anderem den heute als Vogelparadies bekannten Naivashasee entdeckte sowie als erster Europäer den Oldoinyo le Engai (2878 m), den heiligen Vulkanberg der Maasai, erblickte. Nachdem sein Vorhaben am Widerstand dieser Völkerschaft gescheitert war, kehrte Fischer zur Küste zurück, brach 1885 erneut auf und erkundete bis in das darauf folgende Jahr hinein neben anderen Landschaften erstmals das Ostufer des Victoriasees, das Stanley zuvor nur grob kartiert hatte. Er zog sich damals eine rätselhafte Erkrankung zu und starb, 38-jährig, wenige Tage nach seiner Rückkehr.

Für diese Geschichte ist Gustav Adolf Fischer deshalb belangvoll, weil er ihren nächsten Helden wie ein Gespenst voranhetzt. «Ich beabsichtige, alles aufzubieten, um nicht gänzlich von Fischer ausgestochen zu werden», schreibt im Januar 1883 ein junger Mann an das Sekretariat der Royal Geographical Society. Der Mann heißt Joseph Thomson. Er ist im Auftrag dieser Gesellschaft unterwegs, traf gerade auf Sansibar ein und hörte entsetzt, dass seine Reiseroute mit der von Fischer übereinstimmt. Und der Deutsche ist bereits auf dem Festland, folgt schon dem Panganifluss!

Joseph Thomson mit seinen Karawanenführern James Chuma und Makatubu (1881).

Thomsons Verstörtheit wird durch einen Blick auf seine Biografie verständlicher. 1858 im schottischen Penpont geboren, wuchs er sozusagen als Ziehkind seines Landsmannes David Livingstone auf: jenes Missionars und Entdeckungsreisenden, der insgesamt 28 Jahre in Afrika verbrachte, des bedeutendsten aller Afrikaforscher. Als Autodidakt, der sein wissenschaftliches Rüstzeug allein gewann, als unerschrockener Forscher, der – im Gegensatz zu Stanley – seine Wege nie gewaltsam bahnte, als mitfühlender Berichterstatter und Kämpfer gegen den Sklavenhandel ist Livingstone zum Vorbild unzähliger junger Männer geworden. Auch Joseph Thomson bewunderte ihn und bereitete sich frühzeitig darauf vor, ihm nachzueifern. Er verschlang als Kind förmlich die gesamte Reiseliteratur über Afrika, folgte lesend Mungo Park an den Niger, James Bruce an den Blauen Nil und David Livingstone an den Sambesi, er unternahm erschöpfende Wanderungen und schlief dabei im Freien. Von 1875 bis 1878 studierte Thomson dann an der Universität Edin-

Joseph Thomsons Aufstieg endete in der Höhe der heutigen Mandarahütte. Nur einen reichlichen halben Kilometer höher wäre er im Hochmoor den ersten Riesensenecien begegnet, doch gab er sich mit dem lichten Rand des Waldgürtels zufrieden.

burgh. Beim Abschluss des Studiums gewann er die Medaillen der Fachrichtungen Geologie und Naturgeschichte, war nun aber – nahezu mittellos und ohne Beziehungen – auf eine glückliche Fügung angewiesen. Die kam mit der Ausschreibung von Keith Johnstons Expedition zum Tanganyikasee (1879/80). Für die Royal Geographical Society mag es nicht unwichtig gewesen sein, dass Thomson seine Dienste unentgeltlich anbot – dass er ein Gehalt durchaus wert gewesen wäre, erwies sich nach dem Tod des Expeditionsleiters. Danach forschte er 1881 vergeblich nach Kohlevorkommen am Rovuma. Jetzt, zwei Jahre später, wiederum ohne Gehalt im Dienst der Royal Geographical Society reisend, muss er erkennen, dass ein anderer ihm zuvorgekommen ist. Wenn der Deutsche Erfolg hat, dann wird man ihn künftig «den Mann in Fischers Schatten» nennen, und für ein Schattendasein fühlt Joseph Thomson sich wahrhaftig nicht bestimmt.

Also wählt er einen anderen, kürzeren Weg als Fischer und einen beweglicheren Tross als dieser und verlässt im März 1883 die Missionsstation Rabai bei Mombasa mit einer Karawane von knapp 130 Führern, Askaris und Trägern. Schon in der letzten Aprilwoche erreicht er das Kilimandscharogebirge und steht vor einem Mann, dessen Nähe er ursprünglich meiden wollte: Häuptling Mandara von Moshi. Denn Thomson kennt Carl Claus von der Deckens Berichte und vor allem das Schicksal seines Vorgängers Charles New, den der Häuptling erbarmungslos ausgeplündert hatte. Er wollte deshalb den Machtbereich Mandaras umgehen, ist jedoch von Gerüchten über Maasai-Raubzüge nach Moshi gedrängt worden. Und siehe da: Der Forscher rühmt Mandaras Gastfreundschaft und Scharfsinn, seine weise Herrschaft und den Wohlstand seiner Untertanen. Nirgendwo in Afrika sei ihm dergleichen bisher begegnet. Ein Grundton in Thomsons Veröffentlichungen mag das unerwartete Urteil erklären. Thomson ist ein romantisierender, literarisch bemühter Berichterstatter, versessen darauf, sich im Einvernehmen mit Afrikanern darzustellen. Er gehörte damit eigentlich in unsere Zeit. Als er in das Chaggaland kommt, hört er nur noch «murmelnde Bäche», sieht er das «wissende Lächeln» dunkler Schönheiten, selbst die gewöhnlichsten Kochbananen sind für ihn «goldene Früchte». Zudem besitzt er Eigenschaften, die seine Gastgeber zu schätzen wissen: Humor und komödiantisches Talent. Thomson spielt den lustigen Bwana, der, anders als «Baruni» Decken, keinen Rohrstock bei sich führt, sondern zwei falsche Zähne mit der Zunge nach vorn klappen und derart nicht nur Kinder erheitern kann. Er besitzt eine Art Brausepulver, mit dem er allerlei Erkrankungen behandelt und seine gläubigen, meist weiblichen, Patienten in Entzücken versetzt, wenn er die Medizin auf ihrem Nabel aufschäumen lässt.

Mandara hingegen tritt Europäern jetzt überlegter als zuvor gegenüber. Sein Bemühen, sich gewaltsam zum Herrscher über alle Chagga aufzuschwingen, hat ihn mehr als die Sehkraft eines Auges gekostet. Die Folgen des verlorenen Krieges gegen Useri zwangen ihn 1879, in Machame Asyl zu suchen.

Von Moosen und Flechten überwucherte Bäume sowie Baumfarne im Waldgürtel der Machameroute.

Vorangehende Doppelseite: Riesensenecien, gigantische Verwandte der Kreuzkräuter, sind die wohl eindrucksvollsten Geschöpfe der Bergflora im Kilimandscharogebirge. Es sind endemische Arten, aber man findet Riesensenecien auch auf dem Mount Kenya und im Ruwenzorigebirge.

Erst drei Jahre vor Thomsons Ankunft war es ihm gelungen, seine frühere Macht wiederherzustellen. Nun hofft er wahrscheinlich, mit der Hilfe ihm gewogener Weißer noch mehr Einfluss zu gewinnen – ein Trugschluss, dessen Wirkungen dann auch der von seinem Sohn Meli geführte Chaggaaufstand von 1892 nicht mehr abwenden kann.

Joseph Thomson besitzt also alle Voraussetzungen für einen erfolgreichen Aufstieg auf den Kibo: Mandaras Wohlwollen, Energie, Bergerfahrung. Es folgt auch ein Versuch, der jedoch offenbar nicht der Gipfelregion gilt, denn er wird lediglich mit einem einzigen Begleiter und ohne Proviant und Biwakausrüstung unternommen. Da steigt Thomson in 7 Stunden von Moshi bis zu einer Höhe auf, die er mit 8700 Fuß (2652 m) angibt. Er sieht dort den oberen Rand des Waldgürtels und neblige Heidelandschaften, sammelt auch zwei Dutzend Pflanzen und hastet abwärts. Ein rätselhafter Ausflug. Zuweilen erinnert Thomsons Verhalten an das der kleinen Gazellen, die nach ihm benannt worden sind. Die erreichte Höhe wird von ihm nicht bestimmt, sondern geschätzt, seine botanische Ausbeute ist gering. Treibt das Gespenst Fischer den Briten sogleich wieder hinunter, kommen ihm Zweifel an der Redlichkeit Mandaras, der seine Abwesenheit nützen könnte?

Thomsons Beitrag zur Kilimandscharoforschung ist von anderer Art. Hans Meyer, von dem sich schwerlich sagen lässt, dass er seinen Vorgängern – insbesondere dann, wenn sie Briten waren – übertriebene Bewunderung entgegenbrachte, lobte anerkennend: «Obwohl Thomson [...] nur bis in die Urwaldzone zu 2700 m aufzusteigen vermochte, hat er doch durch den Vormarsch zu der im Westen des Kilimandscharo jenseits Madschame auslaufenden Schirakette und durch die Umgehung der Nordostseite des Gebirges neue Bahnen betreten, einen umfassenden Überblick über das ganze Bergsystem gewonnen und mit seinem offenen, vielgeübten Blick den geologischen Bau des Kilimandscharo erkannt. Dass die ganze Nordseite des Gebirges eine ‹ungewöhnlich steile Einöde ohne vortretende Hochflächen› sei und dass von der Nordseite nicht ein einziger nennenswerter Bach abfließe, hat vor Thomson niemand beobachten können, aber auch indem er mit vollendeter Anschaulichkeit den Mawensi als den ursprünglichen Eruptionsherd, den Kibo, aus dessen Gestalt er auf das Vorhandensein eines Kraters schließt, als die Bildung späterer Ausbrüche, die Hügel in Dschagga und am Fuß des Gebirges als die jüngsten vulkanischen Erzeugnisse darstellt, tut Thomson einen weiten Schritt in der Kunde des Kilimandscharo voraus.»

Die Shirakette sieht Joseph Thomson, als er – wie zuvor Gustav Adolf Fischer – das Gebirge im Westen umgehen will. Davon hörend, dass es zu einer blutigen Auseinandersetzung zwischen den Maasai und Fischers Leuten gekommen ist, und nachdem er selbst einen Maasaidolch nur durch große Geistesgegenwart abwehren kann, entschließt er sich jedoch zur Umkehr. So werden nun auch noch der Osten und der Norden des Kilimandscharomassivs

Wer ist imstande, den Kibo zu ersteigen?

Nachdenklich gestimmt, aber noch leicht bekleidet und sehr sauber: Das kann sich schon bald ändern. Wer die Maranguroute wählt, beginnt seinen Aufstieg mit bürokratischen Formalitäten am Parktor von Marangu.

Jeder gesunde Mensch, behaupten Reiseveranstalter. Andererseits sind zum Beispiel einer der berühmtesten Bergsteiger der Welt, mehrere Everestbesteiger und ein gut trainierter, gewiss gesunder amerikanischer Astronaut am Kibo gescheitert. Es droht mehr als das Scheitern. Allein zur Jahrtausendwende starben zwei der zum Kibo gereisten rund 1100 Bergtouristen: ein 55-jähriger Deutscher auf der Rongairoute und eine 54 Jahre alte Amerikanerin auf dem Gipfel. 32 Menschen mussten wegen lebensbedrohlicher Zustände oder verletzt von Rettern talwärts getragen werden. Dennoch erreichten zur gleichen Zeit neben anderen ein 11-jähriges Mädchen aus Spanien und eine 72-jährige Südafrikanerin den Kraterrand am Gillman's Point.

Solche Zahlen – diese hier stammen aus einer Pressemitteilung vom Chief Warden der Parkverwaltung – werden aus verständlichen Gründen nur selten bekannt. Pessimistische Schätzungen besagen, derzeit würde einer von tausend Bergwanderern den Aufstieg mit dem Leben bezahlen. Völlig ungewiss bleibt, wie viele fortdauernde Schäden und ernsthafte Verletzungen davontragen. Unbekannt ist auch die jährliche Anzahl der Opfer unter den Trägern, die nicht allein – wie die Touristengruppen – vom Leistungsdruck, sondern zusätzlich von Existenzangst angetrieben werden.

Joseph Thomson hatte für seine Zeit kein schlechtes Tempo vorgelegt, als er in 7 Stunden von Alt-Moshi bis zur Höhe der heutigen Mandarahütte aufstieg. Aber da liegt das Problem: Ein hoher Berg verlangt Respekt, auch etwas Selbstrespekt. Wer nicht gerade Marathonläufer oder Hochgebirgsalpinist ist, der muss sich durch ein längeres Training auf die Belastung vorbereiten. Auch das bietet noch keine Gewähr

für den Erfolg, weil die Wirkungen der Höhe individuell sehr verschieden sind.

Hochgebirgsalpinisten halten sich gewöhnlich einige Zeit in Basislagern auf, bevor sie in größere Höhen aufsteigen. Allein der Weg zu diesen Basislagern verschafft ihnen bereits eine gewisse Akklimatisation. Bergtouristen am Kilimandscharo jedoch steigen aus dem Flugzeug und beginnen am nächsten Tag mit dem Aufstieg auf einen fast 6000 Meter hohen Berg, auf dessen Gipfel ihnen der niedrige Luftdruck nur noch die Hälfte des Sauerstoffes gewährt, den sie in Meereshöhe einatmen könnten. Bildhaft gesprochen: Sie sind dort in der anstrengenden Verfassung eines Menschen, der nur einen Lungenflügel besitzt. Besteigungen in vier Tagen ohne Akklimatisationstag sollte man deshalb schon aus einem Gefühl der Selbstachtung heraus ablehnen.

Dem Naturfreund bietet das Kilimandscharogebirge die einzigartige Gelegenheit einer naturkundlichen Wanderung vom Äquator zum Pol, und wer Gewinn daraus ziehen kann, nachdenklich den Spuren von Vorgängern zu folgen, wird zusätzlich belohnt - auch dann, wenn er den Mut aufbringt, die Warnungen seines Körpers nicht zu überhören. Wer ist ein gesunder Mensch? Jemand, der «mit eisernem Willen» den «Kili gemacht» hat und mit dicken Ödemen unter den Augen benommen von einem Berg kommt, über dessen Natur und Geschichte er noch immer kaum etwas sagen kann?

besehen. Thomsons Reisewerk enthält deshalb zwei schöne Ansichten davon: einen Blick auf den Mawenzi mit dem Chalasee im Vordergrund und dem von einer gewaltigen Schneehaube bedeckten Kibogipfel im hinteren Bildteil sowie Mawenzi und Kibo, gesehen von den Amboselisümpfen - auch dieses Bild zeigt deutlich, dass die Vergletscherung auf dem Kibo damals ausgedehnter als später war.

Damit verlässt Joseph Thomson diese Erzählung, zieht dem Mount Kenya, dem Victoriasee, der Grenze des Königreiches Buganda und weiteren Forschungsreisen entgegen. Der Preis dafür ist hoch. Thomson wird nur ein Jahr älter werden als sein Vorgänger, der sehnsuchtsvolle Schuhmacher und Missionar Charles New, dessen goldene Taschenuhr und dessen Petschaft er bei sich führt. Häuptling Mandara hatte sich in einem schwachen Augenblick davon getrennt.

Barranco Valley. Die Träger nennen die düstere, wohl 200 Meter hohe Wand dort drüben «Breakfast». Das wird ein hübsches Frühstückchen werden: die nackte Felsmauer der letzten 40 Meter. Als ich mir das soeben ansah und mich plötzlich umwandte, habe ich Edward bei einem abschätzigen Blick ertappt: ein Habicht, der weiß, wie ein Huhn von innen aussieht.

Bevor wir aufbrechen, müssen die Amerikaner aus der Wand sein. Weil sie noch immer zerstritten sind und in zwei Gruppen hinaufklettern, haben wir viel Zeit, breiten Lasten, Zelte und feuchte Kleidung zum Trocknen aus. Eine Erinnerung an die Bleichwiesen der Kindheit. Dort allerdings lag kein lehmbeschmiertes Zelt, kein bereifter Schlafsack.

In dem kleinen Hain aus Riesensenecien wachsen die absonderlichen Pflanzen unverzweigt. Darunter ducken sich gelb und weiß blühende Stauden und silbergraue Immortellenbüsche: klein und kugelrund. Sie gleichen Riffkorallen oder den gestutzten Gewächsen in japanischen Ziergärten – den Schnitt besorgt sicherlich der Wind. Auf dem Gestein, über das hin und wieder eine Streifenmaus huscht, liegt ein Aderwerk aus Flechten. An schattigen Stellen sind schillernde, fingerlange Eisnadeln zu sehen, die der Frost während der Nacht wie Gras aus der Erde trieb.

Diese Flora hat etwas Verlorenes, Verirrtes, Fiebriges wie auf einer Dschungellandschaft des Zöllners. Es mangelt ihr nicht an Wasser, das sie mit der Feuchtigkeit heraufziehender Nebel erreicht. Aber ihre Farbigkeit täuscht – wie alles in der Höhe. Es sind hier kaum ein Dutzend Pflanzenarten vereint.

Die Blumen, die Bäume, der Werwolf und das Wild

Carl Claus von der Deckens Begleiter Otto Kersten hatte als Erster auf die Vegetationszonen hingewiesen, die den Vulkanstock fast ringförmig umgeben: «Wir kamen aus dem grünenden Weidelande und den Bananenwäldern von Moschi über neue Grasflächen, durch ein an Farnen reiches Gebüsch in großartigen Hochwald, darauf wieder über Wiesen nach ausgedehnten, mit gelb blühenden Ginsterbüschen bedeckten Matten, später in Heidekraut und endlich auf ein aller Vegetation bares, steiniges Feld. Bei dem Hinuntergehen aber fanden wir diese so verschiedenartigen Bestände in anderer Weise angeordnet [. . .].» Derlei Abstufungen regten zur Einteilung von Vegetationsgürteln an, die sich horizontal um das Gebirgsmassiv ziehen. Innerhalb solcher Ringzonen bestehen überschaubare Wechselwirkungen zwischen Höhe, Temperatur, Regenfall, Flora und – weil tierisches Leben vom pflanzlichen abhängig ist – auch Fauna.

Morgenstimmung in der Höhe der Barrancohütte (ca. 3950 m). Die schwarze Talschulter gegenüber ist Barranco Wall – eine Wand, die Bergwanderer auf dem Southern Circuit überwinden müssen.

Der Grund für die Verschiedenheit dieser Zonen ist erklärbar, wenn man voraussetzt, dass die Lufttemperatur alle 200 Meter um ein Grad fällt und pflanzliches Leben spärlicher auftritt, je kälter es wird. Am üppigsten gedeiht es bekanntlich dort, wo es warm und feucht ist. Damit einher geht das Tierleben: In größerer Höhe leben immer weniger Tiere. So ganz schematisch ist das System nicht ausgeprägt, weil der Faktor Feuchtigkeit ungenügend berücksichtigt wird, aber es ist hilfreich, und am Kibo ergibt es folgendes Bild: zunächst eine an die Savanne anschließende, zum Teil künstlich bewässerte Kulturzone, die im Süden bis in eine Höhe von 1800 Metern, also bis zum Marangu Gate, hinaufreicht. Dort hat der Mensch das auf ober- und unterirdischen Wegen aus dem Waldgürtel herabrinnende Wasser und die fruchtbare vulkanische Erde benutzt, um die Landschaft nach seinen Bedürfnissen zu gestalten. Es ist hier müßig, sie zu beschreiben, weil die Eingriffe in die ursprünglichen Gegebenheiten schwerwiegend sind: Bis auf einige Wildblumen und die Felle von Schliefern (Dendrohyrax), die hin und wieder von Händlern angeboten werden, erinnert kaum noch etwas an die frühere Flora und Fauna. So erblickt der erstaunte Wanderer zum Beispiel am Marangu Gate und auch in Mweka, Umbwe und Machame Eukalyptusbäume – Australien lässt grüßen.

Daran schließt sich die bis rund 2800 Meter reichende Waldzone an. Nicht weniger als 96 Prozent des Wassers am Kibo gehen dort als Regen nieder oder kondensieren aus Wolken, werden vom Blätterdach dem porösen Lavafels

Höhenzonen und vorherrschende Vegetation am Kilimandscharo (nach David Bygott et al.)

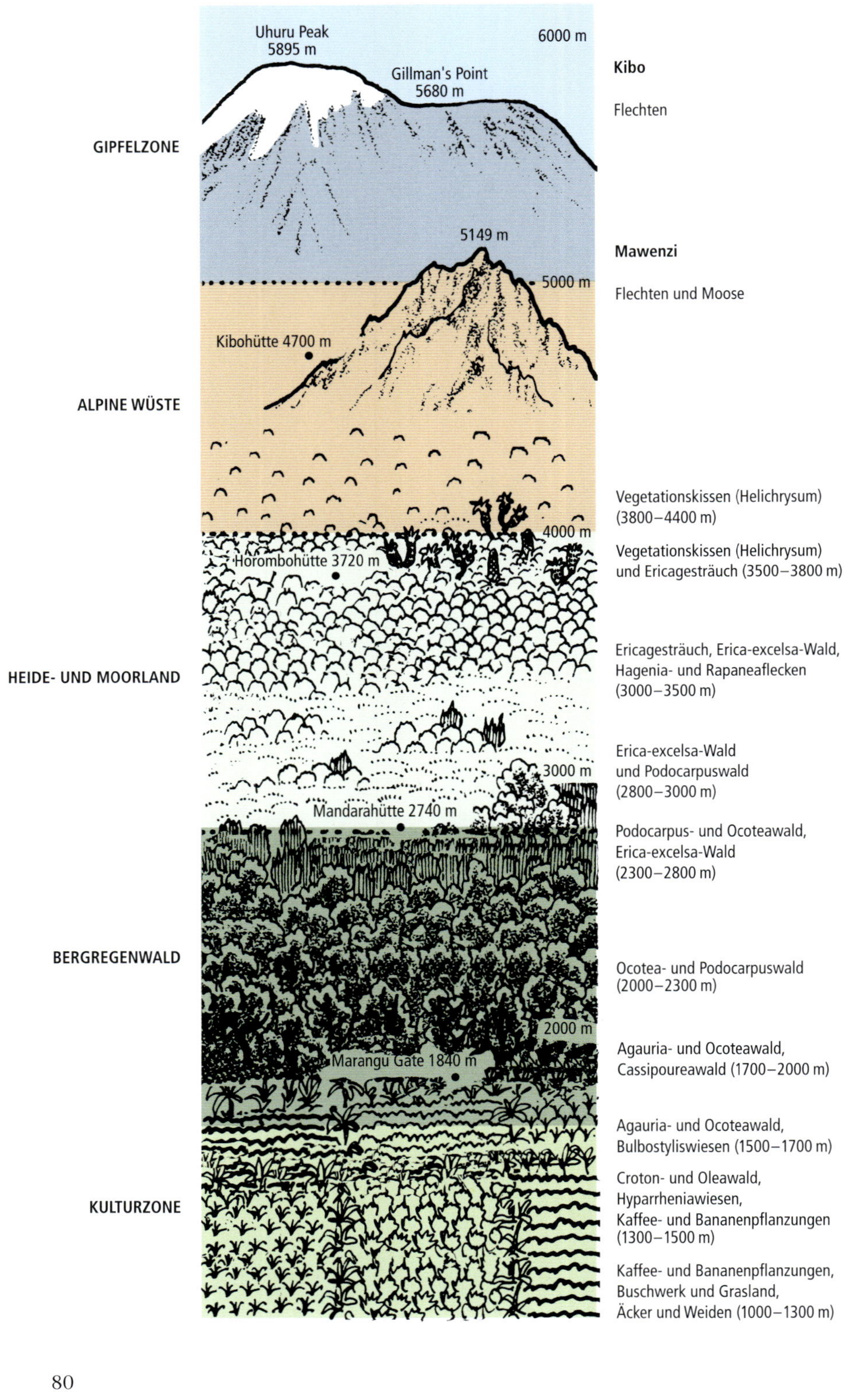

zugeleitet und treten in unteren Lagen als Quellen zutage. Wasser vom Kilimandscharo nährt selbst noch den Fluss Tsavo und die Amboselisümpfe im benachbarten Kenia. Wer den Kibo über die Rongairoute besteigt, wird allerdings andere Verhältnisse vorfinden: Grasfluren und einen lichten, schmalen, zuweilen mit Zedern aufgeforsteten Waldgürtel. Das liegt daran, dass der Norden viel trockener ist. Für ihn gilt deshalb nicht, was die allesamt von Süden aufsteigenden ersten Expeditionen beschrieben haben.

Im Bergregenwald gibt es nur immergrüne Baumarten, denn während die Pflanzen in der Savanne sich vor Verdunstung schützen müssen, kämpfen sie hier mit dem Ertrinken. «Durch Glätte und Wachsüberzug der Blattoberfläche halten die Pandanus-, die Dracänen- und ähnliche Formen die Spaltöffnungen für die Verdunstung frei, durch feinen Haarbezug die Clavijaformen, Essigbäume und andere mehr. An den Stellen größter Nässe, wie in den Bachläufen, streben die nach Luft ringenden Pflanzen, die Farne und andere, nach möglichst ausgedehnten Verdunstungsflächen durch möglichst große Blattentwicklung. Formen und Arten, die an trockenen Plätzen ziemlich kleinblättrig sind, treiben hier Blätter von erstaunlichem Umfang», schrieb darüber Hans Meyer mit geschulter Beobachtungsgabe, die sofort wesentliche Züge einer Vegetation erfasste. Eine Vielfalt von Arten bevölkert den Wald, kein Baum gleicht dem nächststehenden. Mit Mühe erkennt man vielleicht noch Kossobäume (Hagenia abyssinica) an ihren jenen der Eschen gleichenden, gefiederten Blättern, Ostafrikanische Kampferbäume (Ocotea usambariensis) oder die prächtigen Steineiben (Gattung Podocarpus). Bartflechten, in Gabeln und Höhlungen siedelnde Pflanzen und vollgesogene Moose bedecken Äste und Stämme, dazwischen hängen Lianen und die Tentakel der Würgefeigen wie verwirrtes Tauwerk von Segelschiffen, den Boden decken dunkelgrüne Teppiche aus Farnen und Gräsern. Darunter die Glut einer Feuerblume, der sanfte

Frei stehende Pflanzen schützen sich bisweilen durch ein Kleid aus abgestorbenen Blättern vor der nächtlichen Kälte im Bergregenwald. Schmale Blattformen – wie hier die einer Steineibe – sind als «Regenmantel» dienlich.

Klipp- und Baumschliefer gehörten früher zu den häufigsten Kleinsäugern im Kilimandscharogebirge, Leoparden hinterlassen Spuren nicht allein in den Legenden der Chagga, und den Colobusaffen kann man im Waldgürtel noch immer begegnen.

Schimmer afrikanischer Veilchen oder das Gelbrot der viel gerühmten – weil nur hier vorkommenden – Balsamine Impatiens kilimanjari.

Hier verstummen viele Touristen erstmals, beginnen zu sehen und zu lauschen. Insbesondere dann, wenn er in den bewaldeten Teilen der südlichen Routen einmal vom Weg abweicht, spürt der Wanderer die düstere, beklemmende Ausstrahlung des Regenwaldes – und kann vielleicht die hoffende Erleichterung nachempfinden, mit der unsere Vorfahren ihn vor vielen Jahrtausenden verließen. Das Übermaß wirkt bald eintönig, bedrohlich. Zu hören gibt es bis auf die misstönenden Schreie von Hornvögeln oder die seltsamen Schnalzlaute der Meerkatzen kaum etwas. Aber es sind noch andere Tiere da, und es bedeutet wenig, dass wir sie nicht bemerken. Riesige Spinnweben verraten Insektenleben, Schliefer und Waldschweine huschen umher, und noch immer beherbergt der Wald am Kilimandscharo Kleinantilopen wie den Buschducker, den Klippspringer und wohl selbst Großantilopen wie die Schirrantilope (Buschbock). Unter den Hängen des Kibos weidet sogar eine 200-köpfige Elefantenherde – allerdings fern von den Routen. Lediglich am Rongai-Trail, wo überall auf den Grasfluren, groß wie Kanonenkugeln und unübersehbar, ihre Losung herumliegt, kann man Elefanten begegnen, die aus dem Amboseli-Nationalpark in Kenia herüberkommen. An lichten Stellen, etwa um die Mandarahütte, tummeln sich Meerkatzen in den Bäumen, und wer dort tiefer in den Wald geht, kann fast immer Colobusaffen beobachten: schwarze Gestalten mit weißer Gesichtszeichnung und ebenso gefärbtem «Schultertuch» und Schwanz. Früher schmückten Krieger sich mit Colobusfellen. Zu weit sollte man allerdings nicht in den Wald gehen: Wo es Affen gibt, da sind auch Leoparden.

Kennzeichnende Pflanzen der Heide- und Moorlandzone sind der an Rhododendren erinnernde Zuckerbusch, die nach Joseph Thomson benannte Fackellilie (Kniphofia thomsonii) und die überall gegenwärtigen Immortellen.

Im Umkreis der Mandarahütte leitet die Baumheide (Erica excelsa, Erica trimera und Erica arborea) zur Heide- und Moorlandzone über, die sich bis in eine Höhe von etwa 4000 Metern erstreckt. Die an ihren heidekrautähnlichen Blättern leicht kenntliche Baumheide kann um 10 Meter hoch werden, erreicht aber meistens nicht mehr als deren 4 oder 5. Besonders eindrucksvoll sind die zuweilen von ihr gebildeten, hoch hinaufziehenden Galerien in der Umgebung der Machamehütte. Die gewöhnlich dem Baumheidegürtel folgende Heide- und Moorlandzone wird manchem Wanderer als der schönste Abschnitt seines Aufstieges in Erinnerung bleiben. Dort blühen gelb und rot die Fackellilien, blutrote Gladiolen und vielfarbige Strohblumen (Gattung Helichrysum). Nun erscheinen auch die eigenartigsten Pflanzen der Kilimandscharoregion: Zuckerbüsche (Protea kilimandscharica) mit lederartigen Blättern und weißen, gefiederten Blüten – insbesondere am Maundikrater und an der Mwekaroute –, die smaragdgrünen, tiefblau blühenden Riesen-Schopflobelien (Lobelia deckenii), umschwirrt von Schmetterlingen und Kolibris gleichenden Nektarvögeln, und schließlich die seltsamen Riesensenecien (Gattung Senecio, besser Dendrosenecio) mit ihren Lumpenkleidern und kohlkopfähnlichen Blattkronen. Wer ihnen im Nebel begegnet, der wird gut verstehen, weshalb man sie auch Gespensterbäume nennt.

Die überschaubare Flora der Heide- und Moorlandzone mit ihrer Weite, der Blütenvielfalt und den gedämpften Farben wirkt anscheinend auch auf afrikanische Gemüter anziehender als der Wald: Bustani ya mungu, der Garten Gottes, wird sie oft genannt. Der Wald hingegen ist Heimstatt finsterer Wesen, der Oger etwa oder der Irimu. Die Irimu gehören der Legendenwelt mehrerer Bantuvölker an und können in sehr verschiedener Gestalt auftreten. Bei den Chagga führen sie ein Dasein, das dem unserer Werwölfe gleicht, nehmen allerdings meist das Äußere von Leoparden an. Treten die Irimu in mensch-

licher Gestalt auf, erkennt man sie daran, dass sie am Hinterkopf einen zweiten Mund haben.

Es ist zwar schon mehrfach geschehen, aber wahrscheinlich wird der Bergwanderer in den Hochmooren keinem Leoparden begegnen. Gemeinsam mit den auch Genetten genannten Ginsterkatzen sowie Mangusten und einigen kleinen Nagetierarten – wie den überall gegenwärtigen Streifenmäusen – sind Zibetkatzen wohl die häufigsten Säugetiere dieser Höhenzone, auch wenn sie kaum bemerkt und bestenfalls während der Dämmerung gesehen werden. Weil Zibetkatzen sich ähnlich wie Hyänen bewegen, können sie dann, trotz der geringeren Größe und des buschigen Felles, den flüchtigen Betrachter gehörig erschrecken.

Es will also nicht viel besagen, wenn wir kein größeres Tier sehen. Menschen sind durchaus nicht die einzigen Bergsteiger, und bisweilen erscheinen Großsäuger selbst noch in Höhen jenseits der Hochmoore. Hans Meyer und Ludwig Purtscheller fanden 1889 zu ihrem Erstaunen in einer Höhle auf dem Sattelplateau Überreste der Mahlzeiten von Jägern, die Elenantilopen erlegt hatten: große Tiere mit einem Gewicht bis zu einer Tonne, die man auch in unserer Zeit auf dem Sattel sowie auf dem Shiraplateau antreffen kann. Noch verwunderter waren die Bergsteiger damals, als sie in einer Gletscherspalte im Kraterkessel, fast 6000 Meter hoch, eine verendete Kleinantilope sahen.

Durch ein Buch Wilfred Thesigers bekannt ist der Aufstieg einer Meute von Wildhunden, die ihn, seinen Begleiter George Webb und den Bergführer Efata Jonathan bis in die Gletscherregion verfolgten und den Männern nahezu «über die Schultern sahen», als sie sich in das Gipfelbuch eintrugen. John Reader erzählt in seinem Kilimandscharobuch von Wildhunden, die hoch auf dem Berg einen allein gehenden Träger angriffen und ihm einen Finger abbissen. Schlimmeres war wohl nur deshalb nicht geschehen, weil im letzten Augenblick eine Gruppe Wanderer erschien. Wildhundfährten – sie gleichen denen großer Hunde, zeigen aber nur vier Zehen – habe ich selbst einmal auf dem Sattelplateau gesehen. «Mbwa mwitu», Wildhund, sagte mein Begleiter grinsend und ging weiter. Ich lag später fast die ganze Nacht schlaflos lauschend im Zelt, denn Wildhunde haben die üble Gewohnheit, ihre Opfer nicht erst zu töten, sondern gleich lebend zu zerreißen.

Es gibt weitere solcher Beispiele. Etwa den durch Ernest Hemingways Erzählung «Schnee auf dem Kilimandscharo» berühmt gewordenen Leoparden, den es wirklich gab: Im September 1926 soll der bergsteigende Missionar Richard Reusch den gefrorenen Kadaver als Erster an einer Stelle auf dem östlichen Kraterrand gefunden haben, die seither Leopard Point heißt, wird auch in wissenschaftlicher Literatur immer wieder berichtet. Das ist allerdings nicht ganz richtig; Richard Reusch gebührt die Ehre einer anderen Entdeckung. Der besagte Leopard erscheint bereits auf einer Fotografie im Reisebericht Donald V. Lathams, der zwei Monate zuvor mit den Bergführern Oforo und

Von Zusammentreffen mit den kuhgroßen Elenantilopen auf dem Sattel- oder auf dem Shiraplateau wird oft berichtet. Und mehrere Büffelskelette auf dem Shiraplateau könnten darauf hindeuten, dass dort auch in unseren Tagen noch Löwen umherstreifen.

Donald Lathams Fotografie von Oforo mit dem berühmten «Leoparden vom Kilimandscharo», veröffentlicht 1926 im «Geographical Journal».

Jonathan den Kibogipfel erreichte. Auf dem Bild hält jemand, der auf dem Ostrand des Kibokraters vor einer grandiosen Gletscherkulisse steht – sein absonderlicher Hut verrät, dass es Oforo war –, einen steif gefrorenen Leopardenkadaver hoch. In der Tat fand dann im September auch Richard Reusch das Tier, aber als Erster entdeckt hat er es folglich nicht. Eine Fotografie von Harold William Tilman belegt, dass der Leopard, dem Reusch inzwischen zum Beweis ein Ohr abgeschnitten hatte, 1933 noch dort lag, aber danach verschwand er.

Auf dem Mawenzi haben britische Alpinisten 1964 in einer Höhe von nahezu 4880 Metern ein Büffelskelett gefunden. Rätselhaft, wie das tonnenschwere Tier dorthin gelangen konnte, denn die Kletterer mussten sich mühsam durch einen Kamin zu der Stelle hinaufarbeiten. Wahrscheinlich ist der vom Büffel begangene Felsabschnitt später weggebrochen. 2001 stolperte David Breashears' Kamerateam auf dem Shiraplateau über ein Büffelskelett, und wer jetzt vom Shira Camp zur Barrancohütte geht, der wird an der Abzweigung zum Moir Hut Campsite Skelettreste und den Schädel eines Büffels sehen, die noch nicht lange dort liegen. Die Informationsbroschüre der TANAPA (Tanzania National Parks Authorities) für den Kilimandscharo-Nationalpark vermeldet, auf dem Shiraplateau sei es zu Begegnungen mit Elefanten, Büffeln, Elenantilopen und Wildhunden gekommen, und selbst Löwen würden hin und wieder diese Hochfläche aufsuchen.

Im Umkreis der heutigen Mawenzihütte (rund 4550 m) fanden Eduard Oehler und Fritz Klute 1912 die Skelette eines Elefanten und zweier Elenantilopen. 1951 beobachteten die Briten Swynnerton und Hayman sogar einen Elefanten, der in einer Höhe von 4877 Metern umherwanderte. Noch heute wissen viele Bergführer von Elefantenskeletten zu erzählen, die in mehr als

4500 Meter Höhe liegen. Als ich 1999 mit dem Bergführer Romel Christopha Mosha das Sattelplateau auf dem Weg vom South East Valley zum Mawenzi Tarn überquerte, sahen wir an den beiden Tümpeln, die an diesem Weg liegen, unzählige Fährten von Elenantilopen. Nur wenig später kam ein ganzes Rudel dieser Tiere von der Rongairoute her herauf. Es war ein heißer Tag, und flirrende Luft verzerrte ihre Umrisse, so dass sie scheinbar hochbeinig und langhalsig wie Giraffen dahergingen. Ein schönes Bild, willkommener als das von Wildhundfährten. Die Tümpel liegen rund 4300 Meter hoch.

Begegnungen wie diese sind an der Rongairoute nicht selten. Dort umherschweifende Elefanten sind zeitweilige Gäste aus dem nahen Amboseli-Nationalpark in Kenia.

Wir sind damit längst in die Hochwüste geraten, deren Grenzen man zwischen 4000 und 5000 Metern zieht. Wanderer auf der Maranguroute erreichen diese Zone, wenn sie die Horombohütte sowie den Last Water Point hinter sich gelassen haben und über eine letzte Geländestufe in das Sattelplateau gelangen. Dort begrüßt sie dann die mit Steinen ausgelegte Inschrift «Valley of Tears». Offenkundig verfügte ein Spaßvogel noch über genügend Humor und Atemluft, und entmutigend wüstenhaft sieht es ringsum ja auch noch nicht aus. Die Pflanzen tun zunächst nur, was wir in der Kälte auch tun: Sie kauern sich nieder und rücken an geschützten Orten zusammen. Freilich liegen weithin Steine, Grus, Sand, Asche, hin und wieder rote Vulkanhügel und die Überreste von Lavakrusten, bisweilen dünenähnliche Landschaftsformen.

Die Abbildung zur Rechten zeigt ein Beispiel für die kärgliche, doch noch erstaunlich vielfältige Flora in der Steinwüste des Sattelplateaus.

Rechte Seite: Die vor langer Zeit von Gletschern «gehobelten» Felsen nahe Zebra Rock sowie eine Gletscherzunge des Nördlichen Eisfeldes im Gipfelbereich des Kibos.

Vorangehende Doppelseite: Riesensenecien und Immortellen am nebligen Oberrand der Heide- und Moorlandzone.

Eine kahle Gegend, doch nirgendwo lassen sich die Vielfalt des Verfalls und die beständige Neuordnung der Erdoberfläche so gut erkennen wie an solchen kargen Orten. An den Kibohängen fallen gewundene, mehrfarbige Bänderungen zwischen den überwiegenden Brauntönen auf: Schwemmspuren von geschmolzenen Schneeflecken. Diese Steinwüste ist der Überrest einer geschlossenen Lavaschicht, die durch Verwitterung und Erosion zerstört wurde. Wer etwas davon versteht, vermag hier die Wirkungen eines langen und gewaltigen Wechselspieles zu sehen, dessen Akteure zum einen die Vulkane Kibo und Mawenzi sowie die Parasitärkrater zwischen den beiden, zum anderen Schmelzwasser und Niederschläge, Hitze, Kälte, Wind und Gletscher waren.

Gletscher schon hier? Ja, die Geschichte des Kibos wurde lange Zeit geprägt vom Wechsel zwischen Feuer und Eis. Ausbrüche und tief hinabreichende Vereisungen folgten einander, mehrfach entledigte der Vulkan sich seiner Gletscherhauben und schwemmte sie als gewaltige Schlammlawinen talwärts. In der Zeit ihrer größten Ausdehnung zogen die Gletscher sich bis in eine Höhe von 4000 Metern hinunter. Einzelne Zungen drangen sogar noch tiefer vor, ihre Moränenreste kann man schon in einer Höhe von 3600 Metern finden. Es wird angenommen, dass dies am Ende des Pleistozän genannten Erdzeitalters geschah, also vor etwa 12 000 Jahren.

Selbst auf der wüsten Hochfläche, jedenfalls im Südteil des Sattels, gedeihen noch fünf Dutzend höhere Pflanzen: darunter strohblumen- und distelähnliche Gewächse wie solche der Gattungen Helichrysum, Senecio und Carduus. Überlebenskünstler sind sie allesamt, unter anderem bedroht von Temperaturgegensätzen von zuweilen mehr als 50 Grad sowie von der all-

nächtlichen Gefahr, in dem vom Frost bewegten Boden ihre Wurzeln zu verlieren. Im höher gelegenen Nordteil sieht man dagegen meist nur noch Flechten, Gräser oder die eigenartigen Moosbälle, verfilzte, kugelige Gebilde, unablässig auf der Wanderschaft, genährt von Nebeln und von Mineralstoffen dort, wo der Wind sie zufällig zur Ruhe kommen lässt.

Danach folgt nur noch die Gipfelzone, der Bereich zwischen der 5000-Meter-Höhenlinie und Uhuru Peak. Der Bergwanderer betritt ihn gewöhnlich mit gesenktem Kopf, sieht allein Lavagrus und Fels, bisweilen besiedelt von grauen und roten Flechten, die weniger als einen Millimeter pro Jahr wachsen. Dass es hier dennoch manchmal lebendiger zugeht, zeigten die von Meyer und Purtscheller bemerkte Antilope, der Leopard auf dem Kraterrand sowie die Wildhunde, die Wilfred Thesiger und seinen Begleitern zusahen, als sie sich in das Gipfelbuch eintrugen. Und längst nicht so selten ist der Anblick von Weißnackenraben, die nach heraufgewehten Insekten suchen mögen oder nach dem Erbrochenen, das viele Bergtouristen hinterlassen. Die Chagga hingegen glaubten, berichtete Bruno Gutmann, die Vögel seien ursprünglich Fleischbrocken gewesen, die von geheimnisvollen Gipfelbewohnern als Ahnenopfer dargebracht wurden. Kullerten sie die Hänge hinab, so verwandelten die Brocken sich in Raben.

Das eindrucksvollste Erlebnis in der Gipfelzone ist fraglos der Anblick der Gletscher – jedenfalls, wie derzeit angenommen wird, noch bis zum Jahr 2020. Hans Meyer hatte nach seiner letzten Expedition zum Kilimandscharo 1898 bereits vermutet, die Gletscher des Kibos würden zwei oder drei Jahrzehnte später abgeschmolzen sein. Aber das Eis taute dann weitaus langsamer, wenngleich sein Ende unaufhaltsam zu sein scheint: Von Wissenschaftlern vorgenommene Vermessungen überliefern für das Jahr 1912 eine über wenig mehr als 12 Quadratkilometer ausgedehnte Eiskappe, im Jahr 2000 waren es nur noch 2,2 – nach einer anderen Quelle 2,6 – Quadratkilometer. Vorstellen kann man sich dennoch kaum, dass die teilweise noch immer riesigen Hängegletscher und Toteisblöcke in anderthalb Jahrzehnten verschwunden sein werden, denn bei der Entnahme von Bohrkernen vor fünf Jahren maß die Eisdecke von ihrer Oberfläche bis zum Fels im Nördlichen Eisfeld noch bis zu 50,9 Meter, im Südlichen Eisfeld bis 22,3 Meter und selbst am schon von Schmelzwasser zersetzten Furtwänglergletscher noch 9,5 Meter. Schuld am Abtauen sollen, wie am Rückzug der Gletscher auf der gesamten Erde, Luftverschmutzung und die damit einhergehende Klimaerwärmung sein. Neuere Forschungen betonen eher die Rolle von Niederschlägen: Die rund 11 000 Jahre umfassenden Bohrkerne aus dem Kilimandscharo-Eis verraten, dass es dort, drei Dürreperioden ausgenommen, früher feuchter und wärmer als heute war. Und, so ließe sich überdies einwenden, zweifellos begann das Gletschersterben auf dem Kibo nicht erst mit dem industriellen Zeitalter. Das sind überaus vielschichtige Vorgänge; wir kennen oft erst die

Der Artname der Strohblume Helichrysum newii erinnert an den ersten Europäer, der den «Schnee auf dem Kilimandscharo» in den Händen hielt.

Anfangsbuchstaben von Wörtern, die irgendwann dazu dienen könnten, Fragen zu stellen. Dennoch wird es unserer Spezies nicht schaden, wenn sie sich so verhält, als ob sie für das Verschwinden der Gletscher verantwortlich wäre.

Ein weiteres Wunder der Gipfelzone ist unscheinbar und kaum bekannt: Im Reuschkrater, in einer Höhe von 5670 Metern – keine Blütenpflanze kann sonst in solcher Höhe gedeihen –, wächst im von den heißen Aushauchungen der Fumarolen geschaffenen Mikroklima eine weiß blühende Strohblume: Helichrysum newii, benannt nach einem englischen Schuhmacher und Missionar, dessen Geschichte nicht weniger anrührend ist als das beharrliche Dasein dieser Pflanze in einem Vulkankrater.

«‹Wäre es nicht besser, ruhig zu Hause zu bleiben, als die Welt zu durchstreifen, um Zucker zum Honig zu suchen, ohne zu bedenken, dass mancher nach Wolle geht und geschoren heimkehrt?› ‹Ach, liebe Nichte›, entgegnete Don Quijote, ‹was weißt denn du?›»

Miguel de Cervantes Saavedra, «Leben und Taten des scharfsinnigen Ritters Don Quijote de la Mancha»

«Der Regen war so dicht, dass es schien, als ob man durch einen Wasserfall flog, und dann waren sie hindurch, und Compie wandte den Kopf und grinste und deutete vorwärts, und dort vor ihnen, so weit er sehen konnte, so weit wie die ganze Welt, groß, hoch und unvorstellbar weiß in der Sonne war der flache Gipfel des Kilimandscharo. Und dann wusste er, dorthin war es, wohin er ging.»

Ernest Hemingway, «Schnee auf dem Kilimandscharo»

DER GIPFELBERG

Southeast Valley. «Hinter Red Wall», knurrt Romel, «hätten wir leicht einsteigen können und wären längst im Sattel.» Er zieht eine zerknüllte rote Zigarettenpackung aus der Brusttasche. «Sportsman» heißt die Sorte, und gleich wird er furchtbar husten.

«Nimm meine!»

«Nein. Das Zeug ist parfümiert.»

Er hat ja Recht. Es ist meine Schuld, dass wir den Morgen verschwatzt haben und zu spät in Barafu aufgebrochen sind. Jetzt geht es seit einer Stunde in heilloser Kletterei quer über zerborstene Bergrippen durch das Southeast Valley. Die Sonne steht hoch, das Gestein hat sich aufgeheizt, man verbrennt sich fast die Finger daran. Kein griffiger Fels, überall riesige glatte, schwarzbraune Blöcke, vom Frost längs und quer aufgesprengt. Zwischen den Rippen liegt in farbigen Bändern herabgespülte Asche und Lavagrus, in dem man bei jedem Schritt bis zu den Knöcheln versinkt. Wir sind staubig und verschwitzt, unser Geruch könnte ein Pferd umbringen – wenn denn eines kommen sollte. Romel ist vorgestiegen, ein paar Mal haben wir uns dennoch fast verirrt in diesem Chaos.

«Wo war denn nun dein bergsteigender Schuhmacher?», fragt er jetzt.

«Dort oben. Er ging an der Talschulter entlang.»

Dabei stehe ich auf und sehe zur Wand hinüber:

«Das sieht verdammt übel aus!»

«Jetzt untertreibst du aber gewaltig», sagt Romel, und wir beginnen beide zu lachen und zu husten.

«Schnee mit blendendem Glanz ...»

Charles New

Linke Seite: Blick über die Talschulter von Southeast Valley zum Rebmanngletscher im Südlichen Eisfeld. Rechts davon führt die Mwekaroute zum Kraterrand und zum Kibogipfel.

Vom Kilimandscharo zur Küste zurückgekehrt, unternahm Carl Claus von der Decken 1863 noch weitere Reisen: nach Lamu, zu den Komoren und zu den Seychellen. Dabei lernte er während eines Aufenthalts auf Sansibar einen 23-jährigen Methodistenmissionar aus England kennen, dem diese Begegnung gleichermaßen Erfüllung und Verhängnis brachte. Der junge Brite hieß Charles New und geriet auf ungewöhnliche Weise in den Dienst der Kirche: Eigentlich war er nämlich Schuhmacher, hatte dann aber im vorhergehenden Sommer ein Eisenbahnunglück überlebt und darauf gelobt, Missionar zu werden. Offenbar für Zeichen aufgeschlossen, mochte ihm auch das Zusammentreffen mit dem Baron wie ein mahnender Hinweis erscheinen: Vielleicht war er berufen, den Schneeberg zu bezwingen, den ein Missionar als erster Europäer erblickt hatte, vielleicht war er auserwählt, dieses Wunder des Herrn zu preisen? Jedenfalls lauschte New Deckens Erzählungen hingebungsvoll und beschloss, zur Erforschung des absonderlichen Berges beizutragen.

Es vergehen allerdings acht Jahre, bis er sich dieser Aufgabe widmen darf. Missionsreisen führen ihn zunächst in die so genannten Gallaprovinzen, also in den Norden des Landes, das heute Kenia heißt. Erst im Juli 1871 gelangt er gemeinsam mit seinem Glaubensbruder Bushell nach Moshi, an den Südhang des Kilimandscharogebirges. Dort herrscht Chaggahäuptling Mandara, den Baron von der Deckens Gefährte Otto Kersten abfällig als geschwätzigen und habgierigen jungen Mann beschrieben hatte. New vergleicht ihn in seiner Reiseschilderung sogar mit Polyphem, dem Menschen fressenden, einäugigen Riesen der griechischen Mythologie, und weiß gleichfalls nicht viel Gutes von ihm zu erzählen: Angeblich ist Mandara ein undurchschaubarer, trunksüchtiger, unersättlich nach Geschenken gierender, manchmal hilfreicher, aber zumeist abweisender und hinterhältiger Herrscher.

Menschen sind bekanntlich wandlungsfähig, und in der Tat ist aus dem etwas albern wirkenden Jüngling Mandara inzwischen ein halb blinder, aber dennoch scharfsichtiger Raubvogel geworden. Vor Jahren hat er seine Untertanen gezwungen, ihre unterirdischen Fluchtburgen – eine bei den Chagga verbreitete Anordnung von Wohnhöhlen, Ställen, Wehrgängen und Luft-

Wer wie Charles New im Südwinter aufsteigt, wird überrascht sein, wie kalt es dann bereits in der Region des von Flechten besiedelten Baumheidewaldes sein kann.

schächten, in die man sich in Kriegszeiten zurückzog – zuzuschütten, um sie in den Kampf zu zwingen. Über 4000 Speere gebietet er jetzt, lässt Kampftaktiken der Maasai anwenden und hat wenig gemein mit dem leicht zu blendenden Höhlenbewohner Polyphem. Seine so genannte Habgier ist nichts weiter als das Verlangen nach Achtung. Würde New den Hof eines Fürsten daheim ohne Gastgeschenk aufsuchen? Offenbar kommt dem Missionar auch nie der Gedanke, das von ihm beklagte Verhalten könne mit seinen und Bushells Predigten sowie mit der – von New stolz vermerkten – schnell wachsenden Anzahl ihrer Zuhörer zusammenhängen. Mehrere Chaggahäuptlinge, so auch Mandara, sind durch den Handel mit Sklaven, die sie während ihrer Kriegszüge gefangen nahmen, reich und mächtig geworden. Zumindest haben ihnen die Wegzölle von Sklavenkarawanen große Einnahmen beschert. Dass New und Bushell den Sklavenhandel in ihren Predigten verdammen, gefällt Mandara und seinen Ratgebern – allesamt in das üble Geschäft verwickelt – vermutlich wenig.

Dennoch, trotz beiderseitiger Vorbehalte, gestattet der Häuptling Charles New Mitte August 1871 einen ersten Zug zum Kibo, aber der scheitert am schlechten Wetter sowie an der Unlust und Unerfahrenheit seiner Begleiter, die fast alle aus der Küstenregion stammen. Als New am 26. August erneut aufbricht, umgibt er sich deshalb mit seinem Gefährten und Diener Tofiki, mit einem landeskundigen Elfenbeinhändler namens Sadi bin Ahedi, der bereits von der Decken begleitete, mit dem von Mandara gesandten Führer Mtema und acht weiteren Chagga. Einige der Letzteren kommen zum Entsetzen des Missionars splitternackt daher, doch führt er ein Bündel Decken mit sich, so dass er die Frierenden künftig ein wenig vor der Kälte schützen kann.

Die im Nachhinein von New aufgezeichnete Wegbeschreibung ist unklar, verrät aber, dass Pfaden gefolgt wird, die ungefähr parallel zur heutigen Mwekaroute verlaufen, nur weiter ostwärts liegen: ein später oft begangener Weg, der von Alt-Moshi auf den Roten Mittelhügel im Sattelplateau zu und dann am Ostrand von Southeast Valley entlang auf den Gipfelberg führte. Auf ihm erreicht News Schar bereits am ersten Tag die Grenze des Waldgürtels, und er zeichnet bewundernd auf, seine Weggefährten würden schnell und entschlossen vorangehen. Zuweilen stimmt ihn das allerdings unzufrieden, weil ihm keine Zeit bleibt für Betrachtungen des dämmrigen Waldes, der flechtenbehangenen Baumriesen. New ist schließlich naturwissenschaftlich interessiert, hat auf seinen vorhergehenden Reisen in Ostafrika gezeichnet, fotografiert, kartiert. Jetzt aber muss er sich dem Schrittmaß der Begleiter unterordnen, um nicht wiederum zu scheitern. Ermattet schlagen die Männer am Abend ihr Lager an einem Bach auf, dessen Wasser so kalt ist, dass man es nur erschauernd und in kleinen Schlucken trinken kann. Ringsum stehen 6 bis 9 Meter hohe Gewächse, die New als Ginster bezeichnet und in denen heutige Leser unschwer die Baumheide erkennen. Feuer lodern auf, groß genug, um

News Aufstieg führte am Southeast Valley entlang. Am oberen Bildrand die ostwärtigen Gletscher des Südlichen Eisfeldes. Der dunkle, schneefreie Fleck am obersten rechten Bildrand ist ein Wegstück der Mwekaroute, die später am Rebmanngletscher den Kraterrand erreicht.

Ochsen darüber zu rösten. Die Nacht wird dennoch frierend verbracht; am Morgen zeigt das Thermometer neben der Schlafstelle knapp 38 Grad Fahrenheit (3 Grad Celsius) an.

«Der Reif auf den Blättern war dicker, als ich ihn jemals daheim gesehen habe. Wir verließen den Wald in wenigen Augenblicken, als unsere Führer stehen blieben und auf etwas wiesen, das sich vor ihnen befand. Scheinbar nur noch eine Marschstunde entfernt, erhob sich dort der Kibo. Es war ein unvergleichlicher Anblick. Nicht eine einzige Wolke trübte das ätherische Blau darüber, und im Licht der Morgensonne strahlte der Schnee mit blendendem Glanz.» Es ist nicht das erste Mal, dass Charles New den Kibo erblickt. Er hat ihn bereits von Moshi her gesehen und dabei den Gipfelberg mit dem Anblick der Mondsichel verglichen; doch jetzt überkommt ihn Rührung. Er erinnert sich an Johannes Rebmann, der 23 Jahre zuvor angesichts des Berges niederkniete und den 111. Psalm betete. Besonders innig, so hatte Rebmann berichtet, empfand er dabei den sechsten Vers: «Er lässt verkündigen seine gewaltigen Taten seinem Volk, dass er ihnen gebe das Erbe der Heiden.» New betet den Vers ebenso arglos wie sein Bruder im Glauben. Es wird beiden erspart bleiben, Ostafrika als Schlachtfeld zu erleben, auf dem Gottes Völker sich um das Erbe der Heiden balgen.

Die Besinnung hat den Wanderer gekräftigt. Er sieht dem Zug der vom Widerschein des Savannenbodens rosa gefärbten Wolken unter ihm zu, beschreibt Pflanzen der nunmehr durchschrittenen Heide- und Hochmoorzone, das Gestein, den jetzt ins Blickfeld geratenen Mawenzi. New ist glücklich, dass er solche Werke Gottes besehen darf. Während manche seiner Begleiter schon atemlos zurückbleiben und über ihre Lasten klagen, geht er beschwingt voran, dem Schnee und dem Eis entgegen, die in der klaren Luft so nahe zu sein scheinen. Weil er die Alpen kennt, lässt er sich davon nicht täuschen. Aber eine andere Wirkung der Höhe – die Gruppe erreicht am Ende des Tages wohl etwa 3700 Meter – ist ihm unbekannt, denn er berichtet verwundert, Sadi bin Ahedi beginne zu phantasieren, glaube fremde Stimmen zu hören und ein Erdbeben zu spüren.

Schauplatz jener Begebenheit ist das Nachtlager in einer Höhle. Da sind kümmerliche Pflanzen und Wurzeln für ein Lagerfeuer zusammengetragen worden, doch die Flamme wärmt nicht, obgleich sie den Männern Haare und Brauen – und New den Vollbart – versengt. Die Temperatur sinkt unter den Gefrierpunkt, der Missionar verbringt die Nacht schlaflos, weil er seine Decke nach einigem Gezerre einem frierenden Chagga überlässt. «Das Reisen oder die Armut bescheren einem Mann die Gesellschaft seltsamer Schlafgenossen», notiert er sarkastisch. Offenkundig hat er seinen Shakespeare gut gelesen.

«Der Morgen war außergewöhnlich klar. Der Schnee – wie nahe er zu sein schien! Es sah aus, als ob nur noch ein Rücken zwischen ihm und uns liege, und dem Anschein nach hätten wir ihn in zehn Minuten erreichen können. Der

Sonnenaufgang [...] kam wie eine ‹Flut von Herrlichkeit›, und eine einzigartige Landschaft lag vor uns ausgebreitet!» New sieht den Rauch der Lagerfeuer von Taveta und näher im Südosten den glänzenden Jipesee sowie einen kleineren, fast kreisrunden und tiefblauen See: Lake Chala, ein wassergefüllter Krater, als dessen Entdecker Charles New in geografischen Werken weiterleben wird.

Früh aufgebrochen, erreicht sein Trupp gegen 8 Uhr eine Felsgruppe, bei der die Chagga zurückbleiben. Sie behaupten, nun höher hinaufgestiegen zu sein als irgendjemand zuvor. Man sei dem Kibogipfel nahe. Wenn der Missionar weitergehen wolle, würden sie hier auf ihn warten. New lässt sich einen Speer geben und geht, gefolgt von Tofiki, davon. Hin und wieder sehen sie noch eisgraue Pflanzen, von denen manche rosafarbene oder gelbe Blüten tragen. Einmal glauben sie, dazwischen Fährten von Büffeln und kleineren Tieren zu entdecken. New meint allerdings, es sei unmöglich, dass Säugetiere in diese Höhe gelangt sein könnten – und irrt damit gründlich. Sodann verschwindet jeglicher Bewuchs. Die einsamen Wanderer stolpern durch die mondgleiche Sattellandschaft zwischen Kibo und Mawenzi. Um sie her sind allein schneidend kalter Wind und die Hinterlassenschaften jener Zeit, in der es hier Steine regnete: Staub, Asche, Lapilli, Schlacke, Tuff, vulkanische Bomben. Immer häufiger auch schwarze Sandflächen, in denen sie bis zu den Knöcheln versinken. «Pole, pole, bwana!» («Langsam, langsam, Herr!»), bittet Tofiki deshalb mehrfach. Die Haut ihrer Lippen reißt auf und beginnt zu bluten. Ihre Rachen schmerzen bei jedem Atemzug, in ihren Köpfen ist ein Gefühl, als ob die Adern zerspringen würden. New bemerkt, dass er seine Gedanken nicht mehr beherrscht, und glaubt wahrzunehmen, wie das Hirn in seinem Schädel glucksend umherschwimmt. Längst schon ist es nicht mehr der Gipfel, auf den sein Willen sich richtet: «Wenn ich doch den Schnee erreichen und ihn berühren könnte – dann wäre ich zufrieden [...].» Tofiki strauchelt nur noch voran und bricht schließlich zusammen. Er wolle auf New warten oder hier sterben, falls er nicht zurückkehre, stammelt der ergebene Gefährte. Und der Missionar glaubt ihm jedes Wort, geht weiter, steht am Rand eines Abgrunds voller blanker brauner Felstrümmer, die ihn an ein mittelalterliches Beinhaus erinnern mögen. Hinter ihm liegt die besiedelte Ebene wie verstaubtes Zuckerwerk, voraus strahlen Gletscher in schmerzhaft reinem Weiß, darüber liegt ein leuchtendes, nie zuvor gesehenes Blau.

New atmet Luft, die noch niemand geatmet hat. Der Wind bläst ihm die Wirrnis aus dem Kopf, und er fühlt, dass Gott nahe ist. Sein Blick fällt auf eine schneegefüllte Senke: «Dort lag er in blendenden Massen auf den Felsen unter mir [...]. Er war hart gefroren, hart wie das Gestein, aber mit dem spitzen Ende des Speeres, den ich bei mir trug, konnte ich mehrere große Stücke herausbrechen.» Tofiki, der seine Jubelschreie gehört hat, schleppt sich herbei und wickelt die Brocken in ein Tuch. Jedoch das große, das überwältigende Glücksgefühl, das sie für diesen Augenblick erwartet haben, es stellt sich noch

Den vielleicht eindrucksvollsten Anblick bietet der Kibo von Süden – erst hier sieht man, dass der Anstieg auf einen sehr hohen Berg führt. Links die «Hakennase» der Breach Wall mit riesigen Eiszapfen und dem Balletto Icefield, an die obere Bildmitte grenzend Heim-, Kersten- und Deckengletscher, darunter ausgedehnte Moränen und Schutthalden.

nicht ein. Beide sind benommen, verwirrt. New ist einer Ohnmacht nahe, selbst Tofikis vertraute Züge erscheinen ihm «schauerlich und fremd». Sie folgen taumelnd ihren Spuren, bis sie endlich eine Rauchsäule sehen, die ihnen den Weg zum Lagerplatz weist.

Es wird ungewiss bleiben, wie hoch Charles New und Tofiki damals gelangten. Sachkundige Autoren schätzten die von ihnen erreichte Höhe im Allgemeinen auf etwa 4000 Meter. Das tat auch Hans Meyer; in einer seiner Veröffentlichungen billigte er dem Missionar und seinem Begleiter sogar 4420 Meter zu und versah die Angabe mit einem Fragezeichen. Unumstritten ist, dass die Schneegrenze zu News Zeiten tiefer als später herabreichte. Und auch heute noch kann man auf dem Sattelplateau, also in einer Höhe um 4300 Meter, in dichtes Schneetreiben geraten und ausgedehnte Schneefelder sehen.

Aber da gibt es einen Widerspruch: New sprach zwar fortwährend von Schnee, meinte jedoch wohl Altschnee und Eis. Wahrscheinlich war der Kibo damals gar nicht verschneit, und deshalb schilderte er recht anschaulich den Anblick der Gletscherfelder: «Der Schnee im Osten des Kibos bildet auf dem Gipfel eine dicke Kappe, verläuft dann aber in einer südwärts gerichteten, unregelmäßigen Linie nach unten. An der Südostseite der Bergkuppel befindet sich eine Scharte, aus deren Grund eine lange Schneezunge hervortritt. Von ihr erstreckt sich die Schneegrenze abwärts und rund um die Kuppel nach Westen.»

Das ist eine verständliche Beschreibung des östlichen Gletscherfeldes, der in jener Zeit noch vereisten Hans-Meyer-Scharte und der westwärts immer tiefer hinabreichenden Südgletscher. Aus News Bericht geht ferner hervor, er habe sich höher befunden «als der Schnee auf den Westhängen». Nun ist unbekannt, in welcher Höhe sich die Zungen der Südgletscher – aus News Sicht lagen sie «auf den Westhängen» – damals befanden. Doch einen Standort, der erheblich über 4000 Meter hinausging, muss man ihm und Tofiki sicherlich zubilligen. Dafür sprechen auch der beschriebene Blick auf das Sattelplateau sowie die Beschaffenheit des «Schnees», den die beiden fanden. Neuschnee kann nicht «hart wie Gestein» sein. Das war zumindest Altschnee, vielleicht zerkleinerte News Speer da auch einen Eisbrocken, der von einem Gletscher herabgestürzt war. Ludwig von Höhnel sah anderthalb Jahrzehnte später «steinharten, gekörnten» Schnee erst in einer Höhe von 4960 Metern.

News Angaben sind zu unklar, um darauf mehr als Vermutungen zu gründen. Dennoch geben die von ihm erwähnten Landmarken – der Ausblick auf den Merugipfel, der Abgrund, mit dem zweifellos Southeast Valley gemeint war – Hinweise auf seinen Weg. Ich habe ihn deshalb, nachdem ich einige Zeit in dieser Gegend umhergezogen bin, nie anders sehen können als in größerer Höhe als jener, hinter die Hans Meyer ein Fragezeichen setzte. Höher jedenfalls als einen Landsmann News, der später angeblich 4973 Meter erreicht haben will.

Eine hübsche Szene: Der zurückgekehrte Charles New hockt erschöpft und glücklich im Lager zwischen den Chagga und leckt an Eisstücken aus Tofikis Bündel. Jemand sagt bewundernd: «Seht, der Mzungu kann Steine essen!» Genauso geschieht es damals, und nachdem auch Mtema, der Führer, davon gekostet hat, gibt es für die Männer kein Halten mehr. Sie zerschlagen den Rest und füllen die Stücke in ihre Kalebassen, besprechen erregt, ob Häuptling Mandara sie dafür belohnen wird oder ob es gewinnbringender sei, den seltsamen Stoff an der Küste als Medizin zu verkaufen. «Ich sagte ihnen, er würde schmelzen, noch bevor wir Moshi erreichen könnten, aber sie lächelten ungläubig und murmelten: ‹Wer hat jemals gehört, dass Steine schmelzen?›»

Es geht noch am selben Tag zum Waldgürtel hinab. New berichtet missmutig, er habe kaum schlafen können, weil die Chagga die ganze Nacht gelärmt und gesungen hätten und «ihre wilde Musik im Wald widerhallte». Er bekundet damit ein geringes Einfühlungsvermögen und ahnt wohl selbst am Tag darauf noch nicht, was ein Marsch zum Schneeberg für seine Begleiter bedeutete. Da werden sie nämlich im Verlauf einer Zeremonie, bei der Alkohol eine hervorragende Rolle spielt, vom Einfluss der Dämonen gereinigt, die im Waldgürtel und auf dem Kibo hausen: Dort flattert «Dege la watoto» in der

Die Gipfel von Big (4566 m) und Little Meru in der Ansicht von der Shiraroute.

Gestalt einer Eule herum, die Mutter der toten Kinder, die Herrin des bösen Blickes, der Vogel der Krankheit. Sie kann verhindern, dass Schafe lammen und Kühe kalben, lässt Männern die Hoden verdorren und zeigt Frauen ihre blutige Scham, so dass sie nie wieder gebären können. Dort sind, glaubt man, die Höhlen der Popo, der Fledermäuse, deren Füße wie die des Teufels nach hinten gekehrt sind. Sie ergreifen zuweilen Menschen unter den Achseln und tragen sie zu den Wohnstätten heimtückischer Geister.

Freilich ist Charles News Verständnis gerade im Hinblick auf Alkoholgenuss und afrikanische Mythologie begrenzt. Er nimmt später auch Mandara nicht ganz ernst – was verhängnisvolle Folgen haben wird –, der enttäuscht hört, der glänzende Stoff auf dem Berg verwandle sich in Wasser. Zum Ausgleich verlangt der Häuptling, New solle während seiner nächsten Reise weiße Lehrer und Handwerker, Werkzeuge sowie zahlreiche Geschenke – ein eisernes Bettgestell ist das bescheidenste darunter – nach Moshi bringen.

Dennoch, trotz solcher Missverständnisse war der Erfolg offenbar: Zwar wird, sofern man Charles New in entsprechenden Schilderungen überhaupt erwähnt, oft so getan, als ob das Kilimandscharogebirge mit Carl Claus von der Decken und Otto Kersten endgültig in den Gesichtskreis der Wissenschaft, mit New dagegen in den der Epik geraten sei. Aber das ist nicht ganz richtig; auch

Medizinmann der Chagga. Fotografie vom Beginn des vergangenen Jahrhunderts.

New sammelte Gesteinsproben und Pflanzen. Wichtig war zudem, dass sein Bericht wie jener von Otto Kersten auf unterschiedliche Vegetationszonen hinwies: auf den Regenwaldgürtel, die Heide- und Moorlandschaft sowie auf die – New noch gänzlich leblos erscheinende – alpine Wüste.

Etwas zuvor noch nicht Beschriebenes erblickte Charles New mit dem malerischen, im Durchmesser fast 3 Kilometer messenden Chalasee, den er vom Steilrand des Sattelplateaus her entdeckte. «Entdeckt» heißt hier natürlich immer nur, dass etwas für den europäischen Kulturkreis enthüllt wurde; den Einheimischen war das Gewässer durchaus nicht unbekannt. Sie fischten schließlich in dem See und erzählten wundersame Geschichten von seiner Entstehung. So soll eine große Maasaiboma – eine Boma war ursprünglich ein von Dornenverhauen geschütztes Lager, dann auch eine befestigte Ansiedlung – dort gestanden haben, bis sich eines Tages die Erde auftat und die räuberischen Krieger nebst Familien, Vieh und Behausungen verschlang. Noch immer könne man bei bestimmten Gelegenheiten die Hilfeschreie der Versunkenen und das angstvolle Muhen ihrer Rinder hören: eine Vineta-Sage aus Ostafrika.

Charles New kam 1875 nochmals zum Kilimandscharo. Im Jahr zuvor war er in den Usambarabergen umhergezogen, wo er die Spuren Ludwig Krapfs kreuzte und sich darin übte, Reliefkarten aufzunehmen und Höhenbestimmungen auszuführen. Es ist also unschwer zu erraten, welches Verlangen ihn zum Kibo zurücktrieb. Bereits am Tag seiner Ankunft in Moshi prophezeite ihm ein geisterhafter Mganga, ein Medizinmann, seine Begleiter auf dem Berg würden diesmal allein Wind, Frost und Tod sein. Tatsächlich versagte ihm Mandara jegliche Hilfe. Vielleicht deshalb, weil New weder die weißen Lehrer und Handwerker noch die Geschenke mitbrachte, nach denen der Häuptling verlangt hatte. Stattdessen hielt Mandara sich nun an der Habe des Missionars schadlos.

Er ließ ihm die Bibel. Wie Johannes Rebmann es vor ihm getan hatte, schlug New, den Blick auf den Berg gerichtet, wahllos eine Seite auf und musste dort lesen: «Ich wandte mich und sah, wie es unter der Sonne zugeht, dass zum

Der malerische Chalasee, gezeichnet von Ernst Platz. Heute steht dort ein Hotel.

Laufen nicht hilft schnell sein, zum Streit hilft nicht stark sein, zur Nahrung hilft nicht geschickt sein, zum Reichtum hilft nicht klug sein; dass einer angenehm sei, dazu hilft nicht, dass er ein Ding wohl kann; sondern alles liegt an Zeit und Glück.»

Charles New hatte kein Glück. Er starb ausgeraubt, krank und – wie ein Zeitgenosse versichert – «mit gebrochenem Herzen» 35-jährig auf dem Weg zur Küste. Mit gebrochenem Herzen – das schreibt sich so leicht hin. Ein Gescheiterter, einer, der versagt hat? Sieger lehren uns nicht viel, wohl aber das Verhalten der Unterlegenen – werden sie groß genug sein, um sich nicht in die Höhe zu schwindeln? Und dann sind da noch die beiden wunderbaren Sätze von Albert Camus: «Der Kampf gegen Gipfel vermag ein Menschenherz auszufüllen. Wir müssen uns Sisyphos als einen glücklichen Menschen vorstellen.»

Höhen- oder Bergkrankheit (Acute Mountain Sickness)

Was Charles New da von Sadi bin Ahedi, Tofiki und von sich erzählte, könnte auf beginnende Höhenerkrankungen hindeuten. Der genaue Ablauf von AMS ist noch nicht völlig erforscht, wahrscheinlich sind ein Anschwellen des Hirngewebes und die damit verbundenen Funktionsstörungen daran beteiligt. AMS muss vermutet werden, wenn jemand nach vorhergehendem Aufstieg in einer Höhe von mehr als 2500 Metern Kopfschmerzen verspürt, zu denen sich einzelne oder mehrere der folgenden Symptome gesellen: Schwäche, Benommenheit, Übelkeit, Erbrechen, Schlafstörungen. Die Anzeichen können verschieden stark ausgeprägt sein, sie schwanken mit der Schnelligkeit des Aufstiegs und mit individuellen Faktoren. Alter, Geschlecht und körperliche Kondition bleiben offenbar ohne Einfluss auf den Verlauf; fast jeder Bergsteiger wird mehr oder weniger von AMS befallen. Dennoch ist es durchaus nicht «normal», in der Höhe unter Kopfschmerzen zu leiden.

Unabhängig davon oder im Zusammenhang damit kann es zu einem Lungenödem (High Altitude Pulmonary Edema) kommen. Die Symptome können Atemlosigkeit auch während der Rast, Husten – möglicherweise mit rosa oder schaumigem Auswurf –, rasselnde oder gurgelnde Atemzüge, Spannungsgefühl in der Brust und blau oder grau verfärbte Lippen oder Fingernägel sein. Zu den Tücken von HAPE gehört das weite Spektrum der Anzeichen: Mal scheinen sie – Fieber ist nicht selten – auf eine Lungenentzündung hinzudeuten, mal gleichen sie den Beschwerden eines Asthmatikers. HAPE endet unbehandelt tödlich, und die beste Behandlung besteht, auch in zweifelhaften Fällen, im Abstieg.

Ebenfalls tückisch verläuft ein Hirnödem (High Altitude Cerebral Edema), weil es schon nach wenigen Stunden oder erst nach Tagen zum Tod führen kann und der Betroffene meist nicht imstande ist, die Gefahr zu erkennen. HACE vermag einen Gang und Reaktionen zu bewirken, die denen eines Betrunkenen gleichen, aber auch Lethargie hervorzurufen. Der Verlust der Koordination ist kennzeichnend und wird oft von unvermittelten Verhaltensstörungen, Denkstörungen oder Halluzinationen begleitet. Auch beim Verdacht auf HACE sollte der Erkrankte sofort zumindest in jene Höhe absteigen oder gebracht werden, in der er sich zum letzten Mal wohl fühlte.

AMS ist ein weites und dennoch unübersichtliches Feld. Es sind Fallschirmspringer in den Kibokrater abgesprungen, ohne auch nur die geringsten Beschwerden zu verspüren, und es gibt Menschen, die so anfällig sind, dass sie über die Höhe der Horombohütten nicht hinauskommen. Eine Prophylaxe mittels Ginkgoextrakt oder Acetazolamid (Diamox) ist verbreitet, aber noch ungenügend erforscht. Jedermann muss überdies selbst erwägen, ob er seinen Erfolg einem «Doping» verdanken möchte und ob dadurch nicht bedrohliche Symptome verschleiert werden könnten.

Ursache der Gesundheitsgefährdung ist ja weniger die Höhe, sondern vielmehr die mangelnde Anpassung daran. In einer Studie des Expedition Advisory Centre der Royal Geographical Society wird unter anderem der Fall eines tansanischen Jour-

«Der Charakter, wie ihn das Gehen im Hochgebirge ausbilden soll, äußert sich nicht bloß im Wagen, sondern auch im Entsagen.» (Ludwig Purtscheller, gemeinsam mit Hans Meyer Erstbesteiger des Kibos)

nalisten geschildert, der während der Feierlichkeiten zum Jahrtausendwechsel in zwei Tagen auf den Kibo stieg und hinter Gillman's Point mit lebensbedrohlichen HACE-Symptomen zusammenbrach. Dergleichen muss durchaus nicht, wird aber gewöhnlich so enden. Anschließend vergleicht der Autor der Studie den in vergleichbaren Höhen verlaufenden Aufstieg von Lukla in Nepal zum Kalar Pattar (5625 m, 13 Tage) mit einer üblichen Kibotour auf der Maranguroute (4 Tage bis zum Gipfel) und schreibt im Hinblick auf Letztere: «Wegen des gewaltigen täglichen Höhenzuwachses würde kein achtbarer Trekking-Anbieter jemals eine solche Tour durchführen.»

Southern Circuit. «Chakula!» Es gibt kalten Braten und Passionsfrüchte, angerichtet auf einem bunten Kangatuch. In die Tuchkante ist ein Sinnspruch eingewebt: «Dunia duara» – die Welt ist rund. Zur Linken liegt Lava Tower, der orangefarbene Felsdom, den ich beim Abstieg im Schneetreiben nur wie durch eine Milchglasscheibe sah.

Den säuerlichen Brei aus den Früchten saugend, reden wir über das Wetter.

«Ich finde es so viel schöner. Die Landschaft starrt dich nicht an, als ob sie dich belauern würde», sagt Jackson. Er hat bemerkt, dass ich missmutig auf die Nebelschwaden blicke, die unter uns heraufziehen. Ein Natureindruck, wie ich ihn von Jackson nicht erwartet habe. Wirklich sind Wind und Wolken hier oben meist die einzigen Elemente, die Bewegung in das beklemmend wirkende Bild der Felsen bringen.

«Aber für euch ist das nicht gut. Ihr müsst ja fotografieren», fügt er ganz ohne Bosheit hinzu.

Es stimmt. Wir müssen uns ein Bild von allem machen. Am besten eines, das verkäuflich ist.

«Das Kind einer Schlange ist eine Schlange.»

Der Südwinter des Jahres 1884 beginnt mit dem schlimmsten Wetter seit Menschengedenken. Die Regenzeit will nicht enden, Wolkenbrüche überschwemmen Ansiedlungen, Felder und Wege am Kilimandscharo, während ringsum im Land eine grausame Dürre herrscht. Vom Mawenzi geht eine Felslawine nieder, so mächtig, dass noch die Bewohner Marangus ihren Donner hören. Wenn es einmal nicht regnet, strahlt der Kibo in seltsamem Zwielicht. Die Landschaft erwidert den Blick nicht mehr. Sie scheint erhaben das Verschwinden der Menschen zu erwarten.

Henry – später Sir Harry – Johnston

Linke Seite: Lava Tower und der obere Teil von Barranco Valley, gesehen vom Southern Circuit.

Im Mai kommt mit etwa 30 Gefolgsleuten ein Brite an Mandaras Hof: Henry Hamilton Johnston, erlesen gekleidet, 25 Jahre alt, zartgliedrig und kleinwüchsig, mit üppigem Schnauzbart und dunklen Knopfaugen. Viele Europäer müssen unwillkürlich an einen Puppenspieler denken, wenn sie Johnston erstmals begegnen. Und das ist er auch sein Leben lang, wenngleich in einem gehobenen Sinn. Jetzt erscheint er allerdings als Naturwissenschaftler: im Auftrag der Royal Geographical Society und der Vereinigung zur Förderung der Wissenschaften, versehen mit der stattlichen Summe von 1000 Pfund, um ein halbes Jahr lang Sammlungen der Flora und Fauna im Kilimandscharogebirge anzulegen. So heißt es. In seinen Memoiren wird der Puppenspieler – er darf sich dann Sir Harry Johnston nennen – dagegen behaupten, er sei in geheimer Mission zum Kibo gereist. Nun behauptet Johnston mancherlei. Zum Beispiel gefällt es ihm in seinem Reisebericht, Vorgänger herabzusetzen, und er wird hier deshalb etwas kritisch betrachtet. Aber es ist doch nicht anzunehmen, dass er als Memoirenschreiber – also nach der Karriere als Generalkonsul Ihrer Majestät in Britisch-Zentralafrika und als Gouverneur Ugandas – lügt und sich fälschlich als ehemaligen Geheimagenten ausgibt.

Wenn sie beabsichtigt sein sollte, dann ist seine Tarnung hervorragend: Johnston hat nach anatomischen, zoologischen, sprachlichen sowie künstlerischen Studien in Tunis gelebt, hat Angola bereist und am Kongo geforscht. Sein Reisebericht «The River Congo» wird selbst von Fachleuten als vielseitig und anschaulich gerühmt. Das Werk ist übrigens einem Herrn «Henry Moreland

Stanley» gewidmet – Johnston wird erst nach dem Druck darüber aufgeklärt, dass er damit einen der vielen falschen Namen des von ihm bewunderten Henry Morton Stanley verwendete. Nun gut, jedenfalls war es lehrreich gewesen, Stanley bei der Gründung des Kongostaates über die Schulter zu sehen, wenngleich Johnston niemals die düstere Größe seines Lehrmeisters erreichen wird.

Henry Johnstons «The Kilima-Njaro Expedition», das Werk also, dessen deutscher Übersetzung hier gefolgt wird, verrät nichts von den Fäden, die er zieht, oder von jenen, an denen er selbst zappelt. Er gibt sich zunächst bescheiden, erzählt kokett, wie er sich bangend Mandara nähert, vergleicht dessen Situation geistreich mit der Napoleons nach Elba. Das Verhältnis der beiden ist dann spannungsreich. Dennoch verfallen bis auf den Häuptling und einige Rotten blutgieriger Krieger, die immer wieder den Hintergrund der Handlung beleben, angeblich alle Chagga dem Charme des Autors.

Der lebt zunächst vier Monate lang oberhalb von Moshi in einem hübsch hergerichteten Lager mit eigenem Hühnerhof und Gemüsegarten. Er sammelt Pflanzen, schießt Vögel, fängt Schmetterlinge und möchte gar zu gern ein Stück dieser schönen Gegend kaufen. Da man dem liebenswürdigen Sommergast offenbar nichts abschlagen kann, gelingt es ihm tatsächlich, für Tuche und Glasperlen Land von Mandara sowie von zwei anderen Chaggahäuptlingen zu erwerben. Eines der Landstücke ist 15 Quadratkilometer groß und liegt am Rand von Taveta: Johnstons wertvollste Erwerbung, die noch zu internationaler Beachtung gelangen wird. Er lässt dort probehalber etwas Weizen und Kaffee anbauen sowie Versuche zur Gründung einer Straußenfarm beginnen.

Die Kilimandscharoforschung kommt dabei nicht so recht voran. Gewiss, Johnston hat wenig Zeit. Da ist das schlechte Wetter. Seinen ersten Versuch, zum Kibo vorzudringen, verhindern die – zuverlässig wie immer auftauchenden – mordlustigen Krieger. Überdies muss der Puppenspieler einen Zeitungsartikel nach dem anderen und Briefe an das Foreign Office schreiben. Deren Inhalt kann man bündig so zusammenfassen: Das Kilimandscharogebiet ist für den Anbau landwirtschaftlicher Produkte aller Art sowie für die Besiedlung durch Europäer hervorragend geeignet; ich bin hier der Erste und werde die ganze Gegend für einen Betrag von weniger als 5000 Pfund so britisch machen, wie es jetzt Ceylon ist. Nebenher plagt er sich noch damit, Handelsaussichten zu ergründen, Ländereien zu besehen und sich mit dem misstrauischen Mandara herumzustreiten. Da bleibt es erstaunlich, dass er dennoch neben anderen Dingen rund 500 Pflanzen, 120 Insekten, 80 Vögel, 50 Säugetiere und 40 Gesteinsproben zusammenträgt. Vielleicht geschieht das ja auch nicht ganz ohne die Hilfe seiner Begleiter und der Chagga.

Im Oktober schließlich, nachdem bewaffnete Verstärkung aus Sansibar eintraf, unternimmt Henry Johnston einen zweiten Versuch, den Kibo zu besteigen. Er verlegt zuvor sein Quartier nach Marangu, in das Herrschafts-

Kibo (links) und Mawenzi in der Ansicht vom Jipesee; Zeichnung von Henry Johnston.

gebiet des Chaggahäuptlings Mareale, von dem der Reisebericht vermeldet, er vernachlässige seine Körperpflege und besitze völlig verstiegene Vorstellungen von den örtlichen Immobilienpreisen. Angeblich wird der Wechsel vorgenommen, weil Mandara sich immer feindseliger zeigt und Bezahlung für jeden geschossenen Vogel und jeden gefangenen Schmetterling verlangt.

Dem Deutschen Karl Jühlke erzählt Mandara im folgenden Jahr aber eine andere Geschichte: «Solange Johnston hier unten bei mir in seinem Zelte wohnte, hat er meine Leute, die ihn sehen wollten, wie das hier Brauch ist, fortgejagt und geschlagen; deswegen ist er mir und meinem Volke verhasst. [...] Als Johnston mich dann fragte, ob er sich ein Haus bauen dürfe, habe ich ihm

Mareale (auch Miriali, Marealle, Ndegoruo M. Kilamia) von Marangu auf einer Fotografie von Bruno Gutmann.

Rechte Seite: Vegetationsformen aus der Höhe, in der Johnstons Basislager lag. Besonders auffällig sind die – hier kümmerlichen – Schäfte von Riesen-Schopflobelien, kennzeichnenden Gewächsen der Hochmoore im Kilimandscharogebirge.

dies erlaubt, auch einen Platz dafür angewiesen [...]. Das erste, was dann geschah, war, dass er zu mir schickte und fünf Mädchen forderte. Ich schickte ihm zunächst drei. Er ging sodann auf den Berg, und als er zurückkam, prügelte er die Mädchen und jagte sie fort. Mir selbst ließ er sagen, ich sollte nicht wagen, wieder in sein Haus zu kommen, sonst werde er mich ebenso hinausjagen, er werde auch das meinige nicht mehr betreten. Darauf verbot ich meinem Volke, ihm Nahrungsmittel zu verkaufen, und zwang ihn so, mein Gebiet zu verlassen.» Allerdings sind weder Mandara noch der im kolonialen Wettstreit mit den Briten umherreisende Jühlke gänzlich vertrauenswürdige Zeugen.

Als die Bergfahrt beginnt, stellt Mareale von Marangu Johnston vier Führer, von denen gesagt wird, sie seien «eine wahre Räuberbande von Schreihälsen». Zwei davon werden also wieder weggeschickt; zumindest die verbleibenden Männer sind – Johnston kann das gar nicht einschätzen – kundige Leute, denn sie weisen ihm einen Weg, der ziemlich genau der heutigen Maranguroute entspricht. Graf Teleki, Ludwig von Höhnel, Hans Meyer, Albrecht von Eberstein und viele andere werden künftig dem von diesen Führern eingeschlagenen Pfad folgen. Wenn Johnston sie dennoch als blödsinnige Hanswürste beschreibt, dann steht er damit nicht allein: Die Zeit der wohlwollenden, differenzierten Schilderungen Livingstones ist längst dahin, inzwischen hat der maßlos überlegene, alles verdrängende weiße Held Einzug in die Afrikaliteratur gehalten.

Bedacht vorgehend, lässt Henry Johnston oberhalb von Marangu in einer Höhe von etwa 2800 Metern ein Basislager anlegen. Mit der Errichtung dieses Lagers beginnt auch eine überaus wirre Darstellung voller zweifelhafter Zeit- und Ortsangaben sowie fragwürdiger Höhenbestimmungen. Letzteres ist weniger verwunderlich. Die zu jener Zeit verwendeten Aneroidbarometer, deren Luftdruckanzeige Aufschluss über die Höhe ermöglicht, sollten eigentlich häufig mit der Hilfe von Quecksilberbarometern geeicht werden. Dafür gibt es oft weder Zeit noch Voraussetzungen. Die Eigenfehler der selten scho-

Der Mawenzi mit Nordecke und Hans Meyer Peak (5149 m).

nend behandelten Geräte sind groß. Ihre Anzeigen müssen außerdem um temperaturabhängige sowie andere Abweichungen korrigiert werden – da bleibt vieles der Gewissenhaftigkeit der Beobachter überlassen. Selbst Hans Meyers sorgfältig berechnete und mehrfach überprüfte Höhenmessungen im Kilimandscharogebirge weichen teilweise noch um mehr als 100 Meter von den wirklichen Verhältnissen ab. Leider gesellt sich zu solchen nicht immer beherrschbaren Unzulänglichkeiten noch Johnstons offenkundiger Widerwillen gegen die Erfordernisse der Topografie. So glaubt er sich zum Beispiel in seinem Basislager nicht nur bereits «in reichlich 3000 m Höhe», sondern auch an «dem östlich vom Kimawensi entspringenden Fluss Kilema». Der Ort wäre nach dieser Beschreibung unauffindbar. 1887 rasten auch Graf Teleki und Höhnel sowie Meyer und Eberstein in Johnstons Basislager; zwei Jahre später schlägt Meyer an nahezu derselben Stelle sein «Mittellager» auf. Der «Fluss Kilema» erweist sich dabei als der in einer völlig anderen Gegend, nämlich südwestlich vom Mawenzi entspringende Muabach.

Es entsteht eine befestigte Ansiedlung von 15 Hütten, die sogleich eine Feuerprobe bestehen müssen, als mit Donnerschlägen und flammenden Blitzen ein Gewitter heranzieht. Die Expedition scheint den Zorn der Berggötter herauszufordern, und vielleicht erklärt das Johnstons großes Bedürfnis nach Sicherheit, das sonst rätselhaft bliebe: «Der mir zugehörige Teil des Lagers war durch ein starkes Gitter von dem übrigen abgetrennt und sollte im Falle eines Angriffs als Zitadelle und letzte Zuflucht vor den Belagerern dienen.» Tatsächlich erscheinen auch hier wieder Speere schwingende Krieger, diesmal jedoch mit friedfertigen Absichten und angeblich voller Freude darüber, dass Johnston sich von Mandara getrennt hat. Sie versorgen künftig die Expedition mit Lebensmitteln und bereichern überdies willig die naturwissenschaftlichen Sammlungen. Da werden mit Honig gefüllte Kalebassen, Säcke voller Hirse sowie Bananenbündel herbeigeschleppt und meckernde Ziegen zum Lager getrieben. Kinder bringen quiekende, an Astgabeln gefesselte Baumschliefer, smaragdgrüne, vor Angst und Kälte erstarrte Chamäleons, zappelndes Getier aller Art. Endlich, befreit aus dem Bannkreis seiner Machenschaften und seines Gemüsegartens, schreiten Johnstons Forschungen voran.

Sodann wendet er sich den Bergen zu: «Mein erster Ausflug galt dem Fuße des Kimawensi, der kleinern der beiden Spitzen. Der furchtbare Orkan jedoch, welcher um die zackigen Lavarücken toste, hinderte mich, die Besteigung fortzusetzen, obgleich möglicherweise die Erreichung des Gipfels gar nicht ausführbar ist, weil man fast gar keinen festen Fuß fassen kann. Die Menge des Schnees auf dem Kimawensi ist stetem Wechsel unterworfen. Zuweilen ist der ganze Pic bedeckt bis zu dem Felsgrat am Fuß herunter, so dass bloß die scharfen Nadeln schwarz aus dem weißen Schneemantel herausragen. Zu andern Zeiten ist der Schnee bis auf unbedeutende Spuren verschwunden, und der rötliche Sand, welcher die Spalten und Löcher zwischen den Lavafeldern

ausfüllt, liegt frei vor Augen da. Dieser Übergang [...] vollzieht sich häufig innerhalb zwölf Stunden.»

Das ist alles, was Henry Johnston – ansonsten ein scharfsichtiger Beobachter – von der verwitterten Bergruine Mawenzi, von ihren Türmen, Zinnen und Nadeln, von der im Westen über 600 Meter hohen Hauptwand, von ihren eigentümlichen Härtlingen, vom merkwürdigen Farbenspiel ihrer Felsbänderung, von ihren zerklüfteten, tiefroten Lavamauern oder von den ausgedehnten Schutthalden, auf denen er in einer Stunde mehr als hundert verschiedene Gesteinsproben sammeln könnte, zu berichten weiß: eine Schilderung aus der Sicht eines Frosches. Es ist entlarvend, dass lediglich zwei der von Johnston später nach England gebrachten 43 Gesteinsproben vom Mawenzi stammen.

Riesensenecie im Kleid aus abgestorbenen Blättern, das gemeinsam mit einem «Frostschutzmittel» in ihrem Wasserkreislauf das Überleben während der Nachtfröste ermöglicht.

Vollends wortkarg wird der als glänzender Reiseschriftsteller gepriesene Mann während des Aufstiegs zum Kibo, den er an einem nicht näher bezeichneten Oktobertag mit drei Swahiliträgern unternimmt, also ohne die von Häuptling Mareale gesandten Führer. Morgens um 9 Uhr aufbrechend, durchquert die Gruppe da eine schluchtenreiche Heide- und Moorlandschaft, bestanden von lederblättrigen Zuckerbüschen. Hier und dort leuchten die Blüten roter Gladiolen aus dem Grün hervor. Johnston erwähnt zudem Riesenlobelien sowie «eine ganz unbekannte, baumartige Pflanze», die er bereits während seines ersten Aufstiegs bemerkt hatte. Sie besteht «aus einem schlanken, schwarzen, weichen Baumstamme [...] von 6–9 m Höhe, welcher oben von einer starken Krone breiter Blätter überragt wurde, aus welcher Bündel gelber Blüten seitwärts und nach oben herausschauten. Diese merkwürdige Composita wuchs zahlreich in dem Bette des Baches, und ihr Stamm war äußerlich so zerrissen und so verrottet, dass ich sie trotz ihrer Höhe und ihres Umfangs mit einer Hand umwerfen konnte.» Die Pflanze ist, wie er in den zwischen 1869 und 1879 erschienenen Veröffentlichungen über Claus von der Deckens Reisen hätte nachlesen können, nicht «ganz unbekannt». Dennoch gehört sein Bericht immerhin zu den ersten Beschreibungen der seltsamen, Riesenkreuzkräuter oder Riesensenecien genannten Gewächse.

Die Vegetation wird nun einförmiger; Johnston glaubt sich längst in einer Höhe von 4000 Metern. Aber weil er manchmal einen neben seinem Weg verlaufenden Bach erwähnt, befindet er sich wahrscheinlich noch immer auf dem zum Sattel führenden Lavarücken, auf dem andere ihm bald folgen werden. Dann müssten beiderseits vom Weg Bäche liegen. Der eine davon trägt weiter südlich, nach seiner Vereinigung mit dem Mendabach, den Namen Mua; die Landmarke, auf die Johnston zugeht, ist sicherlich der Lower Middle Hill an

Last Water Point an der Maranguroute. Wenn man die Horombohütten verlassen hat, ist dies die letzte Gelegenheit zum Füllen der Wasserflasche.

der 13 300-Fuß-Höhenlinie (4054 m). Es soll hier jedoch kein Spiel beginnen, dessen Regeln der Zweifler William Desborough Cooley – der Geograf mit dem ausgeprägten Widerwillen vor äquatorialem Schnee – aufgestellt haben könnte. Jeder Wanderer, der Johnstons Wegbeschreibung folgt, wird bald bemerken, dass da irgendetwas nicht stimmt. Es ist völlig richtig, wenn Henry Johnston in der Einleitung zu seinem Reisebericht, dort allerdings im Hinblick auf Cooley, feststellt: «Die Natur und die Wahrheit kennen [...] kein Erbarmen.»

«Als ich die Höhe von reichlich 4270 m erreichte, hielt ich wieder an, um eine Höhenbestimmung mit dem Siedepunkt zu machen und mich durch ein Frühstück zu stärken. Das Ergebnis meiner Messung war eine Höhe von 4306 m. Während des ganzen recht bequemen Aufstiegs litt ich nicht im geringsten an irgendwelchen Beschwerden oder an der so genannten Bergkrankheit, während freilich meine drei Sansibarer sich langsam, keuchend und erschöpft hinter mir herschleppten und über Brust- und Kopfschmerzen klagten. Obendrein ließen sie bei jedem Windstoß [...] ihre aschbleichen Gesichter umhergehen, aus Angst, ob nicht der Rübezahl des Kilima-Ndjaro hinter ihnen herkomme und in höchsteigener Person uns für unsere Anmaßung züchtigen werde.»

Johnston beschließt, die Männer zurückzulassen. Er befiehlt ihnen, «trockene Wurzelenden von Heide und anderem zu Brennholz passendem Gesträuch zu sammeln. Auch trug ich ihnen auf, aus dem nahe vorbeifließenden Bach ihre Trinkflaschen mit Wasser zu füllen [...].» Damit wird endlich vollends klar, wo er sich ungefähr befindet. Die letzten Rinnsale, an denen man auf der von ihm beschrittenen Route eine Wasserflasche füllen kann, liegen südwestlich vom Mawenzi in einer Höhe, die nach unseren Karten 13 400 und

Vorangehende Doppelseite: Ein Bergführer und Träger auf dem Weg vom Kibo zum Mawenzi. Weil es auf dem Sattelplateau kein Wasser gibt, muss neben der Ausrüstung auch Wasser getragen werden.

13700 Fuß nicht überschreitet (4084 und 4176 m; Ordnance Survey Map of Kilimanjaro, 1989). Nun könnten sich, so mag man einwenden, die Verhältnisse seither verändert haben. Schon die Expedition des Grafen Teleki wird aber beweisen, dass dies nicht geschah.

Weil Johnston keine Quelle, sondern einen Bach erwähnt, lagern seine Begleiter sicherlich sogar noch unterhalb der besagten Punkte. Ungefähr 100 Meter vom Biwak entfernt bestimmt er dann nochmals die Höhe: 4620 m. Das ist völlig unmöglich. Seine Messergebnisse in jener Gegend zeigen deutlich, dass er sich gleich mehrere hundert Meter zu hoch wähnt. Vielleicht erscheint der Kibo ihm deshalb als «ein Berg, der ohne einen Alpenstock erklettert werden kann, auf welchem die hauptsächlichen Hindernisse von Nebel und Kälte herrühren». Mit solchen hochfahrenden Bemerkungen geht die ungewisse Beschreibung einer zunächst sanft ansteigenden Felslandschaft im Nebel einher. Danach klingt alles verworren, als ob da ein verzweifelter Mensch berichten würde, der im Nebel auf dem Sattel umherirrt. Die Natur und die Wahrheit kennen kein Erbarmen...

Menschen von Henry Johnstons Wesensart sind verloren in Landschaften ohne Vordergrund. Nur manchmal reißt der graue Schleier auf und gibt ihm den Blick auf verschneite Flächen frei. Eine Bergrippe hinauf, an Schneefeldern entlang schleppt er sich aufwärts, dann packt ihn schließlich doch «ein gewöhnlicher Anfall von Bergkrankheit». Was immer das sein mag – es stimmt ihn düster: «Es kam mir vor, als ob ich nie meine Kräfte wieder sammeln könne, um fortzugehen, und als ob ich hier in dieser schrecklichen Einöde von Felsen und Schnee bleiben und sterben müsse. Erst als ich etwas Kognak mit Wasser aus meiner Flasche zu mir nahm, kehrte mir der Mut zurück. Mich fror erbärmlich, da der fallende Nebel mich auf die Haut durchnässt hatte; doch stand das Thermometer noch nicht auf dem Gefrierpunkt, sondern auf 2 Grad Celsius. Ich brachte Wasser zum Sieden, und die angenehme Wärme der Spirituslampe gab meinen steifen Fingern etwas Leben zurück. Das Quecksilber stieg bis auf 84,3 Grad Celsius, woraus in scharfer Rechnung und unter Berücksichtigung der mittleren Luftwärme sich eine Höhe von 4973 m als die des höchsten von mir auf dem Kilima-Ndjaro erreichten Punktes ergibt.»

Johnston beendete den Aufstieg nachmittags um halb fünf. Seine Begleiter hatten, «von unwiderstehlicher Angst ergriffen», das Lager am Bach längst verlassen, so dass er im Dunkeln bis zur Waldgrenze absteigen musste. Zwei Tage später brach er allein nochmals zur Kibobesteigung auf und versicherte seinen Lesern, er habe kurz davor gestanden, «mein Ziel zu erreichen, als das Wetter abscheulich schlecht wurde und die bittere Kälte mich zwang, zu früher Stunde umzukehren». Aus Rücksicht auf seine Leute, die unter Erkältungen, Frostbeulen und Gicht litten, habe er die Expedition nun abgebrochen, teilte Johnston dann mit und entschwand über die Südosthänge zu seinen Besitzungen in Taveta.

Es bleiben sein unterhaltsames, schön illustriertes Buch, seine – von Kundigen bald als «eitel Phantasie» erkannte – Karte des Kilimandscharos und erhebliche Zweifel daran, was während jener Tage wirklich geschah und wo Johnstons vorgebliche Besteigungen stattfanden. Manche Bestandteile seiner Beschreibung werden bald im Bericht eines anderen Mannes erscheinen, dem wenig Vertrauen gebührt: der nachlässig geschilderte Mawenzi, die furchtsamen, bald zurückgesandten afrikanischen Begleiter, der rege Gebrauch von Kognak, die eigenwillige Topografie. Hans Meyer jedenfalls glaubte zu wissen: «Johnston ist nie dahin gekommen, wo der Alpenstock notwendig wird, geschweige denn 4973 m hoch, und seine alpine Leistung geht nicht über die des Missionars New hinaus.»

Johnston wurde dennoch ein geachteter, einflussreicher Mann und erreichte das für damalige Afrikaforscher geradezu biblische Alter von 69 Jahren. 1885, im Jahr nach seiner Expedition zum Kilimandscharo, ging er als britischer Vizekonsul nach Westafrika und führte dort eine erste Besteigung des Kamerunberges (4070 m) in der Regenzeit aus, der 1861 erstmals von Richard Burton und Gustav Mann bestiegen worden war.

Mit Henry Johnstons Auftritt endet, sofern es das jemals gab, ein romantisches Zeitalter, in dem Europäer vornehmlich zum Kilimandscharo zogen, um Gletscher am Äquator leuchten zu sehen oder den Schnee unter einem tropischen Himmel zu berühren. Deutliche Zeichen einer neuen Ära setzen nun vier entschlossene junge Männer, die im November 1884 den Hafen von Sansibar erreichen: Joachim Friedrich Graf Pfeil, Carl Peters, August Otto und Karl Jühlke. Die Herren geben sich als Mechaniker aus und reisen bescheiden in der dritten Klasse, obwohl einer davon ein Adliger ist und zwei den Doktortitel führen. Was sie verbindet, ist allerdings nicht Bescheidenheit, sondern ihre Mitgliedschaft in der soeben von Peters gegründeten Gesellschaft für deutsche Kolonisation sowie die Ansicht, das Deutsche Reich müsse über Kolonien verfügen. Dieser Meinung sind, seit 1871 der Sieg über Frankreich und die Reichseinigung nationalistische Gefühle stärker entfacht haben, auch die meisten ihrer Landsleute und vor allem einige der Gebieter über Handel und Industrie. So wurden bereits Deutsch-Südwestafrika, Kamerun und Togo mit rechtlich bedenklichen, aber von den anderen Großmächten widerwillig hingenommenen Zugriffen gewonnen, und jetzt gehen die vier Ankömmlinge daran, eine weitere Kolonie zu gründen, die den Namen Deutsch-Ostafrika tragen wird.

Das ist nicht sonderlich schwierig. Man benötigt für das Verfahren zunächst nur – wie Reichskanzler Otto von Bismarck, dem die Bestrebungen der Kolonisationsgesellschaften zuwider sind, es abfällig nennt – «Papier mit einigen Negerkreuzen»: Verträge, in denen afrikanische Herrscher versichern, es sei ihnen ein dringendes Bedürfnis, sich vom Deutschen Reich oder von seinen Sendboten bevormunden zu lassen. Hilfreich erscheint es, wenn die Unterzeichner den Inhalt nicht oder nur teilweise kennen, von Geschenken und Versprechungen geblendet handeln oder der in Afrika damals noch verbreiteten Meinung anhängen, mit Papier könne man die Welt nicht verändern.

Man kann, denn dem Papier folgen Kriegsschiffe. Am Kilimandscharo ging Henry Johnston erstmals auf so zweckmäßige Weise vor. Doch seine Verträge sind noch Flickwerk, wenngleich kein unwillkommenes. Sie geraten bald in den Besitz der British East African Association – des britischen Gegenstücks zur im Februar 1885 gebildeten Deutsch-Ostafrikanischen Gesellschaft.

Drei jener Mechaniker – August Otto überlebt die Mission nicht – sind sehr erfolgreich: Die in Berlin bislang unbekannten Häuptlinge von Usagara, Uzigua, Nguru, Ukami und anderen exotischen Landstrichen stellen sich unter den Schutz des Reiches. Carl Peters hastet deshalb heimwärts, gründet die Deutsch-Ostafrikanische Gesellschaft und erhält einen kaiserlichen Schutzbrief für die beanspruchten Gebiete. Das löst Empörung bei britischen Kaufleuten, vor allem jedoch beim Sultan von Sansibar aus, der einen großen Teil der ostafrikanischen Küste und des Hinterlandes als sein Hoheitsgebiet betrachtet. Aber das ist eine lange, verworrene Geschichte, von der hier nur das Ende erwähnt sei: Die britische Regierung lässt den Sultan, auf den sie erheblichen Einfluss ausübt, und seine Ansprüche fallen. Weil sie in Schwierigkeiten mit Frankreich steckt, das nach den Komoren greift, weil ihre Herrschaft über Ägypten durch den Mahdi-Aufstand bedroht ist, weil deutsche Kriegsschiffe vor Sansibar erscheinen. Großbritannien mag derzeit so manches wünschen, nur keine Auseinandersetzung mit dem Deutschen Reich.

Dem Sultan von Sansibar bleibt nicht mehr zu tun übrig, als seinen englischen General Lloyd Mathews in Marsch zu setzen, um der schwankenden Treue seiner Untertanen auf dem Festland etwas Rückhalt zu geben. Mathews erscheint auch am Kilimandscharo, dessen Chaggahäuptlinge – Mandara von Moshi führt dabei den Vorsitz – sich daraufhin im Mai 1885 als willfährige Untertanen des Sultans bekennen. Der General hisst also die Sansibarflagge und zieht wieder davon. Auf dem Weg zur Küste bemerkt er eine Karawane, die seiner Truppe ausweicht, sucht aber auch selbst keine Begegnung.

Es wäre sonst zu einem interessanten Treffen gekommen. Da naht nämlich einer der reisenden Mechaniker: Karl Ludwig Jühlke, Sohn eines Königlichen Hofgartendirektors, promovierter Jurist, Jugendfreund von Carl Peters und diesem auch in anderer Hinsicht verbunden. Und nun mag nebenher gefragt werden, weshalb der Autor sich nicht dem weitaus berühmteren und berüchtigteren Herrn Peters zuwendet. In der Tat wäre es belehrend, genauer auf den nach Ruhm und Bereicherung süchtigen späteren Reichskommissar für das Kilimandscharogebiet zu blicken, der sich dann den Beinamen «Hänge-Peters» erwerben und schließlich wegen Amtsmissbrauches davongejagt wird. Aber zum einen ist er – verglichen zum Beispiel mit Pendants wie Henry Morton Stanley oder Cecil Rhodes – keine gar so außergewöhnliche Erscheinung, zum

Der Kibogipfel, gemalt von Ernst Platz (1898). Das Bild mag erklären, wie begehrlich die Kolonialmächte auf den Berg blickten, der eine Ästhetik einsamer Macht und erhabener Unangreifbarkeit zu verkörpern schien.

anderen führt Peters die Handlung jetzt nicht zum Kilimandscharo. Das tut Karl Jühlke: der Mann, der dem Deutschen Reich den Anspruch auf Afrikas höchsten Berg und einiges mehr sichert.

Es geht bis heute die unausrottbare Fabel um, die damalige britische Königin Victoria habe Deutschland die Herrschaft über das Kilimandscharogebirge zufallen lassen, weil ihr Enkel Kaiser Wilhelm II. das wünschte. In keinem deutschen oder britischen Archiv fand sich ein Hinweis darauf, kein Historiker vertritt diese Ansicht. Aber die Legende ist offenbar so hübsch, dass Autoren sich immer wieder gern in ihrer Gesellschaft zeigen. Die wirklichen Akteure – Henry Johnston, Mandara, Karl Jühlke sowie die Deutsch-Britische Grenzziehungskommission – sind darüber längst in Vergessenheit geraten.

Jühlke hat im April 1885 ein Telegramm von Carl Peters erhalten: «Jühlke, Weiss, sofort Mombassa Nordwest.» Mit Weiss ist der Premierleutnant Kurt Weiss gemeint, der im Februar in den Dienst der Deutsch-Ostafrikanischen Gesellschaft trat und sich nun gemeinsam mit Jühlke auf Sansibar aufhielt. Die beiden wussten natürlich, was «Mombassa Nordwest» bedeutete: Zugriff auf das Kilimandscharogebiet. Das ahnte vielleicht auch der englische Telegrafenbeamte auf Sansibar, ganz sicher aber der britische Konsul dort: Sir John Kirk, ein außerordentlich begabter Mann aus der Zunft der Puppenspieler. Der Telegrammtext blieb Kirk fraglos nicht verborgen, und das mag dazu geführt

Der Kibogipfel über dem Clock Tower im Zentrum von Moshi.

haben, dass General Lloyd Mathews seinen eiligen Marsch zu den Chaggahäuptlingen unternahm.

Jühlke und Weiss hatten wohl deshalb zunächst erhebliche Schwierigkeiten, ihre Expedition auszurüsten. Ständig störten vermeintliche oder wirkliche Widersacher ihre Vorbereitungen; das von ihnen immer wieder vom Sultan von Sansibar erbetene Empfehlungsschreiben erhielten sie nie. Schließlich gelang es doch noch recht schnell, eine ansehnliche Karawane mit erfahrenen Führern zusammenzustellen: darunter Uledi aus Pangani, der bereits mit Carl Claus von der Decken reiste und noch immer jeden Weißen an den Körperkräften und der Zielsicherheit von «Baruni» maß, sowie Mabruk, Weggefährte von Gustav Adolf Fischer und dem deutschen Botaniker Johann Maria Hildebrandt, den er auf Madagaskar begraben hat, und auch Brahim, der mit Henry Johnston am Kilimandscharo umherzog.

Schon acht Tage nach Peters' Telegramm war die Expedition reisefertig und segelte im Mai 1885 nach Pangani. Dort wurden nochmals 60 Männer angeworben. Die anschließende Flussfahrt und der ihr folgende Marsch scheinen nicht ohne Zerwürfnisse und Komik verlaufen zu sein. Die Gründe dafür waren wohl in den Charakteren von Jühlke und Weiss sowie in Verständigungsproblemen zu suchen: Einer war derart befangen in der Rolle des unendlich überlegenen Bwanas, dass er selbst Weiss rätselhaft erschien; der andere sprach kein Wort Kiswahili, seine Bemühungen, die Karawane mit deutschen Kommandos militärischer Disziplin zu unterwerfen, endeten fortwährend in zersetzender Heiterkeit. Jetzt, dem Jipesee nahe, ist eine gewisse Ordnung eingekehrt. Jühlke hat schwere Fieberanfälle überwinden müssen und dennoch bereits mehrere Schutzverträge mit Häuptlingen schließen können. Lyrisch gestimmt, erblickt er zum ersten Mal das Reiseziel: «In weiter Ferne erschien nun über einem Meere von zusammengeballten Wolken eine schneeweiße Kuppe – der Kilima-Ndscharo, dessen zwei mächtige Gipfel riesenhaft über alle umliegenden Höhen emporragten. Der Anblick des einsamen Schneeriesen wird ergreifend. Ringsumher dehnt sich die unabsehbare Wildnis der Steppe unter verzehrendem Sonnenbrand, und dort hoch droben im Äther leuchtet das greise Berghaupt, an dessen ewigem Schnee die Sonnenstrahlen vergeblich lecken. Dieser einsame Gigant muss auch das blasierteste Europäerherz mit Bewunderung erfüllen.»

Der Morgen des 16. Juni bringt ihm dann die sorgenvoll erwartete Begegnung mit einem anderen Einsamen: Häuptling Mandara. Jühlke hat die Nacht zuvor «schlaflos und voller Unruhe» verbracht, denn es quält ihn nicht nur das Sumpffieber, sondern auch der Gedanke, Mandara könne sich bereits dem Sultan von Sansibar unterworfen haben. Schließlich ist nicht anzunehmen, General Mathews sei mit 180 Soldaten und mehr als 100 Trägern zu den Chagga marschiert, um Höflichkeiten auszutauschen. Im Bestreben, seinen Verhandlungspartner aufzuwerten, wohl auch aus Hörigkeit angesichts natür-

Coca-Cola
BAR
TAXI

licher Autorität, überliefert Jühlke eine der eindrucksvollsten Darstellungen des Häuptlings: Gestützt auf einen Berater, den übermannshohen Speer in der Rechten, kommt er daher – hünenhaft, massig, gekleidet in blaues Muscattuch mit bunter Kante, das er wie eine Toga um den Körper geschlungen trägt. Kurzes Kraushaar und durchlöcherte, nach Maasaiart erweiterte Ohrläppchen mit einem Zierrat aus Holzscheiben und Draht darin – das hat Jühlke erwartet, aber das Gesicht überrascht ihn: «Ist auch das rechte Auge erblindet, so blitzt das linke in umso durchdringenderer Schärfe. Die Lippen sind verhältnismäßig schmal und zeigen energische Linien, und die Bedeutsamkeit des ganzen Gesichtes wird insbesondere durch eine scharfe Adlernase gehoben [...]. In seinem ganzen Auftreten zeigt sich Selbstbewusstsein und Kraft, gepaart mit heiterer Freundlichkeit.»

Dass Jühlke seine Beschreibung später nicht korrigiert, ist erstaunlich. Denn der soeben gerühmte durchdringende Blick mustert die vor ihm ausgebreiteten Geschenke – es sind Gewehre, Stoffe und Glasperlen – nicht mit «heiterer Freundlichkeit». Verächtlich durch die Zähne pfeifend, wendet Mandara sich stattdessen dem Reisegepäck seines Gastes zu, der sich nun von einigen Habseligkeiten trennen muss. Darüber hinaus berichtet Jühlke von gutem Einvernehmen. Mandara weiß, womit man Deutsche erfreut, und spricht anerkennend über den Verlauf des Deutsch-Französischen Krieges. Er schließt zudem, wie früher mit «Baruni» von der Decken, Blutsbrüderschaft mit dem zunächst heftig widerstrebenden Jühlke. Die Zeremonie besteht nämlich darin, Milch aus dem Mund des anderen zu trinken. Der Sinn, erklärt der Häuptling, sei, dass sie nun verbunden wären wie Brüder, die von den Brüsten derselben Mutter getrunken hätten.

Es wird nicht mitgeteilt, welchen Preis die Deutsch-Ostafrikanische Gesellschaft für diesen Schluck Milch und Mandaras Zustimmung zu einer Vereinbarung zahlen muss, aber er wird wohl erheblich sein. Von General Mathews soll Mandara, so munkelt man, Gold verlangt haben. Von Jühlke erfahren wir nur, er habe eigentlich noch andere Gebiete aufsuchen wollen, müsse seine Expedition nun jedoch zur Küste zurückführen, weil er keine Geschenke mehr besitzt. Verworfen wird auch der ursprüngliche Plan, einen Aufstieg zum Kibo zu unternehmen. Angeblich herrscht ungünstiges Wetter, wahrscheinlich aber drängt es Karl Jühlke, mit dem Vertrag davonzueilen. Mandara übereignet darin der Gesellschaft die Herrschaft über zwölf Chaggalandschaften und verlangt neben weiteren Geschenken dafür nur, was er schon von dem unglücklichen Charles New forderte: Lehrer und Handwerker, insbesondere Schmiede. Jühlke, der sehr wohl weiß, dass sein Blutsbruder sich zuvor an General Mathews verkauft hatte, müsste als promovierter Jurist eigentlich von Zweifeln über den Wert des Vertrages geplagt werden, geht jedoch zuversichtlich davon: «Landstrecken, die zu den schönsten der Erde gehören, sind erworben, Landstrecken, welche alle Bedingungen zum herrlichsten Gedeihen in sich tragen; jedes Klima der bewohnten Erde ist darin enthalten, Reichtum an Wasser und ein jahrtausendelang nur von der Natur selbst bestellter Boden ist vorhanden. Hier an den Abhängen des Kilima-Ndscharo werden wir Weizen bauen so gut wie anderwärts; seine Bäche werden Mühlen treiben; was er selbst in seinem Schoße birgt, ist uns heute noch verschlossen, aber um seinen Gipfel wird dereinst ein glückliches Völkchen von Kolonisten wohnen [...].»

Als am Ende des Jahres 1886 der Bericht der Deutsch-Britischen Grenzziehungskommission vorliegt und endgültig über die gegenseitigen Ansprüche entschieden wird, erkennt man Jühlkes Vertragsschlüsse an. Da geht es noch nicht um Kolonien, sondern um so genannte Einflusssphären – das Wort ist gerade während der Kongokonferenz in Berlin entstanden. Den Beteiligten ist aber klar, dass dies endgültige Grenzen sind. Die damals festgelegte, später die Kolonien Britisch-Ostafrika und Deutsch-Ostafrika trennende Grenzlinie umrundet das Kilimandscharomassiv und weist es dem Deutschen Reich zu. Dann führt die Linie mit einem Knick zur Küste. Vielleicht liegt hierin der Ursprung der Legende vom Berg, den Britanniens Königin an ihren Enkel verschenkt haben soll. Es ist aber vielmehr so, dass auch Henry Johnstons Erwerbungen im Raum von Taveta – erinnert sei an die Weizenfelder und die Straußenfarm – anerkannt werden und die Grenze deshalb nicht geradlinig verläuft.

Karl Ludwig Jühlke erfährt davon nichts mehr. Er reist in der zweiten Jahreshälfte 1886 an der Somaliküste umher und schließt weiterhin Verträge, die dem Deutschen Reich den gesamten Küstenstrich verschaffen sollen. Dort wird er bald nach seinem 30. Geburtstag umgebracht: in Kismayu am Juba – an jenem Fluss, an dem auch Carl Claus von der Decken starb.

Machame Hut. Der Schlaf will nicht kommen. Von draußen dringen Nachtgeräusche in das Zelt: ein beständiges Knistern. Ich stelle mir vor, dass es die Rosetten der Lobelien sind, die sich vor dem Frost verschließen. Und Eisnadeln, die aus dem Boden wachsen. Oder die Kiesel im Bach, der vorsichtige Schritt einer Ginsterkatze. Der Wind zerrt an der Leinwand, summt in Höhlungen. Eine Eule erzählt klagend eine Geschichte von ertrunkenen Liebenden.

Ich stehe auf, suche Romel und finde ihn in der Hütte. Er sitzt auf den Brennholzbündeln, die Jackson und William am Waldrand gesammelt haben, und säubert im Schein der Petroleumlampe seine Schuhe. Die Flamme über dem Docht windet sich, zeichnet schwankende Schatten an die Wand.

«Warum trägst du jetzt schon die schweren Bergschuhe, warum nicht Trekkingschuhe, so wie ich?»

Romel wendet sich mir mit unbewegtem Gesicht zu: «Weißt du, ich habe keinen Träger, der meine Bergschuhe schleppt, bis ich sie brauche.»

Walzer und Marsch – ein Vorspiel

Samuel Teleki von Szék

Linke Seite: Ziel des ersten Aufstiegstages von Wanderern auf der Machameroute ist der Biwakplatz an der Machamehütte. Im Hintergrund zwei markante Gipfel auf dem Shirakamm: Shira Needle und Shira Cathedral.

Neben Missionaren erscheinen nunmehr auch Jagdgesellschaften in Taveta, Machame, Moshi oder Marangu und dringen zum Teil bis auf das Sattelplateau – also in Höhen über 4000 Meter – vor. Ihre Ausflüge bereichern zwar die zoologischen Sammlungen einiger Naturkundemuseen, führen jedoch nicht zu zielstrebigen Forschungen. Zu denen kommt es erst im Jahr 1887 mit der Ankunft einer der größten Karawanen, die Ostafrika je durchzogen haben. Gemeint ist die Forschungs- und Jagdexpedition des Grafen Samuel Teleki von Szék, eines derzeit 41-jährigen ungarischen Adligen aus berühmter Familie. Die Telekis waren seit dem 17. Jahrhundert bedeutende Staatsmänner, Wissenschaftler, Dichter und Schriftsteller; der Besitz ausgedehnter Liegenschaften in Siebenbürgen hat es ihnen ermöglicht, ihren jeweiligen Neigungen ohne Geldsorgen nachzugehen. So wäre es arg untertrieben, wenn man Samuel Teleki als reich bezeichnen würde. Er unternimmt zwar auch in Afrika erhebliche Anstrengungen zur Verringerung seines Vermögens, indem er zeitweilig mit 450 Trägern reist, aber das bleibt alles vergeblich. Erst der Ausgang des Ersten Weltkriegs, dessen Ende der Graf nicht erleben wird, kann daran etwas ändern. Sicherlich verbindet nun mancher Leser die Nachricht von Telekis Reichtum mit Vorstellungen von einem hochfahrenden Charakter, und einige davon sind zutreffend. Hier sei nur gesagt, dass er ein beeindruckender, trinkfreudiger, durchaus anziehender Wüstling ist, der sich mit derselben Begeisterung, mit der er sich an Bergen versucht, täglich mit Trägern prügelt. Freilich ist er darüber hinaus den Belangen der Wissenschaften zugetan, unbedenklich und eigensinnig, fast schon der ideale Forschungsreisende. Auch kann man ihn gar nicht genug dafür preisen, dass er den Lebenstraum eines ihm bis dahin unbekannten österreichischen Marineleutnants erfüllt.

Das geschieht im Frühjahr 1886, als der österreichische Kronprinz den Grafen mit Ludwig Ritter von Höhnel bekannt macht. Höhnel, 28 Jahre alt und nach zehnjährigem Seedienst noch immer Leutnant, lebt das gewöhnliche Leben vieler damaliger Marineoffiziere: Er weiß sich gewandt in der Gesellschaft zu bewegen, genießt, wenngleich schon etwas lustlos, die Zerstreuungen in Hafenstädten und ist spielsüchtig. Wer ihn näher kennt, weiß allerdings, dass er seit langem davon träumt, sich als Afrikaforscher auszuzeichnen, und sich geistig und körperlich auf dieses Vorhaben vorbereitet. Während einer Kreuzfahrt erregt Höhnel die Aufmerksamkeit des Kronprinzen, der wiederum von Telekis bevorstehender Afrikareise hört und ihn dem Grafen empfiehlt. Er sei, schreibt Höhnel später, damals in wissenschaftlicher Hinsicht sicherlich nicht allen Anforderungen an einen Forscher gewachsen gewesen, habe aber «den nötigen Ernst und eine hell lodernde Begeisterung» mitgebracht. Angesichts seiner jahrelangen Studien ist das bescheiden formuliert. Als Nautiker kennt er sich überdies hervorragend in der Ortsbestimmung mittels terrestrischer und astronomischer Anhaltspunkte aus, und topografische Aufnahmen sind ihm kein Rätsel. Die Geografie profitiert davon: Im Verlauf der Reise wird ein bisher unkartiertes Gebiet von nahezu einer Viertelmillion Quadratkilometern erschlossen. Höhnels Fähigkeiten erweisen sich schon während der ersten Expeditionstage, als durch die Untreue eines Trägers sämtliche Landkarten verloren gehen und man «ohne das kleinste Kärtchen von Afrika» weiterziehen muss.

Der Graf und der Marineleutnant beginnen ihre Unternehmung im Februar 1887 in der Nähe von Pangani mit mehr als 300 Trägern. Weil nicht genügend Leute angeworben werden konnten, bleibt ein erheblicher Teil der insgesamt 450 Traglasten vorerst zurück. Die beiden beschließen nun klug, zunächst den Spuren von Gustav Adolf Fischer und Joseph Thomson zu folgen, also erst einmal zum Mount Meru, zum Kilimandscharo und zum Baringosee zu ziehen. Teils getrennt marschierend, kartieren sie von den Vorgängern noch nicht abgebildete Wegabschnitte und erwägen dann einen Aufstieg auf den Meru (4566 m), verwerfen ihr Vorhaben jedoch wegen des schlechten Wetters und der feindseligen Haltung der Meru. Der Berg bleibt bis zum Jahr 1901 unbestiegen.

Als sie sich dem Kilimandscharo zuwenden, meiden sie Mandaras Nähe, obwohl der Häuptling ihnen einen stattlichen Ochsen als Gastgeschenk entgegensenden lässt. Das Schicksal des armen Charles New ist noch nicht vergessen. Deshalb suchen Teleki und Höhnel – wie zuvor Henry Johnston – die Gastfreundschaft Mareales von Marangu, der in ihrem Reisebericht als «Sultan Miriali» erscheint. Höhnel beschreibt den Häuptling als geistreichen Gesprächspartner, der «höflich wie ein Spanier» sei. Vor allem sind die Europäer von Mareales umfassenden geografischen Kenntnissen fasziniert. Der Chaggaherrscher erweist sich zudem als aufmerksamer Gastgeber: Die Forscher dürfen sogar einige Zeit in der Gesellschaft seiner sechs Frauen verbringen. (So wenig ausschweifend war es in Johnstons Reisewerk natürlich nicht zugegangen: Dort vereinte Mareales Harem angeblich 50 Frauen.) Höhnel kann also mit spürbarer Bezauberung schildern, wie die – fortwährend «Kilengele, kilengele!» (Perlen, Perlen!) zwitschernden – Damen neugierig die helle Haut ihrer Besucher betasten. Eine dieser Gespielinnen gehört übrigens zu den teuersten Schönen Ostafrikas, denn sie ist eine Tochter Mandaras. Mareale hat sie – allein aus politischem Kalkül, wie er beteuert – für 300 Kühe erworben.

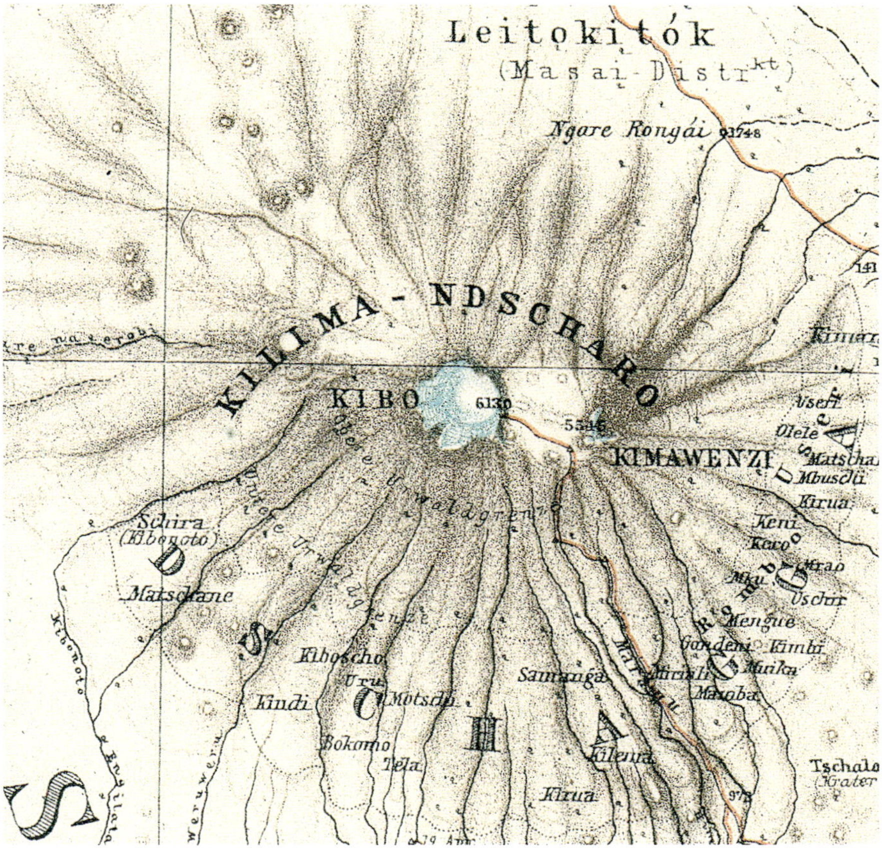

Ausschnitt aus der Routenkarte Graf Telekis und Ludwig von Höhnels: Der Kibo galt noch als 6130 Meter hoch.

Auch gegen einen Aufstieg zum Kibo hat der Häuptling nichts einzuwenden und stellt der Expedition jene vier Bergführer zur Verfügung, die er 1884 zu Henry Johnston sandte. Man folgt deshalb dem von Johnston beschrittenen Weg und erreicht nach mühsamem Marsch durch Regen, Nebel, Schlamm und Kälte dessen Basislager. 2870 Meter misst Höhnel dort mit dem Aneroidbarometer; die Hütten und Schutzwälle findet er unversehrt vor. Als er sie besieht, kann er eine ironische Anmerkung über das Sicherheitsbedürfnis seines Vorgängers nicht unterdrücken und lässt die Palisaden niederreißen, «denn in dieser frostigen Höhe gibt es weder lauernde Feinde noch gefährliche Tiere; nur Nebelgestalten steigen da geisterhaft auf und nieder».

Zwei Tage lang hält schlechtes Wetter die Expedition mit Regen und Kälte fest. Menschen und Tiere – als Bestandteile der Verpflegung sind sieben Ziegen heraufgebracht worden – drängen sich dicht um die Feuer. Die Ziegen verbrennen sich dabei sogar die Klauen. Der Regen endet erst am 19. Juni, Wolkenschleppen reißen endlich auf und geben den Blick auf den Verlauf des Felsrückens frei, auf dem man lagert: Er führt, gleichförmig ansteigend, zum Rand des Sattelplateaus. Da ihn an beiden Seiten Bachtäler begrenzen, ist der Weg auch dann nicht zu verfehlen, wenn wiederum Nebel aufziehen sollte.

Das Wetter am Kilimandscharo

Regenfall und Regentage in Mweka im Süden des Kilimandscharogebirges (nach David Bygott).

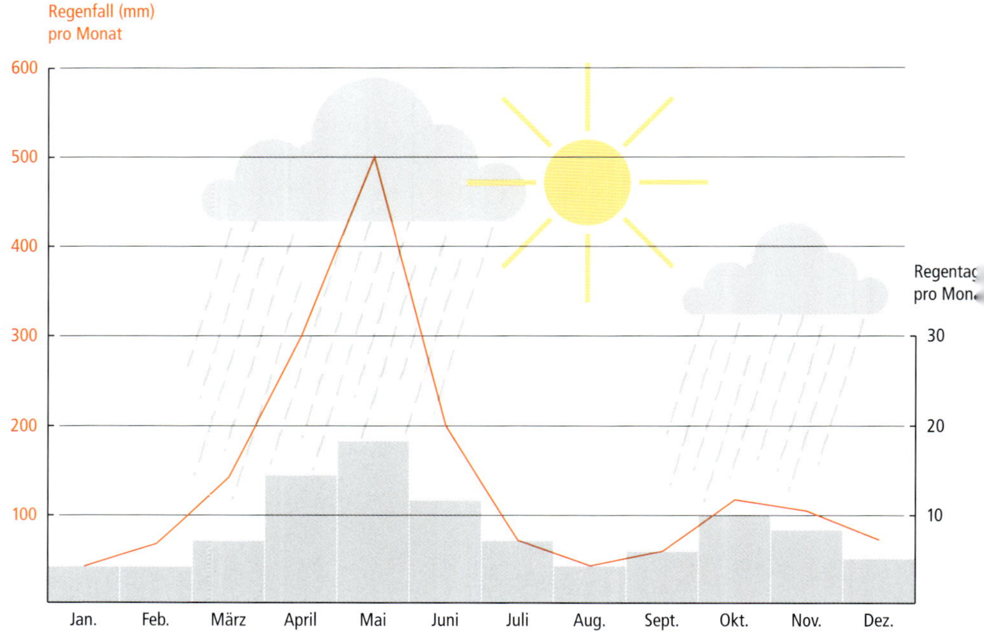

Die besten Monate für eine Kibotour sind Januar und Februar – schon deshalb, weil es dann verhältnismäßig warm ist – sowie August, September und Oktober. Die jährliche Durchschnittstemperatur in Moshi (813 m) beträgt 23,4 Grad, die der Kibo-Gipfelzone -7,1 Grad. Die Regenzeiten gliedern sich in eine große von März bis Juni und eine regenärmere von Oktober bis Dezember mit kurzen, besonders heftigen Regenfällen im November. Das will aber nicht viel besagen, denn auch das ostafrikanische Klima ist launisch geworden. Ein Juli zum Beispiel – in älterer Literatur wird dieser Monat als der einzige gepriesen, in dem der Kibo den gesamten Tag über unbewölkt sei – erinnerte den Autor zwei Wochen lang daran, dass die Chagga so genannte Regenbinder kannten: wundertätige Männer, die dafür sorgen sollten, dass der Regen endlich wieder aufhörte. Vermutlich ein in Afrika nur spärlich vorkommender Berufsstand.

Das Kilimandscharogebirge ist hoch, und in Hochgebirgen sind Regen und Schneefälle, Wetterstürze und Gewitter, Nebel und Stürme nun einmal häufig. Im Waldgürtel der südlichen Routen darf man an nahezu jedem Tag Regen erwarten. Die Rongairoute dagegen ist fast immer trocken, dann jedoch auch ohne Wasser, und der Mann, den man als Wasserträger anheuert, behauptet gern, er habe den Kanister während der Flucht vor einem Elefanten verloren.

Schneefälle sind schon im Sattel und im Osten des Shiraplateaus nicht ungewöhnlich. In der Gipfelzone werfen Schneestürme manchmal so hohe Ver-

Bergwanderers Albtraum: Sommerfrische im Kilimandscharogebirge.

wehungen auf und fegen mit solcher Gewalt daher, dass selbst bewährte Bergsteiger aufgeben müssen: so im Dezember 1961, als ein Flaggenzug die Fahne des unabhängigen Staates Tanganyika auf dem Gipfel aufziehen sollte und nur bis Gillman's Point gelangte. (Genau vier Jahrzehnte zuvor hatte eine ebenfalls für den Gipfel bestimmte britische Flagge dort zurückbleiben müssen.) Die Western Breach kann an manchen Stellen derart vereist sein, dass Tritte gehauen werden müssen und der Aufstieg vom Arrow Glacier oder gar vom Lava Tower länger als 8 Stunden dauert. Glücklose Bergsteiger finden dann den letzten Abschnitt vom Furtwänglergletscher hinauf zum Kraterrand hoch verweht oder nur mit Steigeisen begehbar vor.

Den Nerven noch unzuträglicher sind anhaltende Nebel und Niederschläge, in deren Verlauf man allmählich feststellen muss, dass auch die beste Wetterjacke vier Löcher hat. Mancher würde solch einen Tag gern im Zelt verbringen; das kostet, abhängig von der Route, 110 bis 150 Dollar pro Tag. Aber der Tourveranstalter billigt ihm meist nur einen zusätzlichen Rasttag zu, und auch der Bergführer und die Träger wollen weiterziehen – dem nächsten Kunden und seinem Trinkgeld entgegen.

Das Wetter am Kilimandscharo ... «Am Tag, an dem ein Affe sterben soll», sagt dort ein Sprichwort, «sind alle Äste glatt.»

Also heißt es in Höhnels Tagebuch schlicht: «Mit 15 Suahili, die unsere Instrumente, zwei kleine Bergzelte, Decken und Proviant trugen, brachen wir auf.» Und es geht zügig voran; der Trupp rastet erst kurz vor dem Übergang auf das Sattelplateau, als er zwei Bachquellen erreicht. Höhnels Angaben über ihre Höhe sind mitteilenswert: 3850 und 4040 Meter. Dies nämlich müssen die Punkte gewesen sein, an denen Henry Johnstons Träger zum letzten Mal ihre Wasserflaschen füllen konnten. Johnston hatte dafür 4306 und – knappe 100 Meter davon entfernt – 4620 Meter angegeben. Seine Messungen gaukelten ihm also tatsächlich viel zu große Höhenwerte vor.

Der Anblick, den Höhnel da beschreibt, mag jedem bekannt vorkommen, der schon einmal auf der Maranguroute zum Kibo zog: Das Wasser rieselt unter einer üppigen, mehrere Zentimeter hohen, dem Schritt nachgebenden Grasschicht hervor; dünne Eisränder umgeben den Beginn der Rinnsale. Sicherlich, so kann man das an mehreren Stellen sehen, aber in diesem Fall befindet der Leutnant sich an einem noch heute häufig aufgesuchten Ort. Wer nach der Übernachtung in den Horombohütten auf der Lower Route zum Sattel geführt wird, der gelangt nach der Durchquerung eines sumpfigen Wegabschnittes zum Last Water Point, der letzten Wasserstelle auf dieser Route. Und genau dort stand auch Graf Telekis Gruppe. Hans Meyer hat das Gewässer später auf seiner Kilimandscharokarte «Schneequellbach» genannt.

Über eine Geländestufe in die Sattellandschaft gelangt, gehen die Männer westwärts auf den Kibo zu, wie es auch die Bergwanderer unserer Tage tun. «Obwohl der Marsch [...] über vollkommen ebenen Boden führte, mussten wir denselben unserer schwarzen Begleiter wegen, die bereits Anzeichen großer Erschöpfung zeigten, um 2 Uhr nachmittags beenden. Wir ließen sie nur noch unsere beiden kleinen Bergzelte aufschlagen, auch einiges Reisig zusammensuchen, dann sandten wir sie ins untere Lager zurück, mit dem Befehle, sich am folgenden Tage zur selben Stunde wieder einzufinden.»

Die Gefährten sind allein in der wüstenhaften, schweigenden Landschaft. Höhnel ermittelt für das ziemlich genau in der Mitte zwischen Kibo und Mawenzi liegende Biwak eine Höhe von 4220 Metern. Das ist nicht hoch genug und zu weit vom Kibokegel entfernt, meint der Graf missmutig, um an einem Tag bis zu den Eiswänden am östlichen Kraterrand vorzudringen und wieder abzusteigen. Vom Gipfel sprechen die beiden gar nicht mehr. «Mit einbrechender Nacht wichen die Nebel, ein herrlich gestirnter, mondheller Himmel wölbte sich in unendlicher Klarheit über uns, und wir konnten nun das Eis des Kibo so scharf und rein wie am hellen Tage sehen. Der Reisigvorrat, den wir gesammelt hatten, war nahezu verbrannt, und nun trieb uns die Kälte in die Zelte. Wir hatten wohl dicke Schafwoll-Unterkleider an, schwere Lodenanzüge darüber und auch warme Decken, um uns einzuhüllen, doch war an Schlaf nicht zu denken. Nach einer schauerlich frostigen Nacht, die wir vor Kälte zitternd durchwachten, sprangen wir wenig erquickt am frühen Morgen aus

Telekis und Höhnels Sattelbiwak; im Hintergrund der Mawenzi. Abbildung aus der 1892 in Wien erschienenen Reisebeschreibung.

den Zelten. Die Geräte, welche wir im Freien gelassen hatten, waren mit einer dicken Eiskruste bedeckt. Das Thermometer sagte uns, dass es während der Nacht -11 Grad Celsius gegeben hatte; wir glaubten es gerne. [...] Das Wasser in unseren Flaschen war steinhart gefroren.»

Dass die beiden den Traum, auf dem Kibogipfel zu stehen, nicht gänzlich aufgegeben haben, zeigt der Inhalt ihrer Rucksäcke am Morgen des 20. Juni: ein Hypsometer – ein besonders genaues Gerät zur Messung des Siedepunktes und damit der Höhe –, mehrere Aneroidbarometer, Schneebrillen, Steigeisen, Eispickel, ein Gletscherseil und eine Flasche Kognak. Früh aufgebrochen, sehen sie den Gipfelberg noch unverhüllt vor sich: die ausgedehnten, weit hinabreichenden Gletscher an der Südseite, den schmaleren Eiskranz auf dem östlichen Kraterrand. «Dazwischen war ein schwarzer Spalt, [...] durch welchen man, so wie es schien, auf den oberen Kraterrand gelangen konnte, ohne auch nur einen Schritt über Schnee oder Eis zurücklegen zu müssen, und dieser war auch das Ziel, welchem Graf Teleki und ich [...] zuschritten.» Die Rede ist von einer Scharte, die bereits Charles New beschrieben hatte und die später Hans Meyers Namen tragen wird.

«Schreiten» ist vielleicht kein geeignetes Wort für das, was die Männer jetzt tun, nachdem sie ihren Anstieg nördlich von einer gleichmäßig ansteigenden Talfurche beginnen. Der Lavarücken, den sie dafür ausgewählt haben, ist in zahllose Blöcke zerborsten, so dass sie, gestützt auf die Bergstöcke, von Block zu Block springen müssen. Während Teleki das offenbar noch für eine erträgliche Art der Fortbewegung hält, fühlt Höhnel sich schon erschöpft. Die Gegenstände in seinem Rucksack erscheinen ihm zentnerschwer, die dicke Kleidung

Es gibt mehrere Routen, die nicht mit «klickendem Bergstock» begehbar sind: Träger haben Barranco Wall auf dem Southern Circuit überwunden (oben). Ein wüster, beständig vom Steinschlag bedrohter Abschnitt der Western Breach (unten).

wird lästig, Durst quält ihn. «Immer häufiger musste ich halten, um auszuruhen, hauptsächlich aber, um meine Lungen mit der dünnen Luft voll zu pumpen [...]. Ein Gefühl völliger Gleichgültigkeit gesellte sich dann dazu, und wenn ich mich schließlich dennoch weiter mühte, so war nicht das Erreichen des Kibogipfels mein Ziel, sondern ein Schneefleck, der in der Ferne winkte, an dem ich meinen brennenden Durst löschen wollte.»

Als der Schnee erreicht ist – es wird dort eine Höhe von 4960 Metern gemessen –, kommen beide überein, der Graf solle den Anstieg allein fortsetzen, weil sein Partner ihn nur aufhält. Ludwig von Höhnel verschlingt noch «gierig eine Menge des steinharten, gekörnten Eises», dann bricht er zusammen und schläft ein. Gegen Mittag hört er das klickende Geräusch von Telekis Bergstock: Der Graf ist nach der Trennung nicht zur Scharte hin, sondern mehr südwärts gerichtet aufgestiegen, «um zum Schnee zu gelangen, der dort den Kibohang bereits in einer ununterbrochenen Fläche bedeckte». Weil er ausruhen wollte, insbesondere aber deshalb, weil seine gesprungenen Lippen heftig zu bluten begannen, hatte er sich dann niedergesetzt und gerade noch rechtzeitig bemerkt, wie ihn Schlafsucht ergriff. Die Gefahr erkennend, kehrte Teleki in einer Höhe von 5310 Metern um.

Somit war nun auch der Graf gescheitert. Doch hat, wenn man es so sehen will, sein Aufstieg inzwischen ein sichtbares Zeichen hinterlassen. Im letzten Abschnitt der Maranguroute, ungefähr auf halbem Weg zwischen der Kibohütte und Gillman's Point, liegt eine Höhle: Meyer's Cave. Diese Höhle verbindet nichts mit dem Mann, nach dem sie benannt ist: Eine Hans Meyers Werk «Der Kilimandjaro» beigegebene Spezialkarte zeigt zwei Biwakhöhlen am Osthang des Kibos, die aber beide in geringerer Höhe liegen. Stattdessen soll Samuel Graf Teleki von Szék 1887 dort gerastet haben; wahrscheinlich gleichfalls eine Legende, denn in Höhnels Schilderung wird keine Höhle erwähnt. Eine neben der Höhlenöffnung angebrachte Metallplakette erinnert jetzt an den Grafen und an seine Verdienste um die Erforschung des Kilimandscharos. Weil dort jedoch nahezu alle Bergwanderer mit einer sehr tiefen Form innerer Einkehr beschäftigt sind, wird die Plakette nur von wenigen bemerkt.

Teleki und Höhnel verlassen den Berg sehr schnell. Im Reisebericht wird Erleichterung merklich, da ist von «Sturmschritt» die Rede und vom Jubel angesichts des Rauches, den sie im Sattel aufsteigen sehen: Ihre Begleiter sind zur vereinbarten Zeit zurückgekehrt und haben ein großes Feuer entzündet. «Während der wenigen Minuten, die das Abbrechen der Zelte bedurfte, stärkten wir uns mit Zwieback und Wein, dann eilten wir weiter, da es uns gar nicht darnach gelüstete, noch eine zweite Nacht da oben zu verbringen.» Talwärts wandert auch die für den Gipfelsieg bestimmte Kognakflasche, und es scheint, als ob der Graf und sein Marineleutnant jeglichen Gedanken an Kibos Gletscherkappe aufgegeben hätten. Das scheint nur so. Zwar sind sie jetzt gezwungen, das Basislager am Waldgürtel abzubrechen und nach Marangu

zurückzukehren, weil die Proviantvorräte verbraucht sind, aber der Fehlschlag beschäftigt sie. Es wird beschlossen, später nochmals zum Kibo zu kommen und den Aufstieg dann umsichtiger vorzubereiten: «Um ein Gelingen erhoffen zu können, muss man in mindestens 5000 Meter Höhe und mit Brennmaterial wohl versehen übernachten.»

Diese Erkenntnis ist Bestandteil der Ratschläge, die sie in wenigen Tagen selbstlos ihrem berühmtesten Nachfolger erteilen. Am 26. Juni 1887 begegnen die beiden nämlich in Taveta einem Deutschen, der sich ebenfalls am Kibo versuchen will. Der Mann heißt Hans Meyer, ist 29 Jahre alt und von angenehmer Erscheinung: kraftvolle Statur, lockiges Haar, eine hohe Stirn über energischen Zügen, Lachfältchen in den Augenwinkeln, distanzierter Blick hinter Kneifergläsern und ein gepflegter Knebelbart. Aber obgleich er ein unterhaltsamer Gesprächspartner sein kann, bleiben viele in seiner Gesellschaft befangen. Man begreift schnell, dass dieser Mann ebenso kenntnisreich wie kritisch ist, oft über die Menschen und ihr Leben nachgedacht hat und dabei zu ernüchternden Ansichten gelangte. Er ist darauf nicht sonderlich stolz; Würdelosigkeit empört und beschämt ihn zugleich. Doch ein überschwänglicher Menschenfreund will er nicht sein. Es geht von ihm Geringschätzung, ja sogar gelassene Verachtung für alles Unverbindliche, Leichte, Tröstliche aus. Meyer stimmt unsicher, wirkt unnahbar, weil er sich den vertrauten Formen unserer Selbstdarstellung verweigert.

Mit diesem Mann kommt Ernüchterung in die Kilimandscharoforschung. Er, in gewissem Sinne eine künstlerische Natur, besitzt den Scharfblick des Künstlers, kann Wesentliches von Unwesentlichem klar unterscheiden und erkennen, welche Möglichkeiten den Dingen innewohnen. Zum Beispiel diesem Gebirge mit seinen unbenannten Gipfeln, mit vielen unbeschriebenen Pflanzen und Tieren, mit unerklärten Gletscherbildungen und einer dunklen Entstehungsgeschichte. Wer als Erster die Hand darauf legt, wird zur unumgänglichen wissenschaftlichen Autorität – und mehr als das. Diese 60 mal 40 Kilometer Fels, aufragend bis in eine Höhe von 6000 Metern: Das wird bald deutscher Fels sein, der höchste im Reich, der heilige Gral für Jungenträume und Bürgerstolz. Wer ihn bezwingt, wird unsterblich. Allerdings, so etwas erreicht man nicht unumstritten: Da werden Nörgler aus dem Gelehrtenstand kritteln, Maulhelden und Maulhuren lärmend herbeiströmen, das gesamte Panoptikum beleidigter und hämischer Missgunst, werden Gaukler versuchen, sich neben ihn zu drängen. Er wird sie in die Kälte fallen lassen. Denn er besitzt, was sie nie haben werden: hingebungsvolle Sorgfalt, Zeit für den zweiten und dritten Blick, Respekt, zuweilen sogar Demut vor den Werken der Natur, Humor und ein wachsames Misstrauen.

Dass Hans Meyer so denkt, erscheint nur möglich; dass er entschlossen und überlegt handelt, wird sich zeigen. Dennoch, da sind auch der Abenteurer, der Künstler in ihm, Wesenszüge, die einen nicht unerheblichen Teil seines bisherigen Lebens bestimmten. 1858 in Hildburghausen geboren, war ihm eigentlich eine Laufbahn als Verleger vorgezeichnet. Sein Großvater hatte das Bibliographische Institut – später eines der größten deutschen Verlagsunternehmen – gegründet und war Herausgeber des wohl bekannten Konversationslexikons. Aber das von der Familie weitergeführte, 1874 nach Leipzig verlegte Verlagshaus war nur zeitweilig Meyers Arbeitsstätte. Er studierte in Leipzig, Berlin und Straßburg Literatur, Geschichte sowie Staatswissenschaften; naturwissenschaftliche Vorlesungen, die er ebenfalls hörte, nahmen nicht ganz den von seinen Biografen behaupteten Rang ein. 1881 promovierte Meyer bei dem Nationalökonomen Gustav Schmoller und unternahm anschließend eine Weltreise, die er in seinem ersten Buch «Eine Weltreise. Plaudereien aus einer zweijährigen Erdumseglung» beschrieb. Das waren keine belanglosen Plaudereien, sondern talentiert geschilderte, scharfsinnige Beobachtungen geografischer und völkerkundlicher Gegebenheiten. Die zuvor in den Veröffentlichungen der Berliner Anthropologischen Gesellschaft erschienene Betrachtung einer philippinischen Völkerschaft wies ihn zugleich schon als wissenschaftlichen Autor aus.

Hans Meyer. Diese Porträtaufnahme mit einem deutlichen Ausdruck der Körpersprache wählte Meyer für die Illustrierung seines Standardwerkes «Der Kilimandjaro» (Berlin 1900) aus.

Der Mann, der da im Juni 1887 in Taveta erscheint, ist also erfahren – auf Bergen und in der Welt, unter Menschen und in vielen Wissenschaften. Er kann für sich selbst sprechen: «Ich war weidlich auf den Fels- und Eisspitzen der europäischen Alpen umhergeklettert, hatte in Nordindien an den Hauptketten des Himalaya geweilt und in Südindien und Ceylon die tropischen Kulturen eingehend kennen gelernt; ich hatte in die Krater der Vulkane Javas hinabgeschaut, war in den Urwäldern der Philippinen monatelang umhergestreift, hatte die Gewässer von China und Japan befahren, in Kalifornien und Mexiko Kreuz- und Querzüge gemacht und mich nachgerade in jegliche Lage des Reiselebens zu schicken gelernt. In Südafrika durchzog ich die Kapkolonie, hielt mich längere Zeit auf den Diamantenfeldern von Kimberley und den Goldfeldern von Transvaal auf, streifte im Drakengebirge von Natal umher und reiste schließlich an der unendlich langen Mosambikküste entlang nach Norden, bis ich im April 1887 im meerumgürteten Sansibar anlangte.»

Gekommen ist Hans Meyer mit einer 100-köpfigen Karawane von Mombasa her und in der Begleitung des Freiherrn Ernst Albrecht von Eberstein: eines 24-jährigen, gerade von der Deutsch-Ostafrikanischen Gesellschaft eingestellten ehemaligen Offiziers und Staatsbeamten. Der Reisegefährte ist Meyer nach einer Begegnung mit Carl Peters vermittelt worden, dem zahlreiche fähige junge Männer zuströmen, seit man sich in Peters' Diensten nicht mehr als reisender Mechaniker ausgeben muss. Es sitzt da also in Taveta eine angeregte Runde von vier Europäern beisammen, denen es an Gesprächsstoff nicht mangelt. Zum Beispiel ist Meyer Ähnliches geschehen wie Teleki und Höhnel. Diebische Träger haben ihm nicht nur die Reisekasse, sondern auch sämtliche Karten, Bücher sowie die für den Aufstieg zum Kibo bestimmte wollene Kleidung gestohlen. Der jagdfreudige Teleki beklagt eine höhere Form von Raubzügen im Kilimandscharogebiet: In jenen Tagen lagert in Taveta die Karawane des Händlers Kimemeta aus Pangani, beladen mit Elefantenstoßzähnen im Wert von 135 000 Dollar. Eberstein wiederum ereifert sich darüber, dass im Deutschland zugefallenen Teil Tavetas statt der schwarz-weiß-roten Flagge noch die Fahne des Sultans von Sansibar weht, und Meyer stimmt ihm zu. Aber für den Verlauf dieser Geschichte ist natürlich bedeutsamer, dass Teleki und Höhnel ebenso freimütig von Häuptling Mareales Gastfreundschaft und von ihrem Aufstieg berichten. «Leute, die im selben Wald Beeren suchen, schätzen einander nicht», heißt es in Ostafrika, aber sowohl Höhnel als auch Meyer berichten allein von herzlichem Einvernehmen.

Den Empfehlungen seiner Vorgänger folgend, umgeht Meyer den Machtbereich Mandaras. Er zieht nach Marangu, beschenkt Häuptling Mareale «seiner Stellung und meinen Zwecken entsprechend», erhält drei Bergführer und kann sogleich zum Kibo aufbrechen. Schon am dritten Tag nach der Ankunft steigt er mit zwei Dutzend Begleitern durch den Bergregenwald hinauf: «Der fast nie weichende Nebel und feine Regen machen den Durchgang durch den wassertriefenden, von meterlangen Bartmoosen durchwachsenen Wald, in dessen morastigen, von Farnen überwucherten Humusboden der Fuß oft bis über den Knöchel einsinkt, zu einem höchst beschwerlichen. [...] Hatten wir bisher, einem alten Pfad folgend, welcher von Marangu über den obern Teil des Berges nach der Landschaft Useri hinüberführt, vorwiegend nördliche Richtung zum Kimawensi hin eingehalten, so wandten wir uns nun westwärts und erreichten in 2740 m Höhe den Lagerplatz, welchen Johnston angelegt und vor mir Teleki wieder bezogen hatte.»

Die Unterkünfte der gräflichen Expedition stehen unversehrt, und die folgende Nacht wäre wohl behaglich verlaufen, wenn der Wind etwas sanfter geweht hätte. So aber treibt er Funken vom Lagerfeuer zwischen die bald hell auflodernden Hütten. Hans Meyer wird derlei Brände noch oft sehen – sie stellen während seiner Reisen zum Kilimandscharo den dramatischen Hintergrund, den Johnston mit mordlüstern anschleichenden Kriegern belebte. Aber diese

Flammen sind wirklich. Die Karawane verliert darin einen Teil ihrer Ausrüstung, unter anderem die meisten Gewehre, deren Munition in der Hitze explodiert und pfeifend umherfliegt. Zum Glück hat Meyer bereits wollenes Unterzeug und festes Schuhwerk an die acht Männer ausgegeben, die am kommenden Tag mit ihm zum Sattelplateau hinaufgehen sollen. Auch der verbrannte Proviant bereitet ihm wenig Sorgen, denn Häuptling Mareale hat versprochen, das Basislager ständig mit Lebensmitteln beliefern zu lassen. Der sodann eingeschlagene Weg ist wohl bekannt: auf einem mit Gras bewachsenen Felsrücken hinauf zum wüstenhaften Sattel. Kurz vor der letzten Geländestufe am Sattelplateau, dort, wo ein zur Rechten verlaufender Bach entspringt, zeigt sich ein Schneefleck. «Schneequelle» nennt Meyer deshalb den Ort, beschließt, hier zu lagern, und bestimmt die Höhe mit 3970 Metern. Kein angenehmer Biwakplatz: Missmutig scharen seine afrikanischen Begleiter sich um ein von Krautstängeln genährtes Feuer, ringsum herrscht beklemmende Stille, und mit der Nacht kommt beißende Kälte.

«Bei 5 Grad Celsius Kälte trieb ich am frühen Morgen des 10. Juli zum Aufbruch. Der schneeige Gipfel des Kibo strahlte uns im Lichte der Frühsonne in entzückender Klarheit entgegen. [...] Aber gerade dieses geheimnisvolle Funkeln der Firnhaube schüchterte meine Leute völlig ein. Nur drei, unter ihnen mein Faktotum Msuri, erklärten sich zögernd zum Weitermarsch be-

Der Kibo «im Lichte der Frühsonne in entzückender Klarheit» – hier in der Ansicht von Norden und aus einer Höhe von 2900 Metern.

reit.» Einen Lavawall hinabsteigend, gewinnen die Männer freie Ausblicke über die mit Gesteinstrümmern übersäte Hochebene. Man ist zu weit nach Osten, in Mawenzis Nähe, geraten und marschiert deshalb nordwestwärts auf eine Gruppe von drei Hügeln – heute Triplets genannt – am Kibokegel zu. Hans Meyer glaubt, An- und Abstieg seien von dorther an einem Tag zu bewältigen, lässt ein kleines Zelt aufschlagen und schickt die frierenden, erschöpften Afrikaner nach kurzer Rast zur Schneequelle zurück. Eberstein entfacht aus Strohblumenbüschen ein Feuer; Wasser für eine Suppe liefert die schüttere Schneedecke neben dem Biwak. Meyer geht derweil umher, findet außer Strohblumen und einer winzigen Ranunculacee, einem Hahnenfußgewächs, lediglich Flechten sowie – er ist sehr erstaunt darüber – Antilopenspuren. Die Höhe beträgt 4340 Meter.

Die Suche nach Pflanzen und Tieren nimmt ihn nicht lange gefangen: «Mein ganzes Interesse und all mein Sinnen war gefesselt von der überwältigenden Schönheit der grandiosen Berglandschaft und von der Beobachtung des Riesen Kibo. [...] Von der schneefreien Nordseite war den steilen Wänden nicht beizukommen, das sah ich. Aber auf der Ostseite, wo die zusammenhängenden Schneefelder bis zur Hochebene herabreichen, machte ich mit dem Glas eine Angriffslinie ausfindig, auf welcher wir es am nächsten Tag wagen wollten.»

Kilimandscharofrühstück am 11. Juli 1887: ein Riegel Schokolade und ein Schluck Kognak. Meyer und Eberstein haben eine furchtbare Nacht verbracht. Der Wind pfiff durch das dünne Baumwollzelt, als ob es nur ein Fischnetz wäre, vom Boden kroch Kälte in die Glieder und schüttelte die beiden wie im Fieber. Kurz nach Sonnenaufgang sind sie unterwegs, versehen mit Bergstöcken, Gletscherseil, Schneebrillen und Schneeschleiern, Proviant sowie einigen Instrumenten. Während der ersten Stunden ist das Wetter günstig, der Kraterrand bleibt «in greifbarer Klarheit vor Augen». Meyer zweifelt nicht am Gelingen, bis Nebel aufzieht und in ihm Temperatur und Stimmung sinken: «Mich befiel Herzklopfen und Gliederschwere, Herr von Eberstein klagte über Kopfschmerzen, Blutandrang und allgemeine Mattigkeit.»

Gegen 10 Uhr, auf einem steil ansteigenden Hang, sinkt Eberstein plötzlich in den Schnee und sagt, er sei völlig erschöpft. Die beiden einigen sich, dass Meyer weitersteigen, Eberstein hingegen inzwischen eine Höhenbestimmung mit dem Siedethermometer vornehmen solle. Aber auch Meyer gelangt nur etwa 250 Meter höher: «Alsbald senkte sich das Firnfeld nach rechts hin beträchtlich; als sein Abschluss in NNW erschien ein dunkler Felswall, und einige Schritte weiter wurde ich durch ein großes Trümmerfeld von weißkrustigen Eisbrocken aufgehalten, hinter welchem, in ca. 20 m Entfernung von mir, eine blaue Eiswand, anscheinlich 35–40 m hoch, emporragte, deren Verlauf sich [...] im Nebel und Schneegestöber eine kleine Strecke weit verfolgen ließ. Dieser Wand war von einem einzelnen Menschen nicht beizukommen.»

Ein abgeschmolzener Stumpf jener blauen Eiswand am Ostrand des Kraterkessels, die Hans Meyer noch 40 Meter hoch sah.

Blaues Eis – in Jahrtausenden von der Gletscherlast zusammengepresster Schnee. Meyer nimmt Messungen vor, schlägt eine Gesteinsprobe aus dem Lavafelsen, skizziert die Umgebung. Dann besinnt er sich darauf, dass das Schneetreiben seine Spur auslöschen wird, und geht hastig hinab. Eberstein ist wohlauf, ruft ihm schon von weitem zu, er habe für seinen Rastplatz 5200 Meter ermittelt. Bis auf 5450 Meter ist Hans Meyer also während der vergangenen 7 Stunden gelangt. Man darf rätseln, wo das geschah. Es muss der Ostrand des Ratzelgletschers gewesen sein, der damals ungefähr dort verlief, wo später – beim heutigen Gillman's Point – die Johannesscharte erschien.

Zum Zelt zurückgekehrt, finden die Männer gerade noch Kraft, einen Kakaotrunk zu bereiten. Danach verbringen sie, schlaflos und frierend aneinander gepresst, die schrecklichste Nacht ihres Lebens. «In meinen Schläfen hämmerte es, als wolle der Schädel springen. [...] Nie habe ich einen Morgen schmerzlicher herbeigesehnt als in dieser Nacht.» Wenn der Misserfolg Hans

Meyer verletzt hat, dann lässt er es die Leser seines Berichtes jedenfalls nicht wissen. Anzunehmen ist, dass er genug gesehen hat, um recht sicher zu sein, es werde ihn sobald niemand übertreffen.

«Es war mir vergönnt gewesen», sinniert er später im Basislager am Waldgürtel, «auf unbetretenem, schneebedecktem Boden des äquatorialen Afrika zu schreiten und den deutschen Fuß auf dem höchsten deutschen Berg so hoch hinaufzusetzen wie nie ein andrer vor mir. [...] Mit Innigkeit ruhte mein Auge auf dem weiß schimmernden Kilimandscharo. Seine stumm-beredte Sprache offenbarte mir jetzt manches Geheimnis, das ich vorher vergebens aus seinem starren Antlitz zu enträtseln bemüht gewesen.» Anspruch und Innigkeit. Wer seine anschließenden Betrachtungen über die Wirkung der Natur auf den Geist liest, könnte ihn für einen vom Treiben der Welt abgewandten Philosophen halten. Aber dann siegt der Anspruch über die Innigkeit – auch Hans Meyer wird zum Puppenspieler. Sein Favorit im Spiel um Einfluss und kolonialen Zugriff ist eindeutig Mareale von Marangu, den er eindringlich als künftigen Partner empfiehlt. Dabei bekümmert es ihn wenig, dass auch Mareale Raubzüge – die Chaggaherrscher sprechen lieber von Tributzügen – gegen benachbarte Siedlungen führt, um dabei Sklaven zu erbeuten, die dann an swahilische und somalische Menschenhändler verschachert werden. 2 Dollar, hatte Henry Johnston berichtet, ist gewöhnlich der Preis für eines der Opfer: sehr wenig, weil zu viele auf dem Weg zur Küste sterben. Nein, auch Meyer richtet den Blick nicht auf jene, die Geschichte erleiden, sondern auf die Erwartungen, die das Deutsche Reich mit der von Mareale beherrschten Landschaft verbinden darf. Es mag ausreichend sein, wenn erwähnt wird, dass das entsprechende Kapitel die Überschrift «Das deutsch-afrikanische Paradies» trägt.

Der halb blinde Raubvogel in Moshi, dessen Hof auch Teleki und Höhnel gemieden hatten, beobachtet Mareales Erhöhung gekränkt: Mandara schickt mehrere Gesandtschaften zum «verehrten Daktari Maya» und lässt ihm drängende Briefe schreiben. Daktari Maya soll doch zu ihm kommen, zum Blutsbruder des ebenso verehrten Daktari Karl Jühlke, außerdem sei der Weg zum Gipfel von Moshi her unbeschwerlicher. Er bedauere es, schreibt Mandara – und dieser Vorwurf erweist ihn als Persönlichkeit mit wahrhaft staatsmännischer Sicht –, dass Meyer Umgang mit «Leuten, die nichts von der Geschichte verstehen» pflege. Aber Daktari Maya geht nicht nach Moshi. Er schickt nur einige Geschenke hinüber und überlässt die Höflichkeiten Eberstein, der Mandara ohnehin im Auftrag von Carl Peters aufsuchen muss.

Damit endet Hans Meyers erster Aufenthalt im Kilimandscharogebirge. Den Lesern seines 1888 erscheinenden Bildbandes «Zum Schneedom des Kilimandscharo» verrät er im Vorwort, er werde bereits wieder dort sein, wenn sie das Buch in den Händen halten. Doch da irrt er. Stattdessen erscheinen im September 1888 nochmals zwei andere Reisende unter dem Schneedom: Graf

Teleki von Szék und Ludwig Ritter von Höhnel. Erinnert sei daran, dass die beiden nach ihrem ersten Aufstieg beschlossen, später zum Kibo zurückzukehren, eine Kette von Lagern bis in eine Höhe von 5000 Metern zu legen und den Gipfel von dorther zu bezwingen. Aber inzwischen lag eine unglaubliche Reise, eine der letzten großen Pionierexpeditionen in Afrika, hinter ihnen, in deren Verlauf das spätere Kenia bis zur äthiopischen Grenze durchquert worden war. Graf Teleki hatte dabei versucht, den Mount Kenya zu besteigen, und erreichte eine Höhe von 4680 Metern. Und im März 1887 standen die beiden am Ufer ihrer bedeutendsten Entdeckung: Da lag vor ihnen die Jadesichel des Turkanasees, des größten beständigen Wüstensees der Erde, umrahmt von schwarzen Vulkanbergen. Von glutheißen, dämonischen Winden getrieben, sind sie durch Wüsten und Sümpfe gezogen, haben die Asche der Feuerberge und das Salz des Jadesees gekostet und wurden vor Hunger zu Dieben. Der Kibo verlockt sie nun nicht mehr. Der Graf und sein Marineleutnant lagern nur kurze Zeit in Taveta, dann wenden sie sich zur Küste. «Ein satter Mann entfacht kein Feuer», sagt man bei den Chagga.

Zeitgenössische Darstellung einer Sklavenkarawane auf dem Weg zur Küste.

Ludwig von Höhnel, der Mann, durch dessen Tätigkeit die Expedition erst wissenschaftlichen Wert gewann, ging vier Jahre später als Topograf einer von dem Amerikaner William Astor Chanler geführten Expedition nach Afrika zurück. 1893 verletzte ihn nördlich vom Mount Kenya ein Nashorn so schwer, dass die Reise beendet werden musste. Er wurde geheilt, übernahm weiterhin Kommandos auf österreichischen Kriegsschiffen, arbeitete in der Marineabteilung des Kriegsministeriums und stieg bis zum Flügeladjutanten seines Kaisers sowie zum Konteradmiral auf. Höhnel überlebte seinen Weggefährten Graf Teleki um ein Vierteljahrhundert, starb erst 1942 und sah daher Europa gleich zweimal in Zuständen, mit denen verglichen die Feuerberge am Turkanasee ein Idyll waren.

Third Cave. Was da kommt, darf wirklich ein Dinner genannt werden: Ochsenschwanzsuppe, mit Kokosflocken und Chili bestreute Hühnerbrust nebst Bataten und Mangostreifen, Karamellpudding, Kaffee. Also muss ich dann doch noch einmal zur Höhle hinübergehen und mit dem Koch das letzte Bier aus gemeinsamer Flasche trinken. Er heißt Joseph und ist somit mein dritter Begleiter mit biblischem Namen. Gute Gesellschaft. Als ich das Huhn pili-pili preise, sagt er: «Ich gebe ihnen Konyagi, bevor ich sie schlachte, deshalb ist das Fleisch so zart. Sie verkrampfen sich sonst.»

Und ich nahm an, er hätte den Kognak für sich mitgeschleppt.

Die Heiligen bereiten vergnügt und gesprächig ihr Essen. Zwiebeln werden geschält, Lauchringe geschnitten, Fleischbrocken frittiert. Über der Gasflamme brodelt ein Bohnengericht.

«Morgen», sagt Joseph und schenkt mir ein Lächeln, «würden sie nicht mehr weich werden.»

Ja. Morgen, mein Freund, sind wir fast 5000 Meter hoch.

In der Richtung, in der die Ebene von Amboseli liegt, ziehen lachsrot gefärbte Wolken auf. Darunter gehen die Steppentiere zur Ruhe, flackern die Lagerfeuer der Maasai. Und über allem schwebt der Gesang der Stille. Daheim wird die Welt kleiner, wenn es dunkelt. Hier wächst sie, wird bodenlos und unendlich weit.

Hans Meyer in Ketten, ein Scharlatan auf dem Kibo

Tragisches Zwischenspiel mit komödiantischem Beiklang

Der Juli des Jahres 1888 sieht Hans Meyer wiederum auf Sansibar tätig. Er rüstet eine große Expedition aus, die zwei Jahre dauern soll und für die er die gewaltige Summe von 30 000 Mark aufwendet. Verglichen mit heutiger Kaufkraft wäre das ein stattlicher sechsstelliger Betrag. Sein Vorhaben ist nämlich nicht nur auf den Kilimandscharo gerichtet, sondern soll später auch zum Victoriasee und vielleicht noch bis zum Ruwenzorimassiv führen.

Abendstimmung am Biwakplatz Third Cave an der Rongairoute. In der Blickrichtung liegen unter den Wolken die Savannen Kenias.

Der Mann an Meyers Seite ist deshalb diesmal ein ebenbürtiger Wissenschaftler: der Österreicher Oscar Baumann, gerade 24 Jahre alt und dennoch bereits ein Wunderkind der Afrikaforschung. Baumann, Sohn eines Bankbeamten, verspürte schon früh – darin glich er seinem Landsmann Ludwig von Höhnel – die Sehnsucht, Forschungsreisender zu werden. Körperlich bereitete er sich darauf unter anderem durch Bergwanderungen in Montenegro vor, geistig durch den Besuch von Vorlesungen an der Wiener Technischen Hochschule und der Universität, ohne dabei einer Fachrichtung den Vorzug zu geben. Topografische Kenntnisse erwarb er am Militärgeographischen Institut und zeichnete sich dabei derart aus, dass er von 1885 bis 1887 als Topograf an einer von Oskar Lenz geführten Expedition zum Kongo teilnehmen durfte. Baumann forschte danach auf der Insel Fernando Póo und begab sich im Wintersemester 1887/88 nach Leipzig, um dort bei dem Geografen Friedrich Ratzel zu promovieren. Es wird der mit Hans Meyer befreundete Ratzel gewesen sein, der Oscar Baumann für die bevorstehende Expedition zum Kilimandscharo empfahl.

Zu den vielen Leuten, die Meyer und Baumann auf Sansibar kennen lernen, gehört Otto Ehlers: ehemals Landwirt in Mecklenburg und seit 1887 im Dienst der Deutsch-Ostafrikanischen Gesellschaft. Da Ehlers zudem Jurist ist, hat die Gesellschaft – noch immer auf der Hatz nach «Papier mit Negerkreuzen» – ihn erfreut eingestellt und nunmehr zum Kilimandscharo entsandt. Er bittet deshalb darum, sich den beiden anschließen zu dürfen, wird aber abgewiesen, weil Oscar Baumann sich weigert, mit ihm zu reisen. Die Gründe dafür können nur vermutet werden. Baumann ist bald selbst für die Deutsch-Ostafrikanische Gesellschaft tätig; Vorbehalte gegen die Ziele dieses Unternehmens können es folglich nicht sein. Vielmehr wirkt da wohl persönliche Abneigung. Baumann, der strenge, hingebungsvoll arbeitende Wissenschaftler, der Schwätzerei und Leichtfertigkeit verabscheut – seine talentvoll geschriebenen, heute leider nur noch von Fachleuten gelesenen Bücher zeigen das deutlich –, mag wenig von einem Reisegefährten Ehlers halten.

Die Geschichte von Meyers und Baumanns Expedition beginnt im August 1888 in Pangani und kann fast ebenso rasch wie die ihrer Vorbereitung erzählt werden. Denn als die beiden arglos damit beginnen, das Usambaragebirge zu erforschen, bricht in Bagamoyo und Pangani ein Aufstand aus, der ihre Pläne zunichte macht. Ein im Frühjahr 1888 mit dem Sultan von Sansibar geschlossener Leihvertrag berechtigte damals die Deutsch-Ostafrikanische Gesellschaft zur Nutzung eines Küstenstreifens, in dem ihr auch die Steuer- und Zollhoheit sowie andere Rechte zufielen. Die Gesellschaft begann mit hastigem Eifer, das Land nach ihren Vorstellungen zu erschließen: zunächst sichtbar und spürbar in zahlreichen Pflanzungen und der energischen Eintreibung von Steuern und Zollgebühren. Damit forderte sie dessen bisherige Herren, die arabisch-swahilischen Grundbesitzer und Kaufleute, heraus, denen sie Arbeitskräfte entzog und deren Handelsgewinne sie schmälerte. Hinzu kam das anmaßende Verhalten ihrer Angestellten, ihre Missachtung religiöser Gefühle und Landessitten. Viele Beauftragte der Gesellschaft wählten im Umgang mit Afrikanern ein so genanntes schneidiges Vorgehen, hinter dem sich nur Unvermögen und Unsicherheit zu verbergen suchten, das jedoch in der Bevölkerung Hass hervorrief. Es fiel daher einem einflussreichen Halbblut namens Bushiri bin Salim leicht, im August 1888 einen Aufstand zu entfesseln, der die Deutschen in kurzer Zeit aus dem Land gefegt hätte. Verhindert werden konnte das nur, indem das Deutsche Reich – unter Berufung auf den der Gesellschaft erteilten kaiserlichen Schutzbrief – Truppen nach Ostafrika sandte. Bushiri wurde im Dezember ergriffen und gehenkt, die Erhebung währte im Süden des Landes allerdings noch bis zur Mitte des folgenden Jahres.

In diese Wirren geraten nun Meyer und Baumann. Sie bleiben nicht gänzlich ahnungslos, als sie im September und Oktober erstmals das Usambaragebirge in seiner Längenausdehnung erforschen: eine wunderbare, bald als «Perle Deutsch-Ostafrikas» gepriesene Gebirgswelt mit den Überresten von Wäldern, die sich vor langer Zeit vom Kongobecken bis zum Indischen Ozean erstreckten. Schließlich gibt es deutliche Anzeichen dafür, dass die deutsche Ordnung wankt. Ein als unterwürfig bekannter Häuptling verhält sich plötzlich feindselig, die Karawane der Forscher muss Übergriffe erdulden und wird beraubt, dann laufen die Träger davon. Als die Wissenschaftler daraufhin mit sechs Getreuen zur Küste zurückmarschieren, schließt sich ihnen eine wüst aussehende Gruppe von Afrikanern an, die sie angeblich beschützen wollen. Baumann bemerkt schaudernd, dass diese Männer Tropenhelme, Matrosenuniformen der deutschen Reichsmarine und andere Kleidungsstücke tragen, die ihnen wohl kaum freiwillig überlassen worden sind. Eine verlassene deutsche Tabakplantage am Weg, Spuren von Kämpfen sowie das lauernde Verhalten der Begleiter wecken mehr als nur Besorgnis: «Wir waren uns schon vollständig klar darüber, dass die Absicht vorliege, uns auszurauben, und konnten höchstens über die Art und Weise, wie dies geschehen sollte, im Zweifel sein.»

Reifender und blühender Kaffee an den Hängen des Kilimandscharogebirges. Der Anbau von Kaffee begann dort bereits in der Zeit der Missionierung.

Die Ungewissheit währt nicht lange. Die Europäer werden überwältigt, misshandelt, mit Hals- und Fußeisen angekettet, und sie dürfen sich nunmehr fragen, weshalb man sich eigentlich «des Vergnügens beraubt, uns umzubringen». Bange Zeiten, dennoch nicht ohne böse, für ein Drehbuch geeignete Komik: Einer der Peiniger stolziert in Meyers Regenmantel und mit seinem Kneifer umher, Baumann bekommt wenigstens seine Schuhe wieder, weil er behauptet, ein Weißer könne ohne Schuhe nicht laufen. Aber natürlich werden sie ihm verkehrt herum wieder angezogen, der rechte kommt an den linken Fuß, und Baumann kann das wegen seiner Ketten nicht ändern. Dann wieder liegen die beiden tagelang gefesselt in einer Hütte, eine Frau umsorgt sie, spricht ihnen «mit weicher Stimme wie kleinen Kindern Trost zu»; «unser Schlaf wurde nur durch das Schnarchen unseres Wächters gestört».

Die Gefangenen begreifen, dass sie Geiseln sind und hinter den Kulissen jemand steht, dem sie noch begegnen werden. Das geschieht, als eines Tages mehrere Araber erscheinen: «Unter diesen fiel uns sofort ein greiser, untersetzter und sehr lichtfarbiger Mann auf. Er trug einen schönen Maskat-Turban, einen goldgestickten, etwas verrissenen Burnus von braunem Comorozeug über das dünne weiße Hemd, einen Revolver im Gürtel, in der Hand ein gutes Jagdgewehr, und blickte uns mit großen, tiefschwarzen Augen kalt und ruhig an. Wir fühlten, dass der entscheidende Augenblick gekommen sei. Der Mann vor uns war offenbar Buschiri bin Salim, und sein trotziges Aussehen [...] ließ uns nichts Gutes hoffen und unsere letzte Stunde nicht mehr ferne glauben.»

Es kommt anders. Bushiri versichert den beiden, dass er sie zwar überaus gern umbringen würde, derzeit jedoch Geld nötiger hat. Und da erweist sich ein von Meyer ausgestellter Scheck über 10 000 Rupien selbst am Rande des Usambaragebirges als zauberkräftig. Die Forscher werden künftig zuvorkommend behandelt und nach Pangani gebracht. Bushiri hält Wort. Er verspricht sogar, dafür zu sorgen, dass Baumann die wissenschaftlichen Aufzeichnungen zurückerhält, die man ihm weggenommen hat. Unterstützt vom britischen Generalkonsul auf Sansibar, bekommt Baumann sie tatsächlich. Beeindruckt und davon überzeugt, der Aufstand hätte verhindert werden können, wenn die Deutsch-Ostafrikanische Gesellschaft überlegter und toleranter vorgegangen wäre, schreibt er bald: «Trotz des vielen Ungemachs, welches Buschiri uns planmäßig bereitet, konnte ich doch gegen ihn keine persönliche Abneigung hegen. Er gefiel mir als entschlossener Kriegsmann und auffallend kluger Kopf, und ich würde es bedauern, ihn ein schmähliches Ende durch Henkershand nehmen zu sehen.»

Baumanns Wunsch bleibt unerfüllt; Bushiri hatte zahlreiche Morde begangen und sich unnötiger Grausamkeiten schuldig gemacht. Hans Meyer mag das alles ohnehin weniger versöhnlich sehen: Die Aufwendungen für die Expedition, der größte Teil der wissenschaftlichen Sammlungen und Foto-

Das Zusammentreffen mit Bushiri bin Salim, dargestellt in Oscar Baumanns Reiseschilderung (Wien und Olmütz 1890).

grafien sind verloren, der Kilimandscharo scheint ferner als jemals zuvor. Als das Jahr endet, muss Meyer zudem noch den schlimmsten Schlag hinnehmen. «Petermanns Mitteilungen» – so der Kurztitel der in aller Welt angesehenen Zeitschrift für Geografie und Kartografie – melden, der Kibogipfel sei am 18. November bestiegen worden. Autor des «Meine Besteigung des Kilima Ndscharo» überschriebenen Beitrages ist Otto Ehlers: der Mann, der Meyers Expedition begleiten wollte und von Oscar Baumann so entschieden zurückgewiesen wurde. Ehlers berichtet, er habe länger als sechs Wochen in Moshi auf die von ihm so geschätzten Wissenschaftler gewartet, insbesondere auf seinen «guten Freund» Hans Meyer. Dann habe er durch eine englische Zeitung von ihrem Schicksal erfahren. Ehlers, der am Beginn noch erklärt, er sei niemals Bergsteiger gewesen, will darauf von großem Tatendrang ergriffen worden sein: «Während ich noch trauerte um das Geschick meines Freundes, kam plötzlich der Bergsteigegeist über mich, und schnell entschlossen machte ich den Plan des Dr. Meyer zu dem meinigen [...]. In dem seit Jahresfrist in Taveta und Umgegend jagenden und sammelnden amerikanischen Naturforscher Dr. Abbott fand ich einen ebenso erfahrenen wie mobilen Partner. Der König von Moschi, Mandara, dessen Gunst ich voll und ganz mit Hilfe eines alten Chapeau claque gewonnen hatte, interessierte sich lebhaft für mein Unternehmen und förderte dasselbe dadurch, dass er drei seiner Krieger als Führer in meine Dienste stellte.»

So schreiben sie, die nicht nur von Baumann gefürchteten Schwätzer. Neben der verblüffenden Tatsache, dass Mandaras Gunst jetzt schon für einen alten Klappzylinderhut zu haben ist, teilt Ehlers den Lesern noch weitere

Ausblick vom südlichen Rand des Kibo-Kraterkessels: Im Vordergrund der Furtwänglergletscher, hinten das Nördliche Eisfeld, auf dem Ehlers angeblich stand.

Beispiele für seine unwiderstehliche Ausstrahlung auf Afrikaner mit, bis er endlich zu Einzelheiten des Aufstieges kommt. Der habe am 11. November mit 30 Begleitern in Marangu begonnen und in ein 3000 Meter hoch gelegenes Lager südlich vom Mawenzi geführt. Am folgenden Tag unternahm Ehlers angeblich eine Mawenzibesteigung, «um mich für die Besteigung des Kibos etwas zu trainieren [...], erreichte eine Höhe von ca. 5000 m und kehrte befriedigt ins Lager zurück mit dem Gefühl, mein Bestes getan zu haben. Höher an diesem merkwürdig zerklüfteten, zackigen Berge hinauf zu gelangen – ich will nicht sagen ‹ist›, aber scheint mir eine Unmöglichkeit.»

In der Tat ist der Mawenzi hervorragend geeignet, um an ihm «etwas zu trainieren». Man muss dergleichen eigentlich nicht kommentieren, es genügt völlig, dabei eine Fotografie des Berges zu betrachten. Ehlers berichtet sodann mit ähnlicher Forschheit vom Versagen der Begleiter: Die von Mandara gesandten Führer flohen, die mit den beiden Weißen zum verschneiten Sattelplateau ziehenden Träger brachen fortwährend zusammen und blieben weinend im Schnee liegen, bis Ehlers sie mit Kognakgaben aufrichtete.

Obgleich es an Kognak nicht zu mangeln schien, sandten Ehlers und Abbott nun die Afrikaner talwärts. Sie blieben im Sattelbiwak allein, übernachteten dort und begannen am Morgen des 18. November zu einer nicht genannten Zeit und lediglich mit Bergstöcken ausgerüstet ihren Aufstieg. Ehlers wählte dafür im Gegensatz zu seinen Vorgängern die Nordhänge aus, die Meyers kundiger Blick zuvor als völlig ungeeignet erkannt hatte. Um 7 Uhr, es waren bereits 5200 Meter erreicht, musste Abbott aufgeben. Ehlers aber stieg weiter, widmete bei 5500 Metern einer «hochgeschätzten Dame» einen Schluck Kognak und fühlte sich «vollkommen frisch». «Nach öfterm Ausruhen, aber ohne unter der dünnen Luft zu leiden, erreichte ich gegen 10 Uhr die Schneeeiswand, die sich um die ganze Bergkuppe zieht, und deren Erklimmen hier, wo ich sie erreichte und wo sie fast überall oben überhängt, absolut unmöglich ist. Ich ging nun eine Zeitlang an der Mauer entlang in der Hoffnung, irgendwo eine Stelle zu entdecken, die einen Aufstieg ermöglichte, wurde aber bald wegen zu steil abfallenden Terrains zur Umkehr gezwungen. Eine Weile wieder bergab steigend, gelang es mir nach recht mühevollem Klettern, die Nordwestseite des Gipfels zu erreichen und hier von einem Punkte der Eisauflagerung aus einen verhältnismäßig weiten Überblick über die Kuppe zu erlangen. Von einem Krater konnte ich nichts entdecken, und die Eis- resp. Schneemasse lag in einigen ruhigen Wellenlinien mit viel frischem Schnee vor mir.»

Ehlers feuerte sodann drei Revolverschüsse ab und entfaltete eine deutsche Flagge «aus dem Vorrate des Herrn Dr. Meyer». Zum Beweis seiner Anwesenheit hinterließ er seine Visitenkarte in einer Konservendose. Genaue Angaben über die Höhe des Gipfels, so Ehlers in seiner Veröffentlichung, wolle er zunächst noch nicht machen. Abbotts und seine eigenen Höhenmessungen würden

«nicht vollständig» mit den von Meyer ermittelten Werten übereinstimmen, und er werde deshalb die benutzten Instrumente von Fachleuten überprüfen lassen. «Jedenfalls betrug die Höhe über 6000 m.»

Jeder berühmte Berg hat seine Scharlatane. Man mag Otto Ehlers bestenfalls zubilligen, dass seine Instrumente versagten. Er hätte dennoch erkennen müssen, ob er wirklich auf einem «Punkt der Eisauflagerung» des nordwestlichen Kraterrandes stand. Ohne Steigeisen und Pickel, lediglich mit einem Bergstock ausgerüstet, dorthin zu gelangen war aber schlichtweg unmöglich – ebenso unmöglich, wie jemand die schroff abstürzenden Innenwände des Kraterkessels übersehen kann. Was für einen Unfug Ehlers da erzählte, kann schon ermessen, wer die Berichte von Eduard Oehler und Fritz Klute oder von Fritz Lörtscher liest, der eine Klettertour auf Kibos Nordhängen als «endlose Querung unzähliger Spalten und Rinnen» beschreibt.

Dennoch mussten Hans Meyer und andere, die sich nun gegen den von Ehlers erhobenen Anspruch wandten, erfahren, dass Lügen außerordentlich lange Beine haben können. Otto Ehlers schränkte seine Behauptungen schließlich ein und sah sich in eine Höhe von annähernd 5000 Metern hinabgestoßen. Ob er dort gewesen ist, kann noch heute jeder gut beurteilen, der sich auf die zerklüfteten nördlichen Hänge des Kibos begibt. Es genügt auch, Hans Meyers und Ludwig Purtschellers Schilderung einer Klettertour in dieser Gegend zu lesen: 10 Stunden lang über eng beieinander liegende Steilrippen, keine Gelegenheit für Bergstock und Kognak.

Ehlers erregte weiterhin Aufsehen, indem er in Deutschland eine Afrikanergruppe zur Schau stellte, brach dann zu Reisen nach Vorder- und Hinterindien sowie nach China auf, wurde ein bekannter Reiseschriftsteller und fand, erst 40-jährig, auf Neuguinea ein tragisches Ende. Es ist nie geklärt worden, ob er während einer Flussdurchquerung ertrank oder von seinen Begleitern ermordet wurde.

Den Disput um Ehlers' vorgebliche Kibobesteigung hatte Oscar Baumann eröffnet, und es erübrigt sich zu sagen, an wessen Seite er das tat. Zu einer erneuten Expedition mit Hans Meyer kam es aber nicht mehr: Baumann forschte künftig weiterhin in der Landschaft Usambara und wurde ihr wissenschaftlicher Entdecker. Seine Vermessungen und Erkenntnisse waren Voraussetzungen für die wirtschaftliche Erschließung der Landstriche zwischen dem nördlichen Küstenabschnitt Deutsch-Ostafrikas und dem Kilimandscharomassiv. So folgte zum Beispiel die späterhin erbaute Usambara-Bahnlinie zwischen Tanga und Korogwe genau seinen Empfehlungen. 1892 zog er mit einer 200-köpfigen Karawane von Tanga in Landschaften westwärts von Arusha, die zuvor noch kein Forscher gesehen hatte. Dabei entdeckte Baumann Gebiete, die heute in jedem Jahr Zehntausende von Touristen nach Ostafrika locken: den Manyarasee mit salzverkrusteten, von Flamingos und Pelikanen umschwärmten Ufern und auf Bäumen lagernden Löwen, den Eyasisee, die

Flamingoschwarm in einem der Momellaseen unter dem Kilimandscharogebirge.

ehrwürdigen Vulkane Oldeani, Sadiman und Lemagrut sowie den wildreichen Ngorongorokrater, eines der großartigsten Naturwunder der Erde. Anschliessend durchwanderte er Fabelländer, die nunmehr Ruanda und Burundi heißen, und wurde dort von der Bevölkerung als ihr endlich vom Mond zurückgekehrter König Makisavo gefeiert. Getrieben vom uralten Rätsel der Nilquellen, stand er im September 1892 jubelnd am Ursprung des Ruvuvuflusses und glaubte, mit ihm die Lösung gefunden zu haben.

Dass er irrte, hat er nicht mehr gänzlich einsehen müssen. Oscar Baumann starb, geschwächt von den Entbehrungen während seiner Reisen und Tropenaufenthalte – er war noch drei Jahre lang als österreichisch-ungarischer Konsul auf Sansibar tätig –, 35-jährig in Wien an einer Infektionskrankheit.

Elveda Point. Hechelndes Atmen. Der Rachen schmerzt, als ob mit jedem Atemzug ein Messer hineingestoßen würde. Schwindelgefühl und Verstörtheit. Ich laufe neben mir her, bin mein Schatten, habe wenig mit dem Mann zu tun, der da geht. Dann das Empfinden, sich vor einer Filmleinwand zu bewegen, auf der eine volkreiche Szene abläuft: Du hampelst und schreist, obwohl du inzwischen begriffen hast, dass da gar keine Kamera läuft, dass du den Film nicht veränderst und nichts bleiben wird von deinem Auftritt. Dass es gleichgültig ist, ob du dich mühst oder still beiseite gehst.

Justin bleibt stehen, wendet sich um und umarmt mich.

«Willkommen, Papa!»

Tatsächlich, da ist wieder eines der schwarzen Schilder mit gelber Kerbschrift: «YOU ARE NOW AT THE UHURU PEAK, HIGHEST POINT IN AFRICA, ALTITUDE 5895 METRES A. S. L.» Daneben eine Bronzetafel mit Worten aus der Unabhängigkeitserklärung und eine Metallstange, an der ein Wimpel flattert.

Es dauert einige Zeit, bis ich begreife, dass wir am Ziel sind. Ein Gipfel ist nirgendwo zu sehen, nur etwas Geröll. Das zum Kraterrand hin ansteigende Gelände erscheint weiter westwärts nicht weniger hoch. Ist das alles – schwarzbraune Gesteinsbrocken?

Dann bleibt die Welt stehen. Sie schwingt, ich spüre es deutlich, denn ich bin für einen Augenblick ihr Mittelpunkt, noch ein paar Mal sacht hin und her, und nun wird es ganz still. Es ist kostbar und schön, dieses Leben, besonders dann, wenn man es sich selbst einbrocken kann.

Hauptstück: «Da tat sich vor uns die Erde auf ...»

Ludwig Purtscheller

Linke Seite: Uhuru Peak, Kibos höchste Erhebung, liegt offiziell noch 5895 Meter hoch, wird von den neuesten Vermessungen jedoch um 3 Meter erniedrigt. Die Hinweistafel ist eines der begehrtesten Andenken der Welt und muss hin und wieder ersetzt werden; in dem Kasten befindet sich das Gipfelbuch.

Vom Passagierdeck des Dampfschiffes «Somali» her sieht Ludwig Purtscheller auf die von Flechten überzogenen Wälle von Fort Jesus, aus denen schwarze Kanonenmäuler starren, auf die weißen Minarette, bunten Kuppeln und Dachgärten Mombasas, auf dunkelgrüne Mangohaine und die geschäftige Hafenszene vor ihm. Da drängen verwitterte Dhaus aus Rotholz sich um Anlegebrücken und Kaimauern, auf denen Handelsgüter lagern: Elefantenstoßzähne, schon erwartet von indischen Schnitzern oder europäischen Klavierbauern, Ballen aus Tierhäuten, Bündel von Straußenfedern, Säcke voller Schildpatt und Seeschnecken auf dem Weg in ferne Knopffabriken, Säcke mit Kaffee oder Pottasche, aufgerollter Kupferdraht, der bald Hälse, Arme und Beine von Schönen im Landesinneren schmücken wird, Tabakbündel, Salzbarren, Teekisten, Rhinozeroshörner, bestimmt für jemenitische Dolchgriffe oder chinesische Arzneizubereitungen, Petroleumkanister und Dörrfisch, Mangrovenholz, mit duftenden Harzen gefüllte Fässer sowie Kisten voller Glasperlen aus Venedig und Böhmen. Dazwischen gestenreich lärmende, dunkelhäutige Menschen in weißen, goldbestickten Umhängen, schwarzen Kalikotüchern oder braunroten, mit Ocker gefärbten Lederbahnen. Nein, Purtscheller hat zuvor Sansibar gesehen, aber das hier noch nicht. Er ist, gemeinsam mit Hans Meyer und dessen Karawane, gerade erst auf dem Festland angekommen.

Der als Turnlehrer in Salzburg tätige 39-Jährige gehört schon jetzt zu den erfolgreichsten Alpinisten Europas. Er wird am Ende seines kurzen Lebens auf die Besteigung von 1500 Berggipfeln in den Alpen, im Kilimandscharogebirge und im Kaukasus zurückblicken können – mehr als 40 davon erheben sich höher als 4000 Meter. Seine Leistungen sind durch Veröffentlichungen in alpinen Zeitschriften weithin bekannt, und Hans Meyer wird sehr erfreut gewesen sein, als Purtscheller ihm schrieb, er werde mit ihm gehen. Viel hängt ja ab von der Wahl des Partners für die künftige Bergfahrt: Er soll ein erfahrener, gewandter Bergsteiger sein, ein lebensfreudiger Mensch, der nach Fehlschlägen oder in bedrängten Augenblicken nicht verzagt, und ein ausgeglichener Mann, der sich unterordnen kann. Zumindest im Hinblick auf bergsteigerische Fähigkeiten wird Purtscheller selbst die kühnsten Erwartungen seines Expeditionsleiters rechtfertigen: Obschon durch Kurzsichtigkeit behindert, meistert er auch die halsbrecherischsten Kletterrouten, sein Orientierungssinn ist auf ganz erstaunliche Weise ausgebildet, und er gehört – obgleich er ein sehr empfindsamer Mensch ist – nicht zu den Bedauernswerten, die einen Aufenthalt im Hochgebirge nutzen, um sich Depressionen hinzugeben. Dennoch verrät Meyers Reisebericht später trotz aller Hochachtung eine Distanziertheit zwischen den beiden, die nur selten überwunden werden konnte und wohl auch bestehen sollte.

65 Männer vereint die Karawane, die dann im September 1889 von Mombasa zum Kilimandscharo zieht: über Voi und Taveta, also zunächst durch den wüstenhaften Landstrich Taru, dann durch ein karges, ziegelrotes Baumsavannengebiet, das heute zum Tsavo-Nationalpark gehört. Voraus geht der Führer Muini (Mwinyi) Amani, der Meyer bereits 1887 begleitete, mit der eingerollten Flagge des Deutschen Reiches, hinter ihm Hans Meyer, fortwährend damit beschäftigt, den Weg mit Uhr und Kompass zu erfassen, Höhenunterschiede mit dem Aneroidbarometer festzustellen oder auffällige Geländemarken mit dem Prismenkompass anzupeilen. Ihm folgt sein Gewehrträger, ausspähend nach Perlhühnern oder Antilopen, und danach die Kette der Träger. Ihre Lasten enthalten neben Wasser, Proviant, Geschenken, den als Tauschwaren und Währung benutzten Stoffen, Drähten und Glasperlensträngen sowie den wissenschaftlichen Instrumenten auch warme Kleidung und Schuhe für einen Teil der Träger nebst alpiner Ausrüstung für die beiden Europäer. Leider fehlt davon bereits manches, das durch ein Versehen unter die Ladung eines nach Ceylon fahrenden Schiffes geraten ist: etwa Meyers Steigeisen und zwei Zelte. Den Schluss bilden mehrere Somalisoldaten und Purtscheller, damit kein Träger in Versuchung gerät, sich mit dem Lohnvorschuss und der anvertrauten Last davonzustehlen.

Es wird nicht versäumt, rechtzeitig Boten nach Moshi vorauszusenden. Moshi, das heißt Rauch, die von kegelförmigen Hütten und wohl bestellten Feldern gebildete Siedlung, ist jetzt nicht mehr allein Häuptling Mandaras Residenz, sondern auch Missionsstation und Niederlassung der Deutsch-Ostafrikanischen Gesellschaft. Der Ort wird außerdem bald eine Garnison der deutschen Schutztruppe beherbergen. Dass Hans Meyer seinen Besuch bei Mandara mit einer solchen Förmlichkeit vorbereitet, geht wohl auf Charles News Leidensgeschichte zurück. Aber seine Befürchtungen sind grundlos. Mandara, der Löwe von Chagga, der früher 4000 Krieger in die Schlacht führte, ist ein friedfertiger Gastgeber geworden: Es bleiben ihm nur noch zwei Lebensjahre, und er mag das ahnen. Hohe Politik treibt er allerdings immer noch. Sichtbares Zeichen seiner diplomatischen Bemühungen war eine Chaggagesandtschaft, die dem deutschen Kaiser im vergangenen Jahr einen Elefantenstoßzahn überbrachte. Nun erwartet der Gebieter über 4000 Speere die kaiserlichen Gegengeschenke. Die befinden sich jedoch noch in einem

Der Kibo in einer Ansicht, wie sie sich heute von den Feldern am Stadtrand von Moshi her darbietet.

Lagerhaus auf Sansibar, und das ist ein weiterer Grund dafür, dass Meyer sich so sorgsam ankündigt, weil er kein Opfer von Mandaras Enttäuschung werden möchte.

Aber der Häuptling zeigt sich erfreut über Meyers bescheidene Gaben – darunter sind so nützliche Dinge wie ein Abendanzug und ein Telefon – und sagt bereitwillig zu, die Expedition zu unterstützen. Groß ist deshalb die Erleichterung, die der Verfasser der Reiseschilderung verspürt, als er in Moshi umhergeht und den Feldbau der Chagga, ihre Bewässerungstechnik und ihren Fleiß preist. Dabei sieht er hoch über der Ansiedlung, noch weit über dem Waldgürtel, der Heidelandschaft, den flatternden Nebeln und quellenden Wolken bisweilen sein Ziel: den eisglänzenden Kibogipfel. Der Weg dorthin führt wiederum durch das Gebiet Mareales von Marangu. Nun gut, mag Meyer denken, im Vergleich mit Mandara, der ihm Wünsche nach Whisky und mehreren Kanonen übermitteln lässt, ist Mareale bekanntlich ein genügsamer Partner. Tatsächlich gleicht dann Mareales Auftritt im Reisebericht dem Bild eines «edlen Wilden» in der Literatur der Aufklärungsepoche. Denn Meyer unterlässt, was Purtscheller für notwendig hält: einen Hinweis auf Mareales Sklavenjagden. Die Freude über das Wiedersehen ist ungeheuchelt; Mareale beschenkt die Karawane sogleich mit einer Ziegenherde, während seine Untertanen dabei behilflich sind, Hütten für einen längeren Aufenthalt zu errichten.

Zum Bedauern vieler ihrer Mitglieder verlässt die Expedition schon nach einer Woche die Fleischtöpfe Marangus, wo eine Ziege lediglich 30 Ellen Tuch und ein Huhn nur drei Glasperlenstränge kostet. Der Beginn der Regenzeit rückt nämlich bedrohlich nahe; schon jetzt vergeht kaum eine Nacht ohne Gewitter. Eigene Erfahrungen und die Berichte seiner Vorgänger haben Meyer gezeigt, dass frühere Aufstiegsversuche nicht allein wegen unzureichender Ausrüstung und Erfahrung, sondern als Folge mangelnder Proviantreserven missglückt sind. Es gibt deshalb diesmal drei Lager: das Basislager in Marangu, das Mittellager an der Baumgrenze in einer Höhe von 2890 Metern und das Kibolager beim Viermännerstein, 4330 Meter hoch. Alle drei Tage beliefern Träger von Marangu her das Mittellager, von dem aus zwei der dort zurückgelassenen Leute wiederum Verpflegung und Brennholz in das Kibolager hinauftragen. Das System funktioniert ausgezeichnet, so dass Meyer und Purtscheller ihren Aufstieg fast mit dem Rückhalt unternehmen können, den ihnen eine Clubhütte in den Alpen bieten würde.

Mareale stellt auch diesmal Führer, aber das ist mehr eine freundliche Geste als ein Erfordernis: Für Wege in der Fremde, die Meyer schon gegangen ist, gibt es auch eine Landkarte. Nie sieht man ihn ohne Kompass, Uhr und Notizbuch, und wer seine Bücher aufmerksam liest, der wird bemerken, dass Meyer selbst noch beim Klettern und mit froststarren Fingern Aufzeichnungen macht – eines der Geheimnisse seiner detailreichen und lebendigen Schilderungen.

Das Viermännerstein genannte Biwak an vier weithin sichtbaren Felsblöcken im Südosttal unter dem Gipfelberg wird am 2. Oktober bezogen. Nachdem die Träger zum Mittellager zurückgesandt worden sind, bleiben dort nur die beiden Bergsteiger und Muini Amani. Dessen Kochkünste werden fortan nicht immer den Ansprüchen seiner Begleiter gewachsen sein, dennoch erzählt der Reisebericht viel Lobenswertes über den aufmerksamen, hilfreichen Mann. Muini Amani in seiner roten, zerschlissenen Uniformjacke, die zuvor irgendein schottischer Infanterist trug, das Gesicht frierend mit dem Turbantuch umwickelt und dennoch geduldig vor dem Lagerfeuer wartend – das wird für längere Zeit ein vertrauter und ersehnter Anblick sein. An diesem Tag gelingt ihm die Suppe sogar, und wenn später die Bohnen nicht weich kochen wollen, so ist das natürlich nicht seine Schuld.

Es war bereits seit einiger Zeit offenbar, dass ein Anstieg zum Kibogipfel im Süden beginnen müsste. Die ostwärtige der Felsrippen, die dort das Südosttal einschließen, schien zu einem geringer geneigten Abschnitt der Eishaube zu führen. Vorweggenommen sei, dass der besagte Eisabschnitt später zu Ehren von Friedrich Ratzel – einem in Leipzig lehrenden, mit Meyer befreundeten Geograf und Völkerkundler – den Namen Ratzelgletscher erhielt. Im Verlauf des Gletschersterbens verwandelte der Ratzelgletscher sich inzwischen in einen verwitterten Toteisrest. Dass er einmal bis in den Krater hineinreichte, Gillman's Point umschloss und fast gänzlich aus glashartem Eis bestand, in das

Meyer und Purtscheller mühsam Stufen schlagen mussten, ist heute nicht mehr vorstellbar.

Die Männer im Zelt am Viermännerstein finden in der Nacht zum 3. Oktober 1889 kaum Schlaf. Ab Mitternacht strapazieren sie gegenseitig ihre Nerven, indem der eine oder der andere im Streichholzschein nach der Uhr sieht, bis diese Quälerei um halb drei endet: die Stunde des Abschieds von Muini Amani, der sein Lager in einer Höhle aufgeschlagen hat und den Davongehenden jetzt «Kwa heri na rudi salama!» (Lebt wohl und glückliche Heimkehr!) zuruft. Kalt ist da die Nacht, windig und finster, das erhoffte Mondlicht bleibt aus. «Eine verzweifelte Kletterei» führt die Bergsteiger «über ein Chaos von Blöcken». Sie stürzen mehrfach, verletzen sich, aber was ihnen größere Sorge bereitet, ist, dass dabei die Laterne zerschlagen werden könnte. Es gibt überdies Unstimmigkeiten. Meyer drängt nach Westen, Purtscheller, der den Vorstieg übernommen hat, will dagegen nach Norden und hat damit sicherlich Recht. Sie verlieren eine ganze Stunde, weil sich unerwartet ein Tal vor ihnen öffnet. Gegen 7 Uhr sind sie ungefähr 5000 Meter hoch – die Höhenangaben orientieren sich an der damals berechneten Kibohöhe von 6010 Metern – und bemerken den ersten Schnee. Eine halbe Stunde darauf stehen sie auf dem festen Fels der Rippe, die sie für den Anstieg ausgewählt haben.

5200 Meter: Der Atem geht keuchend, die trockene Luft lässt den Rachen schmerzen, das Herz rast. Alle 10 Minuten müssen die beiden für Augenblicke stehen bleiben. Sie rasten für eine halbe Stunde und trinken mit Zitronensäure vermischtes Schneewasser. «Den Blick zurückwendend, erkannten wir, dass wir die Höhe des im vollen Sonnenlicht rotbraun herüberleuchtenden Mawensi bereits überstiegen hatten. Wie Maulwurfshaufen lagen die zentralen Hügel des Sattelplateaus unter uns in der Tiefe, zu welcher von Süden her langsame Nebel wallten. Über der Zone des Urwaldes drängte sich eine dichte, silbergraue Wolkenmasse, während weit draußen über der Ebene einzelne Cumuluswolken in der dunstigen Atmosphäre schwammen, vom Widerschein des ziegelroten Steppenbodens an der Unterseite rötlich gefärbt. Das Unterland selbst war im Schleier der aufsteigenden Wasserdämpfe nur in undeutlichen Konturen erkennbar. Dagegen blinkte und blitzte über uns der Eishelm des Kibo in scheinbar greifbarer Nähe.»

Dass die Ansicht vom Sattelplateau her nicht getäuscht hatte, ist bald offensichtlich: Im Gegensatz zu anderen Abschnitten im Eisband um den Kibokrater fällt die Zunge des Ratzelgletschers flacher ab. Sie führt allerdings zu einer ziemlich steil, etwa mit 35 Grad, aufgewölbten Eiskuppe, die ohne Hilfe der Pickel unüberwindbar ist. Hans Meyer mag nun sehnsüchtig an seine verloren gegangenen, in irgendeinem Lagerhaus auf Ceylon herumliegenden Steigeisen denken. Durch ein Seil verbunden, schlagen die beiden Stufe für Stufe in den Gletscher. «Nur schwer konnte der Pickel in die glasharte, spröde, im Bruche wasserhell erglänzende Eismasse eindringen. Jede Stufe erforderte

Gletscherformen auf dem Kibo: Der Drygalskigletscher auf einer Fotografie von Hans Meyer (1898).

Rechte Seite: Der schmelzende Deckengletscher in unserer Zeit (oben). Eine Gletscherfront im Kraterkessel, ebenfalls aufgenommen zur Jahrtausendwende (unten).

wenigstens 20–25 Hiebe. Dieselben mussten um so sorgfältiger geschlagen werden, als das geringste Ausgleiten eines von uns zwei Menschenleben gekostet hätte», berichtet Purtscheller später darüber. Der funkelnde Eismantel reflektiert das Sonnenlicht so unvermindert, dass es trotz Zinksalbe, Schneeschleiern und Schneebrillen ihre Gesichter verbrennt. Beide sind danach vom Gletscherbrand entstellt, und Meyer muss noch tagelang eine blaue Schutzbrille tragen.

Das Panorama des Kraterkessels, gesehen von der Hans-Meyer-Scharte auf dem östlichen Rand der Umwallung (Zeichnung von Ernst Platz).

ERNST PLATZ
MÜNCHEN

Hinter der Eiskuppe lauern andere Gefahren: Gletscherspalten, eine Reihe von Schründen und Klüften, später zerrissener, von Sonne und Wind zersetzter Firn. Zackenfirn oder Büßerschnee wird diese eigentümliche, an mit schleppenden Schritten vorüberziehende, weiß gekleidete Pilgergestalten erinnernde Erscheinung genannt: spitze und säulenförmige Eisformen, dazwischen bis zu 2 Meter tiefe Spalten, in die beide mehrfach brusttief einbrechen. Vor dem Büßerschneefeld haben sie noch vereinbart, jeweils 50 Schritte zu gehen, bevor sie, röchelnd und weit vornüber gebeugt, neue Kraft schöpfen. Daran ist jetzt nicht mehr zu denken. Weiter führt allein ein fast besinnungsloses Taumeln. Sie sind benommen, wie Nebelfetzen wehen bedrohliche Gedanken vorbei: Wenn einer von ihnen verunglückt, wird er hier oben bleiben und allein sterben müssen, denn der andere kann ihn nicht hinabbringen.

Es hilft ein wenig, dass sie zu zweit sind, sich beim Vorsteigen abwechseln. Da kann man den Blick auf den Rücken des Vorausgehenden heften, sich in dieser beziehungslosen Schneelandschaft wenigstens mit seinen Kräften messen. «Und immer noch dehnte sich die Wand unabsehbar, und der oberste Eisgrat wollte nicht näher kommen. [...] Endlich, gegen 2 Uhr, näherten wir uns dem höchsten Rand. Noch ein halbes Hundert mühevoller Schritte in äußerst gespannter Erwartung, da tat sich vor uns die Erde auf, das Geheimnis des Kibo lag entschleiert vor uns: den ganzen oberen Kibo einnehmend, öffnete sich in jähen Abstürzen ein riesiger Krater. Diese längst erhoffte und mit allen Kräften erstrebte Entdeckung war mit so elementarer Plötzlichkeit eingetreten, dass sie tief erschütternd auf mich wirkte. Ich bedurfte der Sammlung.»

Bescheideneres ist selten gesagt worden. Die Kargheit von Meyers Worten mag auch davon bestimmt werden, dass die Bergsteiger nicht nur den mit Eis und Schnee gefüllten Kraterkessel sowie einen flachen Eruptionskegel darin erblicken. Links von ihnen, nach Westen zu, steigt der Kraterrand weiter an. Und erst dort erheben sich drei Felsspitzen aus dem Eismantel – die mittlere, höhere davon muss der Kibogipfel sein.

Der «Berg des bösen Geistes» hat sie genarrt. Erfüllung mischt sich sogleich mit Enttäuschung. Was bleibt, ist Vernunft. Hinter ihnen liegt ein elfstündiger, außerordentlich anstrengender Anstieg. Über die Gletscher zieht Nebel herauf; der Abstieg wird also schwierig genug sein. Vielleicht reichen ihre Kräfte noch aus bis zum Gipfel, doch dann müssten sie hier oben die Nacht verbringen: eine Nacht ohne Biwakausrüstung und mit geringer Aussicht, sie zu überleben. So steigen sie bereits 20 Minuten später wieder ab. Ein guter Entschluss, denn im unteren Teil des Gletschers hat die Sonne inzwischen die von ihnen gehauenen Stufen geschmolzen, so dass sie erneuert werden müssen. Purtscheller wird dabei ohnmächtig vor Schwäche, und Meyer, der auf der steilen Eisfläche ohne Steigeisen vorankommen muss, verspürt wohl erstmals bedrängende Angst. «Doch der Wille siegte auch diesmal über den Körper. Erleichtert aufatmend, fühlten wir gegen 4 Uhr wieder festen Fels unter den Füßen und gönnten uns eine halbe Stunde Ruhe, indem wir stumm dem wechselvollen Spiel der Wolken, der einzigen beweglichen Elemente in dieser gewaltigen starren Natur, zuschauten.»

Teils über Lavagrus abfahrend, teils durch ein wüstes Haufenwerk von Blöcken hinabsteigend und zuletzt von Muini Amanis Lagerfeuer geleitet, wird gegen 7 Uhr abends das Biwak erreicht. Dort gibt es Dörrfleisch mit Reis sowie einen tüchtigen Schluck Kognak, aber die schmerzenden Muskeln, die erregten Nerven geben keine Ruhe; Schlaf stellt sich erst im Morgengrauen ein. Umso erstaunlicher ist, dass die beiden die folgenden Tage mit einer Vielzahl von Messungen, fotografischen Aufnahmen und geologischen Sammlungen verbringen. Hans Meyer, mit Recht bald Vorbild ganzer Forschergenerationen, untersucht das äquatoriale Hochgebirge mit kundigem Blick, ordnet zu, welche Erscheinungen von atmosphärischen, welche von tellurischen Kräften geformt wurden, und meint, diese Arbeit sei von «zauberhaftem Reiz». Er lässt zudem das Biwak in eine Höhe von 4650 Metern verlegen, wo eine Höhle etwas Schutz vor Wind und Kälte bietet und das Ziel einige hundert Meter näher ist.

6. Oktober 1889, 3 Uhr morgens: Ludwig Purtschellers 40. Geburtstag. Vielleicht darf man vermuten, dass er den Vorsatz gefasst hat, dieser Tag solle ein ganz besonderer in seinem Leben oder sein letzter sein. Jedenfalls wirken die beiden diesmal viel entschlossener; auch ist nun der Weg bekannt, und ihr Einstieg liegt immerhin 320 Meter höher als beim ersten Mal. Wenn Hans Meyer später schreibt, er habe niemals wieder Sterne und Planeten in so ruhiger Pracht leuchten sehen wie in dieser Nacht, dann mag das eine verklärte Erinnerung sein, kennzeichnet jedoch die Stimmung, in der sie sich befinden. Möglich ist auch, dass er dabei an den schönen Swahili-Mythos denkt, von dem ihm Muini Amani erzählt hat: Sterne sind kleine Öffnungen im Himmelszelt, durch die man auf das strahlende Reich Gottes blicken kann.

Diesmal erreichen sie die Gletscherzunge schon geraume Zeit vor Sonnenaufgang und erwarten dort «mit frostzitternden Gliedern fest aneinander geschmiegt» Licht und Wärme. Als die Sonne dann über dem Mawenzigrat aufsteigt, erwartet sie eine erfreuliche Überraschung: Die am 3. Oktober gehauenen Stufen müssen kaum nachgebessert werden. Und obwohl die Mühen des Anstieges keineswegs geringer als an jenem Tag sind, gesellt sich diesmal zum Willen auch feste Zuversicht.

Wiederum Gletscherspalten, bizarre Eisformen, Einbrüche, Atemnot und rasender Herzschlag. Aber als gegen 9 Uhr der Kraterrand erreicht ist, folgt kein besinnlicher Ausblick auf den Kraterkessel, sondern die Gefährten wenden sich diesmal sofort nach Westen, folgen dem leicht ansteigenden, eisbedeckten Ringwall. Über zerfressenes Eis, aufgeweichten Firn, entlang einer etwa 6 Meter hohen Eismauer gelangen sie nach anderthalb Stunden zu den drei Felsspitzen. Gewissenhaft wird deren Höhe mit Aneroidbarometern vermessen: Die mittlere ist ungefähr ein Dutzend Meter höher.

Der Stufengletscher im Ausblick vom Uhuru Peak (oben). Im Abstieg vom Kibogipfel in den Kraterkessel mit dem Furtwängler-gletscher im Hintergrund (unten).

Vorangehende Doppelseite: Eine von Barafu Hut heraufkommende Bergsteigergruppe erreicht den Rand des Kraterkessels; rechts der Reb-manngletscher.

«Um 1/2 11 Uhr betrat ich als erster die Mittelspitze. Ich pflanzte auf dem verwetterten Lavagipfel mit dreimaligem, von Herrn Purtscheller kräftig sekundiertem ‹Hurra› eine kleine, im Rucksack mitgetragene deutsche Fahne auf und rief frohlockend: ‹Mit dem Recht des ersten Ersteigers taufe ich diese bisher unbekannte, namenlose Spitze des Kibo, den höchsten Punkt afrikanischer und deutscher Erde: Kaiser-Wilhelm-Spitze.›»

Es ist vollbracht. Umgeben von hohen Steilwänden, breitet sich unter ihnen der Kraterkessel aus, gefüllt mit Eis, Schnee und schwarzbrauner vulkanischer Asche. Darin, den blau und weiß abfallenden Eisterrassen am Nordrand näher, der Eruptionskegel. Nur im Westen ein großer Durchbruch, eine gewaltige Scharte in der steilen Umwallung, durch die ein Gletscher vom Kesselgrund abwärts drängt. Alle Elemente sind hier auf eigenartige Weise vereint: das Feuer unsichtbar in der Tiefe, dunkle Erde, gefrorenes Wasser, darüber die Luft in schwindelerregendem Blau – ein unendlich großes, indigoblaues Zelt, das der Gott der Swahili schuf, um die Menschen vor dem für sie unerträglichen göttlichen Licht zu schützen. Fern im Norden stehen Quellwolken über den Bergen um den Ngorongoro, im Westen ragen kupferfarben die Konturen des Merus auf, im Osten Mawenzis Drachenzähne. All dies inselgleich und hoch über der ziegelroten Ebene, über der haltlosen, verworrenen Welt der Menschen in einer Stille, die nur vom Wind und vom geheimnisvollen Knistern im Eis gebrochen wird.

Hans Meyers Bericht erwähnt solche Natureindrücke kaum. Das Schauspiel verläuft schließlich auch vor politischen Kulissen: Er wird nun zwangsläufig selbst zum «Flaggenhisser» – so nennt er abfällig die Männer um Carl Peters –, spricht von deutscher Erde, obgleich das ostafrikanische Schutzgebiet noch nicht vom Reich verwaltet wird. Als handliches Zeichen der Besitzergreifung nimmt er den obersten Stein der Gipfelkuppe mit. Er wird ihn später teilen: Ein Stück davon bekommt Kaiser Wilhelm II., der den höchsten Punkt des Deutschen Reiches künftig als Briefbeschwerer benutzt und hernach in den Zierrat des Grottensaales im Potsdamer Neuen Palais einarbeiten lässt, das andere behält Meyer. Es befindet sich heute im Besitz seiner Tochter.

Beim Abstieg gerät nicht allein das Geschenk für den Kaiser in große Gefahr: Meyer gleitet auf dem Gletscher aus, hängt nur noch an seinem eingehauenen Eispickel. Aber der hält und bewahrt beide Männer vor dem Absturz. Als sie das Eis überwunden haben, ist allein dieser Zwischenfall Anlass genug für eine kleine Feier, zu der Meyer ein paar Zigaretten und zwei Tafeln Schokolade beisteuert. «Und so groß war unser Übermut und unsere Genusssucht, dass wir die seltenen Herrlichkeiten auf einmal verschwelgten, ohne an spätere Tage der Entbehrung zu denken.»

Spätere Tage der Entbehrung? Was plant er noch? Hans Meyer hat den Kibo bestiegen, auf der höchsten Erhebung Afrikas gestanden, ihre vulkanische Natur sowie ihre Vergletscherung endgültig bewiesen und genügend Daten

Wer stand neben Hans Meyer auf dem Kibogipfel?

Die Antwort ist simpel: Ludwig Purtscheller. Dennoch wird von Eiferern, die vorgeblich Zuneigung zu den Völkern Afrikas bewegt – und die dergleichen vielleicht zunächst einmal an einzelnen Vertretern unserer Spezies erproben sollten –, manchmal behauptet, Meyer habe den Anteil afrikanischer Teilnehmer am Gelingen der Expedition verschwiegen. Da werden ihm die Wesenszüge eines Carl Peters unterstellt, da werden Namen von Afrikanern genannt, die ihn auf den Gipfel geführt haben sollen und in seinem Reisebericht unerwähnt blieben. Das alles ist unwahr, fußt bestenfalls auf den nicht vertrauenswürdigen Mitteilungen eines tansanischen Journalisten und wird nicht dadurch erhöht, dass es auf Stelzen daherkommt. Hans Meyer hat seine Begleiter – trotz seiner zeitgebundenen, abschätzigen Meinung über die bergsteigerischen Fähigkeiten von Afrikanern – auf dem Weg in die Gipfelregion stets gewissenhaft erwähnt: ob es nun Muini Amani, Msuri oder etwa Munifasi war, der Askari aus Pangani, der 1898 mit ihm auf den Drygalskigletscher stieg. Versäumt worden ist es dagegen auf einer Gedenktafel in Marangu, auf die sich die Stelzenläufer berufen, eben jene Männer und weitere Teilnehmer am Aufstieg zum Kibolager zu ehren, nur weil sie nicht aus Marangu stammten.

Am Parkzugang in Marangu angebrachte Gedenktafeln für Hans Meyer sowie für Bergführer und Träger, die den Gipfelsieg Meyers und Purtschellers ermöglichten.

und Material gesammelt, um Scharen von Wissenschaftlern für geraume Zeit zu beschäftigen. Er könnte umjubelt heimkehren, ein Leben lang von dem Ruhm zehren, der Erste gewesen zu sein, ohne sich weiteren Gefahren auszusetzen. Doch Meyer gehört zu den Menschen, die eigene Wertvorstellungen besitzen. Er wird hier nicht fortgehen, solange kein gründlicher Überblick gewonnen ist. Und für den fehlen ihm eine Durchquerung des Kraterkessels, der Blick in den Eruptionskegel, die Untersuchung der nördlichen und westlichen Hänge des Kibos, der Aufstieg auf den Mawenzi.

«Vor Sonnenuntergang saßen wir wieder einmal unter dem hoch aufragenden ‹Viermännerstein› neben unserm Zeltchen am brodelnden Reistopf. Während die letzten Sonnenstrahlen die Ränder des fernen Meru röteten und der Kibo im milden Abendglanz so vertraut herabwinkte, als wolle er die beiden einzigen Sterblichen grüßen, die er in seine Geheimnisse eingeweiht hatte, zogen meine Gedanken in die Ferne, zurück in die an Hoffnungen, Opfern und Enttäuschungen so übervoll gewesenen Jahre 1887 und 1888, und die Dankbarkeit gegen ein gütiges Geschick, die Genugtuung über das nun endlich Errungene machten mich an diesem Abend so reich, dass ich mit niemand in der Welt getauscht hätte.»

Mawenzi Hut. In der Hütte packt Jackson unsere Habseligkeiten aus und flucht noch immer. Jemand hat die Dielen herausgerissen und für ein Lagerfeuer benutzt. Wahrscheinlich waren es dieselben Leute, deren Hinterlassenschaft am Hang herumliegt: Antilopenknochen mit rosa Fleischresten daran. Wer hier ein Gewehr heraufschleppt, der kann ungestraft tun, was er will.

Es dunkelt. Schatten füllen die Täler, und die Felsen beginnen zu rauchen. Ihr Rot weicht dunklem Violett. Allein die Gipfelkonturen brennen noch im Sonnenlicht. In der Luft ein lautloses Rauschen – eine Stimmung zwischen Freude und Erschrecken.

Es ist nicht möglich, denke ich, dass man dort hinaufgeht und dann unverändert heimkehrt.

Mawenzi: Kibos geprügelter Nachbar

Der Turm der Winde

Blick vom Mawenzigrat zum Kibo. Links das tief hinabreichende Südliche Eisfeld, rechts – neben der Wolke – der Stufengletscher.

Wenige Tage nach dem Aufstieg zum Kibogipfel hetzt Mayer die Träger zu einem Lavahügel südwestlich des Mawenzis. «Leo tutakufa!» (Heute werden wir sterben!), seufzen die Geplagten beim Marsch durch nasskalten Nebel. In der Nacht darauf sinkt die Temperatur bis auf 9 Grad unter den Gefrierpunkt. Das sind in dieser Jahreszeit und in dieser Gegend normale Gegebenheiten, und man muss auch heutigentags frierend und geduldig einige Zeit suchen, wenn man Meyers «Mawenzilager» finden will. Es war wiederum erstaunlich weit vom Ziel entfernt. Einen Fingerzeig gibt die Bemerkung im Reisebericht, das Lager habe auf einem Hügel am Rand einer Mulde gelegen, die ostwärts zu quer liegenden Lavawällen und «Schildkrötenhügeln» führte. Die Mulde und die besagten Lavablöcke, denen eine besondere Form der Verwitterung und der Flechtenbewuchs das Aussehen von Schildkrötenpanzern geben, erblickt nunmehr, wer von der Mawenzi Hut zur von Horombo heraufführenden Upper Route geht. Sie liegen dann zur Rechten, kurz vor der Kreuzung der beiden Wege.

Das Mawenzilager ist ein unbehaglicher Ort, der Berg dahinter ein Albtraum: ein Gewirr von Türmen, Spitzen, Zinnen, Nadeln, Kuppen, Graten und Schneiden. Dazwischen Überhänge, Bänder, Kamine, Rinnen, Scharten und Lücken, darunter Blockfelder und Schutthalden – die Ruine eines Berges. Aber was für eines Berges: Hier gibt es kein Ebenmaß, keinen Ruhepunkt, nicht einmal für den Blick. Dieser Turm der Winde mit dem dritthöchsten Gipfel Afrikas birgt mehr Herausforderungen als ein halbes Dutzend Kiboaufstiege. Meyer und Purtscheller besichtigen skeptisch das Chaos aus Tuff und Lava. Sie beschließen, über die westliche Schutthalde und einen Seitenkamm hinaufzuklettern, der anscheinend zum Hauptkamm – es ist eigentlich ein scharfer, von Scharten und Lücken zerrissener Grat – und zu seiner höchsten Spitze hinüberführt. «Dass es eine sehr böse Partie sein wird, lehrt der bloße Anblick.»

Die böse Partie beginnt am 13. Oktober morgens um vier. Auch und insbesondere Bergsteiger haben ihren Aberglauben. Meyer wartet deshalb besorgt auf Muini Amanis «Na rudi salama!», wird nicht enttäuscht und wendet sich der moorigen Graslandschaft zu, die hier das Bild bestimmt: ein dramatischer Himmel, Nebel- und Wolkenfetzen, die schnell wie Vögel die Hänge umfliegen, dunkelgrüne Grasdecken, in die der Fuß tief einsinkt, die gelben Blüten schuppiger Euryopsstauden, dazwischen Losung und Fährten von Elenantilopen. Dann eine Schutthalde, auf der die beiden alle 50 Schritte für kurze Zeit rasten müssen, weil der Anstieg im Geröll sie erschöpft.

Ansichten vom Mawenzi: auf einer Zeichnung von Ernst Platz (1898).

Rechte Seite: Von der Kibohütte her gesehen (oben) und von Norden, vom Dach der Nguarohöhle (unten).

Hier wollen Henry Johnston und Otto Ehlers sich für ihre Kibofahrten aufgewärmt haben? «Zwei Drittel der Halde legten wir zurück, dann wandten wir uns der linken ungeheuren Lavawand zu, und nun begann die halsbrecherischste Felskletterei, die ich je erlebt habe. Wir legten uns das Manilaseil um den Leib und arbeiteten uns auf den schmalen Gesimsen und Köpfen der nach Norden einfallenden Lavaschichten und durch die Kamine vertikaler Spalten langsam einige 30 Meter hoch empor. Purtscheller, welcher vorankletterte, bewies eine Meisterschaft im Überwinden scheinbar unüberwindlicher Stellen, die ich [...] nicht für möglich gehalten hätte. [...] Erst seilte er die Eispickel nach, die uns bei diesem Felsklettern mehr hinderlich als dienlich waren, und dann folgte ich, immer wieder prüfend, ob die Vorsprünge und Ecken, an welchen sich mein leichterer Gefährte emporgezogen hatte, noch Halt für meinen schwereren Körper gewährten. Weit öfter ist der Versuch vergeblich, der Stein bricht aus, und die Wahl eines festeren Standpunktes kostet viel Zeit und Kraft. Die Hände hatten genau so viel zu arbeiten wie die Füße, denn die Steilheit und Zerrissenheit dieser Lavamauern ist ohnegleichen. Dutzend Male schwebte ich, mit dem Rucksack in einer Spalte festgeklemmt oder von Purtscheller am Seil gehalten, in der Luft, da die betretenen Felsvorsprünge morsch wegbrachen und sausend in die Tiefe stürzten.»

Für den Fall, dass man dieselben höllischen Passagen auch wieder absteigen muss, wird ihr Verlauf durch grellrote, mit Steinen beschwerte Papierfetzen gekennzeichnet. Freilich stimmt der Gedanke, es könne so kommen, beide äußerst unbehaglich. «Schnell, schnell hinunter, der Berg schlägt uns sonst tot!», ruft Purtscheller bald seinem Gefährten zu, als die Wärme der aufsteigenden Sonne nach allen Seiten abgehende Steinschläge auslöst. Zuvor, nachdem sie endlich den Kamm erreicht haben, von dem sie glauben, er münde in den zentralen Ma-

wenzigrat ein, bereitet der Berg ihnen noch eine herbe Enttäuschung: Bestürzt stehen sie vor einem Abgrund und müssen erkennen, dass ihr Querkamm durch eine tiefe Schlucht vom Hauptkamm getrennt wird. Stunden angespannter Kletterei, mühsamen Kriechens über schmale Simse waren vergeblich.

Meyer meint, eine Höhe von 5090 Metern erreicht zu haben, und beschließt, nun den Querkamm zu überschreiten. Seine Entscheidung gründet sicherlich auf dem Widerwillen vor einer Rückkehr auf den zuvor überwundenen Passagen. Das führt in diesem felsigen Irrgarten nur abermals an eine Schlucht. Erst nach langem Suchen wird eine vereiste Rinne gefunden, in der die beiden sich abseilen können. Auf unseren Karten trägt der Querkamm, auf dem sie sich plagten, nun den Namen «West Ridge»; die erwähnte Rinne ist wahrscheinlich jene, mit der die jetzige Western Outward Bound Route beginnt.

Am Nachmittag, nachdem sie 2 Stunden im Nebel umhergeirrt sind, erreichen sie endlich das Lager, in dem sie Muini Amani mit einem Hühnchen im Topf erwartet. Selbst dieses Festmahl hebt die Stimmung kaum, zumal ein Nachtisch aus angefaulten Bananen bald peinigende Durchfälle beschert. Während des folgenden Rasttages – so etwas gibt es in Meyers Gesellschaft natürlich nicht, also im Verlauf von Theodolitaufnahmen, Messungen und Sammlungen – starren sie immer wieder suchend auf die mehr als 600 Meter hohe Hauptwand. Tausende von Lavaschichten, prachtvolle Bänderungen durchziehen dort gelb, braun, rot, grün, blau oder in gemischten Tönungen das Gestein, aber es ist nicht dieses Farbenspiel, das ihre Blicke fesselt.

«Hier ist unsere Kunst zu Ende!», hatte Meyer auf dem Querkamm ausgerufen, doch es muss einen anderen Weg geben. Nach Süden zu zeigt Mawenzis zackiger Hahnenkamm eine tief und breit eingeschnittene Scharte. Vielleicht ist es von dorther möglich, seine höchste Spitze zu erreichen. So unternehmen sie trotz schlaflos verbrachter Nacht – noch immer quält die faule Bananenkost – am 15. Oktober einen erneuten Versuch. Der führt wiederum über die große Westliche Schutthalde (West Corrie), später jedoch direkt zu den Lavawänden des Hauptgrates. «Von einer Rinne in die andere, von einer Wand zur anderen dauerte die angestrengte Kletterei mit Händen, Füßen, Seil und Pickel eine gute Stunde. Da langten wir in einem schmalen Joch des Hauptgrates an, der höchsten Spitze des Mawensi näher als die große Scharte, die wir zuerst im Auge gehabt hatten. Von hier seilten wir uns in einer halben Stunde zu dem links über uns aufragenden Turm hinauf und sahen von seiner Höhe, dass unser Standpunkt noch durch zwei Spitzen vom 400 Meter fernen Hauptgipfel getrennt war, aber ein Vordringen auf dem zersplitterten, oft nur handbreiten Grat für zwei Mann ebenso unmöglich war wie ein seitliches Umgehen der Spitzen.»

Die Beschreibung verrät den Standort eindeutig: der 5095 Meter hohe, damals noch namenlose Klute Peak. Lediglich Borchers Peak (5115 m) und Purtscheller Peak (5125 m) trennten die beiden vom 5149 Meter hohen Hauptgipfel. Die Aussicht – neben dem Kraterkessel des Kibos das erregendste Bild im Kili-

«Der Mawenzi im Neuschnee, gesehen vom Sattelplateau.» (Fotografie von Hans Meyer)

mandscharogebirge – versöhnt sie: Ostwärts stürzt die Mawenziwand in krausem Gewirr aus zerrissenem Gestein wohl fast 2 Kilometer tief in einen gewaltigen, von zwei Schluchten durchzogenen Kessel. Dahinter, auf den Berghängen, das helle Grün von Bananenhainen, in der Ferne die glitzernden Scheiben der Seen Jipe und Chala, die graubraune Ebene und der Horizont, in den die grünen Umrisse der Taitaberge und die blauen von Pare- und Usambaragebirge gestreut sind. Ein Ausblick, wie er sonst nur Göttern vergönnt ist.

Wie an den Tagen zuvor, beendet gegen Mittag heraufziehender Nebel die Klettertour. Die Aufzeichnungen berichten nun von gemächlichem Lagerleben: Über die Missionsstation in Moshi hat Post aus der Heimat die Reisenden erreicht; Havannazigarren rauchend, sitzen sie lesend in der Gesellschaft zutraulicher Steinschmätzer vor dem Zelt, bis abends Schneegestöber die Sattellandschaft verhüllt. Hinterlässt der wiederum vergebliche Aufstieg keinerlei Bitterkeit? Wir hören nur, Purtscheller beklage, dass der Mawenzi nicht gemacht werden könne. Hans Meyer dagegen entscheidet, hier sei genug für die Wissenschaft getan worden.

Sie wenden sich also am 17. Oktober den nördlichen Kibohängen zu. Ihre ohnehin nur schwache Hoffnung, dort könnte vielleicht ein verhältnismäßig leichter Anstieg zu der anders als auf der Südseite zungenlos auf dem Kraterrand liegenden Eiskrone führen, wird zunichte, obwohl «ein anderer Reisender erzählt hatte, er sei hier nur mit einem Stock bewaffnet hinauf spaziert». Damit ist Otto Ehlers gemeint, der Mann, der dort Kognak getrunken und auf den Gletschern des nordwestlichen Kraterrandes gestanden haben will. Stattdessen lassen eng beieinander liegende Steilrippen, die von tiefen, mit scharfkantigem Schutt gefüllten Mulden getrennt werden, die beiden nur langsam vorankommen. Außer mit dem Peilkompass erlangten Vermessungslinien erbringen 10 Stunden angestrengten Kletterns dabei nicht mehr als Ausblicke auf den

Nyumba ya mungu – die Biwakhöhle am Westrand des Sattelplateaus; Zeichnung nach einer Fotografie von Hans Meyer.

schmalen Waldgürtel im Norden. Immerhin führt die mörderische Tour 5660 Meter hoch hinauf bis zu einer Gletscherzunge im Nordwesten und zur Gewissheit, dass dort niemand mehr nach einer Konservendose forschen muss, die Otto Ehlers' Visitenkarte enthält.

Um während künftiger Besteigungen Zeit zu sparen, sucht Meyer nach einer dem Gipfelberg nahe liegenden Biwakhöhle und findet sie nördlich von den «Drillingen» (Triplets) am Osthang des Kibokegels: nach seinen Messungen 4690 Meter hoch und senkrecht unter der Scharte im Eiskranz, die 1887 sein unerreichtes Ziel gewesen war. Das Innere dieses Unterschlupfes beschert ihm dann großes Erstaunen. Er entdeckt darin eine alte Feuerstelle, Knochenreste, die wahrscheinlich von Elenantilopen stammen, und Bananenbastseile. «Robinson kann auf seiner einsamen Insel bei der Entdeckung von menschlichen Fußspuren nicht mehr verwundert gewesen sein als wir hier.» Vermutlich waren es Ndorobo, Angehörige eines kleinwüchsigen, den Buschmännern Südafrikas gleichenden und häufig in Gruppen unter Maasai oder Nandi lebenden Jägervolkes, die dort ihre Beute verzehrten. Eigenbrötler also. Man schätzt die Ndorobo am Kilimandscharo nicht sonderlich. Die Chagga verehren nämlich den Mond, und vor langer Zeit, so wird es in Ostafrika erzählt, war der Mond den Menschen einmal sehr viel näher, glänzte rund und voll wie ein großer schöner Vogel über der Steppe. Bis ein Ndorobo nicht widerstehen konnte und mit einem vergifteten Pfeil nach ihm schoss. Da zog der Mond sich weit in das All zurück, und das Pfeilgift, das in ihn eindrang, ruft noch jetzt die Mondphasen hervor.

Dies ist nun die wirkliche Hans-Meyer-Höhle, eine, die diesen Namen verdient: erheblich tiefer, als der Forscher damals berechnete, am Rande des Sattels und unweit von einer leicht ansteigenden Talfurche gelegen, die heutige Bergwanderer zur Kibohütte führt. Berichte von Carl Uhligs (1901) und Donald V. Lathams (1926) Kilimandscharotouren enthalten Fotografien davon. Die von den Chagga «Nyumba ya mungu», das Haus Gottes, genannte Höhle ist Bestandteil mehrerer, durch den Zusammenbruch großer Felsblöcke entstandener Hohlräume. Bis zum Bau der ersten Kibohütte im Jahr 1932 diente sie fast allen Bergsteigern dort als Biwak und wurde in der deutschen Kolonialzeit schlicht «Biwakhöhle» genannt. In den Zwanzigerjahren, während der britischen Herrschaft, kam dann der Name «Hans Meyer Cave» auf, aber die Erinnerung daran ging verloren, und man übertrug inzwischen den Namen auf eine halbwegs zwischen Kibohütte und Gillman's Point liegende Höhle.

Muini Amani bezieht das neue Quartier mit saurer Miene. Selbst am Mawenzi war es angenehmer: Träger aus dem Mittellager brachten gekochte Boh-

nen und gebratene Hühner herauf, es gab Wasser, und Euryopsstauden lieferten Brennmaterial. Hier aber siedet das Wasser schon bei etwas mehr als 80 Grad, die Bohnen bleiben also hart. Die Umgebung ist ohne Quellen und Pflanzen, die Temperatur fällt nachts bis auf –14 Grad. Vielleicht treibt es Muinis unruhige Weggefährten deshalb bereits in der ersten Nacht eine der nahen Schutthalden hinauf, von der sie über zersplitterte Lava- und Obsidianfelder nach fast 6 Stunden den Eiskranz auf dem Kraterrand erreichen. Vor ihnen liegt die teilweise eisfreie Scharte, die später nach Meyer benannt wird (Hans Meyer Notch). Zur Rechten verläuft eine bisweilen überhängende, 60 bis 70 Meter hohe Eismauer nach Norden. Links, etwa 200 Meter tiefer, erstreckt sich die Eiswand, an der Meyer vor zwei Jahren umkehren musste. Es erscheint nicht mehr schwierig, durch die Scharte in den Kraterkessel zu steigen und zum Eruptionskegel hinüberzugehen. «Heute geht's fix!», ruft Purtscheller befriedigt seinem Begleiter zu. «Wenn keine Überraschungen kommen, sind wir in einer Stunde drüben auf dem Kegel und um Mittag schon wieder im Biwak!» Aber die Überraschungen kommen bald: «Das Eisfeld, welches sich bis zum Fuß des Ausbruchskegels im Grund des Kessels hin erstreckt, ist von Sonne, Wind und Schmelzwasser an seiner Oberfläche fürchterlich verwittert und zerfurcht. Ohne zeitraubendes Zögern stiegen wir in das Chaos hinein; von Spitze zu Spitze, von Schneide zu Schneide suchte sich der Fuß einen festen Halt, aber oft tru-

Inzwischen längst entblößt von dem von Hans Meyer geschilderten, um 8 Meter hohen Eiskranz: der südliche Rand des Kraterkessels.

Die Hans-Meyer-Scharte; Zeichnung nach einer Fotografie Meyers.

gen die Eistafeln die Körperlast nicht und ließen uns bis unter die Arme in die engen Spalten einbrechen. Die Knie und Arme wurden wund bei solcher Arbeit, die Hände trotz der Handschuhe gefühllos. Und je weiter wir hinabkamen, desto schlimmer wurde es.»

Dergleichen war zu erwarten. Verblüffend ist dagegen, was da in einer Eisspalte gefunden wird: eine tote Antilope, «ein Tier der kleinen Art, die wir auf den oberen Grasflächen häufig aufgescheucht haben». Ein Grauer Buschducker vielleicht, der wahrscheinlich das Eis überwinden konnte, als es verschneit war, und dem dann die Kraft zur Rückkehr fehlte. Zweifellos ein überaus merkwürdiger Fund, «und das Vorkommen selbst eines toten Säugetieres in einem 20 000 Fuß hohen, vereisten Krater grenzt an das Fabelhafte.»

Dass ein weiterer Marsch über die Eisfelder im Kraterkessel für sie ähnlich wie für die Antilope enden kann, wird zuerst Purtscheller klar. Meyer fügt sich widerstrebend. Sie besteigen darauf die Eiskuppe im Süden der Scharte und nehmen Vermessungen vor. Ein letzter Blick auf die wunderbaren Formen und Farben der Gletscher und Eisgalerien, ein letztes Winken hinüber zum Gipfel mit dem kaiserlichen Namen, denn von Norden zieht Nebel heran. Der Abstieg, der größtenteils aus Abfahrten – Rutschpartien über lockeren Schutt – besteht, geht schnell vonstatten. Es bleibt Zeit genug, um noch über den Roten Mittelhügel (Middle Red Hill) im Sattel hinwegzuklettern. Muini Amani, bereits mit einem Brennholzbündel allein auf dem Rückweg zum Mawenzilager, sieht dem Treiben befremdet zu und ahnt sicherlich schon, dass seine Leiden mit diesem Tag nicht enden werden. Er erfährt es bald: Einmal noch soll versucht werden, den Mawenzigipfel zu erreichen.

Ein geeigneter Einstieg scheint sich diesmal über den vom Hauptkamm nach Nordwesten abzweigenden Kamm anzubieten. Tatsächlich führt diese Vermutung in die Nähe der Oehlerrinne, in der 1912 erfolgreichere Nachfolger aufsteigen werden. Aber Meyer und Purtscheller bleiben glücklos. Als sie bei Sonnenaufgang auf dem Nordwestkamm stehen, erkennen sie: «Dem jähen Hauptkamm war auch von hier aus nicht ohne hundertfältiges Versuchen bei-

zukommen, wozu uns keine Zeit gegeben war.» Weithin schweifen die Blicke nach Norden über die Sattelwüste, über graugrüne Grasebenen und den lichten Waldgürtel bis zu den glitzernden Salzrändern der Amboselisümpfe. Und man erfährt nebenher, weshalb Meyers Beschreibungen vom Kilimandscharo so ungleich detailreicher als die seiner Vorgänger und Nachfolger sind: Er notiert seine Eindrücke in jedem dafür geeigneten Augenblick. Da heißt es nämlich, es sei während dieser Mawenzitour so kalt gewesen, dass seine froststarren Hände trotz der wollenen Handschuhe nicht imstande waren, «die Bleifeder zu führen».

Mawenzi Tarn und Mawenzi Tarn Hut mit dem Biwakplatz. In der Hütte wird das Gipfelbuch für den Mawenzi verwahrt.

Um die Nordecke (5135 m) herumkletternd, erreichen die beiden sodann den Nordostkamm und entdecken dabei Mawenzi Tarn, den einzigen dauerhaften Bergsee in diesem Gebiet. Als sie die Scharte nahe bei einer nunmehr Wissmann Peak genannten Spitze betreten, sehen sie nochmals auf das wüste Panorama tiefer Schluchten herab, die auf heutigen Karten Lesser Barranco und Great Barranco heißen. Wieder im Biwak, gönnt Hans Meyer sich ein wenig heilsamen Hochmut: «Es ist wahr, zum völligen touristischen Erfolg fehlt uns die Besteigung des höchsten Mawensigipfels, aber [...] geographisch zu erforschen haben wir am Mawensi nichts Wesentliches übrig gelassen. Mögen Nachkommende an seinen Stielzacken touristische Lorbeeren pflücken.» Der darin anklingende Groll war ebenso verständlich wie grundlos. Sicherlich, die

Ernst Platz (1898): Landschaft am Weruweru.

Normalroute zum höchsten Mawenzigipfel galt schon einige Jahrzehnte später als nicht sonderlich schwierig. Dass sie nicht ungefährlich ist, zeigt heute eine Gedenktafel am Einstieg. Und wer möchte dort wohl noch in Bundhosen und Lodenjacke umherklettern, mit genagelten Schuhen, mit einem Hanfseil, das in der kalten Nässe steif wie ein Drahtseil wird, und mit einem Pickel, der eher einer Spitzhacke gleicht?

Häuptling Mareales Freundschaft ermöglicht es Meyer und Purtscheller, noch bis Ende November 1889 forschend im südlichen Kilimandscharogebiet umherzuziehen. Dem Kibo am nächsten sind sie dabei während eines Aufenthalts in der Landschaft Machame. Von dort gesehen, zeigt der Berg sich schroffer und wilder als aus anderen Richtungen: «Die gewaltigeren Eismassen auf dieser Seite, die energischere geologische Gestaltung, die ausgedehntere Urwalderstreckung, die nach Westen gerichtete Abzweigung des mächtigen zerrissenen Schirakammes, der breitere Auslauf der Basis vereinigen sich zu einem so grandiosen Bergbild, wie es keine andere Seite bietet.» Die wuchtigen, langzüngigen Gletscher, die steilwandige Bresche, die den Kibo im Südwesten spaltet, der schäumend und eiskalt herabstürzende Weruweru – das alles ist überaus eindrucksvoll und malerisch, aber wohl nicht Meyers liebstes Bild vom Berg, auf dessen Gipfel er als Erster stand. Es erweckt nicht die Stimmung im flechtenverhangenen Märchenwald am Kifinikabach, erinnert nicht an den Duft des Hochmoores nach dem Regen, als er durch blühende Zuckerbüsche und nebelumwehte Gespensterbäume hinaufging. Es ist großartig, doch von dorther hat er nicht gesehen, wie ein roter Widerschein die Abendwolken färbte, nicht auf die Lagerfeuer der Maasai in der Steppe geblickt.

Hans Meyer und Ludwig Purtscheller verlassen das Kilimandscharogebirge am vorletzten Novembertag des Jahres 1889. Meyer glaubt damals, dass er es niemals wiedersehen wird.

AUF DEM «EIGER AFRIKAS»

Der Schweizer Fritz Lörtscher, einer der bedeutendsten und erfolgreichsten Bergsteiger im Kilimandscharogebirge, wandte sich im Februar 1961 dem Mawenzi zu. Nach drei vorhergehenden Kibobesteigungen glaubte er dafür genügend vorbereitet zu sein und erreichte gemeinsam mit dem einheimischen Bergführer Syara Kisaka die Hans-Meyer-Spitze. Sah man ab von Stein- und Eisschlägen, die Lörtscher wohl nur deshalb überlebte, weil ein herabfallender Felsbrocken nicht seinen Körper, sondern den Rucksack traf, bot die Tour kaum technische Herausforderungen.

In erheblich größere Schwierigkeiten, in einen «Tanz auf dem Vulkan», gerieten Lörtscher und Kisaka wenige Tage später auf einer zuvor noch nicht begangenen Route zum South Peak: «Jäh und unvermittelt glitt eine mehrere Kubikmeter messende Felspartie, auf der ich eben stand, nach links über eine abschüssige Platte. Im letzten Moment konnte ich abspringen und mich an einem schroffen Zacken anklammern, während der große Brocken auf einem unter uns liegenden Band in tausend Stücke zersprang. [...] Jetzt war mir der Rückweg abgeschnitten, und ich war von meinem schwarzen Bergkameraden getrennt, denn der nun zwischen uns liegende Spalt war mehr als drei Meter breit [...]. ‹Ninaḳataa, bass›, versuchte mir Syara über die uns trennende Kluft zu erklären: Er mache nicht mehr mit, punktum! Für mich war die Lage keineswegs gemütlich, es war mir nicht mehr zum Klettern.»

Lörtscher, dem nur der Weg nach oben offen blieb, ging allein auf dem Grat weiter, erreichte den Gipfel und stieg – wiederum in einem Hagel aus Steinen – über steile, verschneite Platten und durch ein System sehr abschüssiger, teilweise vereister Spalten und Kamine ab. Dabei erlebte er noch einmal augenfällig die Brüchigkeit der verwitterten Felspartien: «Eine gut drei Meter hohe Felsnadel, an der ich mich hielt, brach unvermittelt in der Mitte ab und stürzte krachend in den Kessel, einen durchdringenden Schwefelgeruch zurücklassend. Es war wahrlich manchmal wie ein Tanz auf dem Vulkan, jeder Tritt und Griff musste mehrfach geprüft werden, ehe man sich ihm anvertrauen konnte, und manch einer erwies sich als trügerisch.»

«Letztlich besteht das eigentliche Gerüst des Daseins weder aus der Familie noch aus der Karriere, noch aus dem, was andere Leute von einem denken oder sagen werden, sondern aus einigen Augenblicken dieser Art, in denen man durchwallt wird von einem Gefühl, das noch gelassener ist als die Liebe. Das Leben teilt sie uns so sparsam zu, wie es der Schwäche unseres Herzens angemessen ist.»

Nicolas Bouvier, «Die Erfahrung der Welt»

«Dieweil ich dieses eins ums andere bestaunte […], schien es mir gut, in das Buch der Bekenntnisse des Augustin hineinzusehen […]. Ich rufe Gott zum Zeugen an […], dass dort, wo ich die Augen zuerst hinheftete, geschrieben stand: Und es gehen die Menschen, zu bestaunen die Gipfel der Berge und die ungeheuren Fluten des Meeres und die weit dahinfließenden Ströme und den Saum des Ozeans und die Kreisbahnen der Gestirne, und haben nicht Acht ihrer selbst.»

Francesco Petrarca, «Die Besteigung des Mont Ventoux»

Der Schattenkreis

Shira Camp. Draußen stellt Jackson wie an jedem Morgen das Schüsselchen mit warmem Wasser vor mein Zelt. Wie viele Afrikaner es können, sieht er durch das bisschen Leinwand hindurch und weiß, dass ich wach bin.

Als ich den Reißverschluss öffne, weht der bittere Geruch der Heide herein. Wind wühlt in den Sträuchern, kehrt die silbrigen Unterseiten der Blätter nach oben. In der Nacht habe ich von diesem Landstrich geträumt. Krächzende Flugechsen mit faltigen Kehlsäcken und krallenbewehrten Pergamentflügeln schwebten darüber. Noch beim Erwachen funkelten ihre bösen Augen im Zeltdunkel. Man schläft hier schlecht. Das Herz schlägt hoch im Hals, manchmal beginnt der Puls ohne ersichtlichen Grund zu rasen.

Zwischen unserem Biwak und dem Shirakamm liegen Wolken wie ein gefrorenes Meer. Darauf wandert langsam ein riesiger Schatten über das Land der Chagga: der Schatten des Kibos.

Wo das Wasser aufwärts fliesst

Ruinen des Shiravulkanes, hinten der Shirakamm, in der Ansicht vom Biwakplatz auf dem Shiraplateau.

Als Johannes Rebmann das Kilimandscharogebirge für Europa entdeckte, bildeten die an den Hängen siedelnden Afrikaner keine sprachliche und keine ethnische Einheit. Was sie verband, war allein die Gegebenheit, Bewohner der «Landschaft Chagga» zu sein. Dieser Begriff hat sich bis heute in der Bezeichnung «Uchaggani» für die ungefähr zwischen 1250 und 1700 Metern liegende, von Savanne und Bergwald begrenzte Bodenkulturzone am Kilimandscharo erhalten. Inzwischen verstehen die Nachfahren der vor mindestens 600 Jahren im Verlauf mehrerer Besiedlungswellen in die fruchtbarsten Gebiete – vom westwärtigen Meru und Siha bis hin nach Rombo und Gweno im Osten – eingewanderten Menschen «Chagga» als ethnische Identität. Ursprünglich sind sie wohl aus Gebieten um die durch Somalia und Kenia verlaufenden Flüsse Juba und Tana gekommen. Insgesamt besehen, entstammen die Ahnen der Chagga jedoch einem großen Kreis ethnischer Gruppen, darunter Maasai, Kamba, Pare, Taita, Sambaa und andere. Von den ursprünglichen Bewohnern Uchagganis weiß man wenig. An den westlichen Gebirgshängen sind steinerne Schüsseln sowie Werkzeuge aus Obsidian ausgegraben worden, und einheimische Legenden beschreiben die einst angetroffene Urbevölkerung als kleinwüchsig und hellhäutig. Ob sie vertrieben wurde oder unter den Ankömmlingen aufging, ist ungewiss. Den Legenden zufolge flohen jene Menschen auf den Kibogipfel, wo sie noch heute in einem Zwergenreich mit ellengroßem Vieh und winzigen Maisfeldern leben sollen. Andere Überlieferungen behaupten, sie seien einfach in der Erde verschwunden.

Angesichts der achtbaren Leistungen ihrer Träger – die überdies ohne Klagen, ja oft mit unverwüstlicher Heiterkeit vollbracht werden – vermeinen Bergtouristen oft, die Chagga seien so etwas wie die an das Leben im Hochgebirge angepassten Sherpas. So fand auch Clement Gillman, der 1921 die Flagge Großbritanniens auf den Kibo trug, zuneigungsvolle Worte für diese Völkerschaft: «Wie es erwartet werden darf, sind die in einer derart prägenden Umwelt lebenden und harte, aber auch gesunde Arbeit gewohnten Menschen wohlgebaut, kraftvoll und ausdauernd. Es ist ein wunderbarer Anblick, ihre schlanken, gerade gewachsenen Frauen zu sehen, wie sie graziös mit riesigen Strohbunden einen steilen, vom Regen durchweichten Pfad hinabgehen. Und was die Männer betrifft, gaben unsere Träger uns ein gutes Beispiel ihrer Ausdauer. Während wir nach Atem rangen, stiegen sie uns voraus und trugen dabei unsere schwere Ausrüstung. Während wir fröstelnd und dick bekleidet auf wei-

«Hausbau der Chagga»; Fotografie Bruno Gutmanns vom Beginn des 20. Jahrhunderts.

chen Matratzen in der Hütte lagen, saßen sie lachend und schwatzend auf der blanken Erde im zweifelhaften Schutz eines Strohdaches oder einiger Wellblechplatten. Während wir unsere Körper mit Lebensmittelkonzentraten stärkten, aßen sie ein paar halbfaule Bananen, und der heiße Tee mit Zucker, den sie von uns bekamen, erschien ihnen als Luxus. Im Verlauf der gesamten Tour gaben sie uns nicht nur niemals Gelegenheit zur Beschwerde, sondern waren beständig der Gegenstand unserer Bewunderung.»

Sherpas sind sie freilich dennoch nicht. Gern erfüllt man heute die manchmal von Trägern vorgetragenen Bitten um Aspirin, glaubt aber nicht selten, die Tabletten würden späterhin verkauft. Jedoch wurden die Chagga von ihrer Herkunft nicht besser auf eine Hochgebirgstour vorbereitet als die meisten Bergwanderer. Sie sind Bauern, deren Lebensraum am Unterrand des Bergwaldes – nicht etwa in einer Höhe von 3000 Metern wie im Himalaja – endet und deren Fähigkeiten und Vorzüge anderen Bereichen angehören. Zum Beispiel berichtete der Botaniker Georg Volkens am Ende des 19. Jahrhunderts aus dem Chaggaland: «Wohl kein Stamm Central-Afrikas hat das Berieselungswesen auf eine solche Höhe der Vollkommenheit gebracht. [...] Bewundernswert bleibt es [...], wie sie ohne Nivellierinstrumente dem Wasser nach jeder Richtung hin den gewünschten Weg zu geben wissen. So manches Mal, wenn wir einem Dschagga bei der Anlegung eines Rieselkanals zusahen, hatten wir das Gefühl, der Mann will das Unmögliche, er will das Wasser bergaufwärts leiten. Stets stellte sich heraus, dass sein Augenmaß ihn die Gefällsverhältnisse hatte richtiger beurteilen lassen als das unsrige.»

Schon von afrikanischen Legenden über Uchaggani wird erzählt, dort fließe das Wasser aufwärts, und noch heute vermag das Bewässerungssystem am Kilimandscharo mit seinen Kanälen und Aquädukten, dessen Hauptkanäle

Landschaft im Chaggaland mit einem Aquädukt. Illustration aus Carl Claus von der Deckens Reisebeschreibung.

insgesamt fast 2000 Kilometer messen, Staunen zu erregen. Es verrät etwas vom bedachtsamen Fleiß der Menschen, die es verstanden, die Gaben der Natur – die mineralreiche vulkanische Erde und das aus dem Bergregenwald herabströmende Wasser – schonend zu nutzen. Darüber vergisst man leicht, welche Wirkungen die Bewässerungstechnik überdies in der Gesellschaft hervorrief: etwa eine Verbesserung dessen, was wir heute Infrastruktur nennen, denn die Kanalränder bildeten ein Wegenetz oder, noch viel tiefgreifender, die Entwicklung eines Rechtssystems, das festschrieb, wer zu welcher Zeit sein Wehr öffnen durfte und wer für die Instandhaltung der Kanäle verantwortlich war.

Das Kanalnetz formte auch die Besiedlung. Vorwiegend lebt man in Streusiedlungen: Gehöfte und Stallungen stehen in der Mitte der Pflanzungen, deren Grenzen von Hecken und Kanälen gezogen werden. Sie umschließen jenen Bereich, dessen Bezeichnung Kihamba – das Chaggawort für Garten oder Pflanzung – inzwischen zum Begriff für ein komplexes Ökosystem wurde. Darin wachsen Schatten spendende Mango- und andere Bäume, die den Boden vor Austrocknung schützen. Das Stockwerk darunter bilden häufig Bananenstauden, und auch deren Blattwerk vermindert die Sonneneinstrahlung, so dass zwischen oder unter ihnen noch Mais, Kaffeesträucher oder Hirse gedeihen. In der bodennahen Zone werden Gemüse wie Kürbisse, Auberginen und Tomaten angebaut, bevor die Kihamba sich unterirdisch mit Bataten, Maniok oder Jamswurzel fortsetzt. Dem europäischen Betrachter erscheint dergleichen zunächst

Maismehl der Marke «Kibo» als Kopflast. Dieser Träger auf der Machameroute trägt außer dem Gepäck eines Touristen das Mehl, aus dem die Grundnahrung der Chagga zubereitet wird: «uji» (Maismehlsuppe) und «ugali» (Maismehlbrei).

nur chaotisch, zumal abgetrennte Blätter und Stängel nach der Ernte auf der Erde liegen bleiben. Das sieht nachlässig aus, obgleich auch wir beginnen, uns an den Anblick von Mulch zu gewöhnen. Zudem fragt man sich, was man in einer Kihamba wohl mit Maschinen ausrichten könnte. Aber die Vorteile solcher mehrstöckigen Mischkulturen sind dann doch offenkundig: vortreffliche Bodennutzung bei verhältnismäßig geringem Wasserbedarf, verminderte Anfälligkeit gegen Schäden, von denen Monokulturen heimgesucht werden, und die Möglichkeit, durch Wechsel in der Bepflanzung schnell auf veränderte Marktforderungen zu reagieren.

Wer außerdem noch gesagt bekommt, dort werde dreimal im Jahr geerntet, nämlich nach den beiden Regenzeiten und nach der Bewässerung, der wird paradiesische Zustände erwarten. Wirklich zeigt ein Marsch durch Marangu dem zum Parktor gehenden Bergtouristen, was Afrika sein könnte, wenn es genügend Wasser gäbe. Wie schon erwähnt, sind die Umstände in den im Regenschatten liegenden Gebieten anders beschaffen. In den fruchtbaren Landschaften und an ihren Rändern drängt sich deshalb eine überaus zahlreiche Bevölkerung zusammen. In der Verwaltungsregion Kilimanjaro sind es derzeit 1,4 Millionen Menschen auf 13 000 Quadratkilometern. Das bleibt nicht ohne Folgen: Durch die Erbgesetze der Chagga sind die Anbauflächen inzwischen fast bis zur Handtuchgröße zerstückelt worden, das Wasser reicht nicht mehr aus, es gibt kein kultivierbares Land mehr, keine Weideflächen, kein Tierfutter, kein Brennholz und kaum noch Arbeit – die Kleinindustrie in Moshi und der Tourismus bringen da wenig Erleichterung.

«Gemach, gemach!», mag da mancher einwenden. «Während einer Pressekonferenz im Januar 2000 gab der Chief Warden des Kilimandscharo-Nationalparks bekannt, allein die 1154 Millenniumstouristen am Berg hätten 1,2 Millionen Dollar in der Region Kilimanjaro gelassen. Bei derzeit mehr als 25 000 Touristen jährlich macht das mindestens 26 Millionen Dollar!» Das ist fast richtig, wenngleich die Parkgebühren damals zeitweilig verdoppelt wurden. Aber jeder weiß auch, dass Einnahmen und Verteilung völlig unterschiedliche Dinge sind. Gewinne der Parkverwaltung zum Beispiel fließen auch den weniger vom Tourismus begünstigten Reservaten zu. Und am unteren Ende der Verteilungsskala bleibt schließlich nur Kleingeld übrig: Wer gern rechnet und dabei die Kaufkraft des Geldes berücksichtigt, kann leicht herausfinden, dass ein Träger heute nicht erheblich mehr verdient als in der gern geschmähten Zeit, in der Hans Meyer zum Kilimandscharo zog. Verbessert hat sich nur eines: Das vorgeschriebene Gewicht der Traglasten ist verringert worden. 15, höchstens 20 Kilo sollen es am Berg sein, und man sieht zuweilen Angestellte der Parkverwaltung mit Federwaagen umhergehen, die das Gewicht kontrollieren. Nicht alle davon sind unbestechlich. Sind sie es doch, hindert dergleichen erwerbstüchtige Bergführer nicht daran, unterwegs Träger zurückzuschicken und die Lasten neu zu verteilen. Einer Meldung der Gewerkschaft Kilimanjaro Guides and Porters

KIBO
KIBO

Clement Gillmans Urteil besteht: Auch in unserer Zeit erregen Leistungen, Ausdauer und die unaufdringliche Freundlichkeit der Träger Bewunderung.

vom März 2004 zufolge werden manchmal Lasten bis zu 50 Kilogramm getragen – bei einer Verpflegung, die ausschließlich aus «uji», Maissuppe, besteht und die nach der Tour zu bezahlen ist.

Dem Bevölkerungsdruck, der überdies mit allgemeiner Verarmung einhergeht, kann selbst der Kibo nicht ewig standhalten: Bei der letzten umfassenden Bestandsaufnahme aus der Luft wurden an seinen Hängen 18 illegale Ansiedlungen, 125 Holzkohlenmeiler, die Stümpfe von weit mehr als 8000 heimlich geschlagenen Urwaldriesen und zahlreiche verborgene Viehweiden aufgespürt. An 88 Stellen wurden Spuren größerer Erdrutsche bemerkt. Überdies fand man mehrere tausend Hektar Bergwald durch Brände vernichtet: das Werk von Köhlern, Honigsammlern, Wilderern und leichtfertigen Menschen, aber auch von Blitzen. Gut gemeinte Vorschriften und Aufforstungsprogramme hatten bislang weniger Erfolg als die Waldschutzverordnungen der Kolonialmächte – sicherlich, damals gab es dort weniger Menschen, mit denen man zudem gewaltsam verfuhr. Irgendwann werden deshalb wohl Schlammlawinen brüllend den Berg hinabfegen. Die klaren Bäche, der brausende Weruweru und sein Geschöpf Pangani werden sich braun färben, und es könnte sein, dass die trostlose Gipfelwüste dann erst in der Ebene endet.

Warum? Die Probleme der Region – man sucht sie inzwischen durch Umsiedlungen zu lösen – können hier nicht einmal benannt werden, aber eines der tiefgreifendsten scheinen die mit dem Klimawandel verbundenen geringeren Regen- und Schneefälle zu sein. Letztere sind Ursache für das Verschwinden der Gletscher, die nur noch von ihrer Substanz zehren und nicht mehr genährt werden. Naturfreunde sehen es mit Entsetzen, aber für den Wasserhaushalt um das Gebirge wird der Verlust der Gletscher nur geringfügige Folgen haben: 96 Prozent des Wassers stammen aus dem Waldgürtel, wo es als Regen niedergeht oder aus Wolken kondensiert. Die fortschreitende relative Trockenheit hat nun dazu geführt, dass der Streifen aus Baumerika am oberen Waldrand beständig zurückweicht und die frei werdende Zone von Helichrysumbüschen und anderen Niedriggewächsen besiedelt wird. Diese sind im Gegensatz zu Erica trimera und anderen Baumerikaarten sehr feuergefährdet und gleichzeitig gute Überträger von Bränden. Geschätzt wird, dass während der letzten 120 Jahre mehr als 300 Quadratkilometer des Waldgürtels – ein Drittel des jetzigen Waldbestandes am Kilimandscharo – verloren gingen. Allein seit 1976 verbrannten dort 130 Quadratkilometer Wald. Es kommt zu einem verworrenen Zusammenspiel: Wo kein Wald ist, findet keine Nebelkondensation statt, es wird also trockener; Regen fällt noch, spült aber die entblößte Erde am Waldrand fort und verringert damit seine Ausdehnung. Hinzu tritt der Mensch – Brandrodung betreibend, Bäume fällend, Holzkohle brennend, ungelöschte Lagerfeuer zurücklassend. Am Ende stehen unumkehrbare Zerstörungen, ein kahles Gebirge und hungernde Anwohner. Ob das wirklich eintritt, wird nicht zuletzt vom Erfolg der Panda-Miti-Bewegung («Pflanzt Bäume!») unter den Chagga abhängig sein.

Bergführer und Träger

Es ist untersagt, den Kilimandscharo-Nationalpark ohne Führer und Träger zu besuchen, die wiederum von einem in Tansania eingetragenen Unternehmen gestellt werden müssen. Natürlich unternehmen Touristen dennoch hin und wieder Alleingänge, um Entlohnung, Hütten- oder Zeltgebühren, Park- und Rettungsgebühren zu umgehen: ein aufregendes Vorhaben, denn der illegale Bergwanderer muss die Nähe von Routen meiden, weil Führer, Träger und Hüttenwarte verpflichtet sind, den Rangern Begegnungen mit Einzelgängern zu melden. Darüber hinaus wird nicht oder viel zu spät vermisst, wer nicht in die Listen an den Zugängen eingetragen ist, und es ist schon eine beträchtliche Anzahl sparsamer Wanderer spurlos verschwunden.

Die Führer sind meist sachkundige Männer, obgleich ihre Ausbildung Bereiche wie erste Hilfe, Wetter- und Naturkunde oder gar Geschichte kaum berührte. Sie haben als Träger begonnen, sind dann Assistent Guide, Guide und vielleicht Chief Guide geworden und waren nicht selten schon mehrere hundert Mal auf dem Kibo. Erwartungen und Schwächen ihrer Kunden sowie viele mögliche Zwischenfälle am Berg sind ihnen vertraut. Anders verhält es sich mit den Trägern. Einige werden von Trekking-Unternehmen fest angestellt und in manchen Fällen sogar ausgebildet. Aber das ist die Ausnahme. Gemeinhin sind es arbeitslose Jugendliche – etwa drei Viertel der jungen Männer in den Ortschaften am Kilimandscharo sind arbeitslos – oder Bauern, die außerhalb der Aussaat- und Erntezeiten ein Zubrot verdienen wollen.

Auf der Maranguroute soll ein Träger pro Tag 3000 Schilling – derzeit etwas mehr als 3 Dollar – bekommen, auf der Machame- oder der Umbweroute das Doppelte. So gering das angesichts der schweren Arbeit auch erscheinen mag: Einem Tansanier beschert es das Gehalt eines Lehrers, sofern er nur für eine Tour im Monat verpflichtet wird. Er bekommt es freilich meist nicht, weil manche Bergführer ihm einen Vermittlungsanteil abfordern oder Trekking-Unternehmen das Überangebot an Arbeitskräften ausnutzen. Da bleibt dann nur die Hoffnung auf ein Trinkgeld und darauf, dass es gerecht verteilt wird.

Not, Konkurrenzdruck und die Bereicherungssucht einiger Unternehmer haben eine Situation geschaffen, in der ständig mehr unerfahrene Männer unter die Träger geraten. Mit der Folge, dass zum Beispiel im September 2002 an einem einzigen Tag der Tod von drei Trägern zu beklagen war. Weil lediglich ein Leichnam gerichtsmedizinisch untersucht wurde, bleibt ungeklärt, ob alle drei Opfer der Höhe wurden. Einer der Verstorbenen beging die Maranguroute, zwei waren auf der Machameroute unterwegs. Es herrschte stürmisches, regnerisches Wetter, für das sie nicht ausreichend gekleidet waren.

Einer von ihnen, der 47-jährige Anthony Minja, hatte zuvor lediglich dieselben Beschwerden verspürt, die auch Bergwanderern zu schaffen machen: Übelkeit, Kopfschmerzen, unbestimmte Schwäche. Er verließ deshalb seine Gruppe am dritten Tag eines Aufstiegs über die Machameroute und wollte heimkehren. Sein Leichnam ist in einer Höhe von 3850 Me-

Nicht immer haben die Träger so wie hier eigene Zelte oder ausreichende Unterkünfte. Im Hüttenkomplex Horombo, wo auf- und absteigende Bergwanderergruppen zusammentreffen, sieht man sie nicht selten unter den Hütten der Touristen schlafen.

tern zwischen den Biwakplätzen Barranco und Shira gefunden worden. Ein anderer borgte sich zuvor das Fahrgeld für den Bus nach Marangu, mischte sich unter die Männer, die dort auf eine Anstellung warten, und hatte scheinbar Glück: Eine Touristengruppe brauchte noch einen Träger. Weil an jenem Tag die Mandarahütten überfüllt waren, musste er die Nacht im Freien verbringen. Es war kalt, es regnete, und es regnete auch am kommenden Tag, an dem der Mann zusammenbrach. Ein Arzt, zufällig vom Berg kommend, konnte nur noch seinen Tod feststellen. An «African» – so gab ein Journalist den Spitznamen des Trägers in «The Guardian» wieder – erinnern heute ein Steinhäuflein und ein Kreuz aus Ästen neben dem Weg zu den Horombohütten.

Machame Camp. Viel ist noch zu tun. Ich wische das Zelt aus, nehme die Kleidung von der Leine und verpacke sie, bevor die Nachtkühle sie feucht werden lässt, kritzle ein paar Zeilen ins Tagebuch. Zwischendurch bringt Anderson ein Steak, das so beschaffen ist, wie es vor Tagen zu befürchten war, als der Fleischer von Rongai in einem Zebugerippe nach verkäuflichen Teilen forschte.

Während ich missmutig daran herumschneide, erscheint Justin in der Zeltöffnung. Er trägt seine Sturmhaube und ist bekleidet, als ob wir nochmals hinaus in einen Schneesturm müssten.

«Komm, komm schnell!»

Es geht einen Hügel hinauf, und dann sehe ich, dass die Wolken verschwunden sind. Über hohen, finsteren Terrassen aus Baumheide glitzert der Kibo. Kalt wie der Mond und sehr nahe.

Mir wird bewusst, wie empfindlich meine Sinne während der wenigen Tage unserer Wanderung geworden sind. Ich sehe jede Gratkontur, jede Kuppe, jeden Schneefleck scharf gezeichnet, höre die verstohlenen Geräusche im Heidewald, rieche den leicht aromatischen, unbestimmbaren Geruch dieser Landschaft.

«Man kann es immer gar nicht glauben, dass man wirklich dort oben war», sagt Justin leise. «Und das mit einem alternden Seemann! Du solltest wärmere Sachen anziehen. Die Nacht wird wieder sehr kalt.»

Wir sind wohl beide ein wenig stolz.

«Es sind kleine Bäche, die den Strom anschwellen lassen.»

Baumheidewald und Riesensenecien in der Nähe des Biwakplatzes an der Machamehütte.

1898: Das Kilimandscharogebirge ist seit acht Jahren Bestandteil der Kolonie Deutsch-Ostafrika, der mit einer Flächenausdehnung von nahezu einer Million Quadratkilometern größten deutschen Kolonie – fast doppelt so groß wie das damalige Deutschland. Die Steuerzahler im Reich haben dafür bezahlt: mit einer Regierungsanleihe von mehr als 10 Millionen Mark und jährlichen Zahlungen von über einer halben Million an die Deutsch-Ostafrikanische Gesellschaft, mit 4 Millionen Reichsmark an den Sultan von Sansibar, mit dem Verzicht auf politischen und kommerziellen Einfluss auf der Insel Sansibar sowie mit der Preisgabe des ostafrikanischen Sultanats Vitu an Großbritannien. Verknüpft mit dem letztgenannten Tausch war, dass die bislang von Großbritannien besetzte Insel Helgoland an Deutschland fiel. Die Geschäfte gingen also gut. Leer ausgegangen waren jene Menschen, die das Land in der Kolonie bestellten und deren Herden dort weideten.

Sie wehrten sich. 1891 wurde das «Schutztruppe» genannte Heer der Kolonialmacht von aufständischen Hehe, einem Volk im bergigen Umland der heutigen Stadt Iringa, geschlagen. Dabei sahen deutsche Offiziere und ihre meist aus dem Sudan sowie aus den Siedlungsgebieten der Zulu stammenden Untergebenen sich erstmals Afrikanern gegenüber, die im Schutz steinerner Bastionen kämpften. Zwischen 1891 und 1893 erhoben sich dann die Zaramo in der Region zwischen Bagamoyo und dem Fluss Rufiji, 1891 die Chagga am Südwesthang des Kilimandscharos unter der Führung von Sina von Kibosho. Im folgenden und im darauf folgenden Jahr waren es wiederum Chagga, die sich empörten: diesmal die Bewohner Moshis unter Meli, dem Sohn Mandaras. Geführt von ihrem Häuptling Siki griffen 1892 die Nyamwezi um Tabora zu den Waffen, 1894 die Gogo und 1895 erneut die Hehe unter dem verwegenen Kriegerfürsten Mkwawa.

Im Jahr 1898 haben überlegene Waffen den letzten Widerstand gebrochen. Der verratene Mkwawa hat sich im Juli erschossen, so dass den Siegern nicht mehr zu tun bleibt, als seinem Leichnam den Kopf abzuschneiden und diesen als Trophäe nach Deutschland zu senden. «Sultan Mkwawas» Schädel wird seinem Volk erst 1954 zurückgegeben werden. Den Schädel des 1900 hingerichteten Meli Kiusa bin Rindi von Moshi hingegen werden die Chagga noch im Jahr 2003 vergeblich zurückfordern.

Ein trügerischer Frieden, in Ostafrika nennt man solch einen Zustand den Frieden des Skorpions, liegt über dem Land. Sieben Jahre noch – dann durch-

Chaggakrieger in der Zeit der Wende vom 19. zum 20. Jahrhundert. Kopfputz und Schild sind von den Maasai entlehnt (Fotografie von Bruno Gutmann).

eilt im Juli 1905 der Schrei «Maji, maji!» den Süden der Kolonie, und es wird sich zeigen, dass «hinter jeder auf Gewalt gründenden Ordnung die Barbarei lauert» (Hans Paasche). Friedfertiger geht es im Land unter dem Berg, den Hans Meyer den höchsten Punkt deutscher Erde genannt hat, erst nach 1907 zu, als eine vernünftigere Ära der deutschen Kolonialpolitik in Ostafrika beginnt. Sie währt allerdings nur wenige Jahre.

Seit Hans Meyer und Ludwig Purtscheller 1889 den Gipfel des Kibos erreichten, stand niemand mehr dort oben. Im September 1894 versuchte der Franzose Joseph Chanel, es den beiden gleichzutun, kam jedoch nur in eine Höhe von 5200 Metern. Im Februar 1897 mühten sich Stabsarzt Dr. Eggel, der Stationsarzt von Moshi, und der Zahlmeister Körner, der später erfolgreicher sein wird, auf einem unerschlossenen Weg in Richtung Gipfel: von Kibosho her, also auf der heutigen Mwekaroute. Sie gelangten dabei 5400 Meter hoch, bevor sie in einem Schneesturm aufgeben mussten. Der Berg beharrte starrsinnig darauf, allein zu bleiben.

Immerhin war eines gelungen: die erste Umrundung des Hauptmassivs durch eine wissenschaftliche Expedition, ausgeführt von dem Botaniker Georg Volkens, dem Geologen Carl Lent, dem Schutztruppenoffizier Curt Johannes und ihren zunächst 180 afrikanischen Führern, Trägern und bewaffneten Begleitern, die größtenteils aus Marangu stammten. Marangu war noch immer Residenz Häuptling Mareales, dem es auch zu verdanken war, dass deutsche Gelehrte inzwischen am Unabachfall oberhalb von Marangu eine wissenschaftliche Station einrichten durften, in der Volkens und Lent tätig waren. Wenn nun die Anwesenheit eines Schutztruppenoffiziers sowie das überaus stattliche und bewaffnete Gefolge der beiden Gelehrten auf angespannte Beziehungen innerhalb Marangus hinzuweisen schien, so täuschte dieser Eindruck. Der Grund lag vielmehr in der beständig schwelenden Feindschaft zwischen den Chagga von Marangu und jenen in der ostwärtigen Landschaft Rombo. Carl Lent und ein Kollege, der Botaniker Kretschmer, wurden im September 1894 Opfer dieser Fehden. Ihr Tod und die Streichung der Haushaltsmittel durch die zuständige

Reichsbehörde führten im Jahr darauf zur Schließung der wissenschaftlichen Station.

Maasaijünglinge während der Beschneidungsriten, die ihren Eintritt in die Kriegerkaste begleiten – hier freilich für eine Schaustellung vor Touristen aufgeputzt.

Im März 1894 jedoch sammelte sich am Unabach eine vielfarbige Expedition: 100 Krieger, gekleidet in rotbraune, mit Ocker gefärbte Leder- oder Baumwollumhänge und Überwürfe aus dem Fell von Colobusaffen oder Baumschliefern, auf den Köpfen seltsame, straff sitzende Kappen aus Rindermägen oder den Maasai abgeschaute, elliptische Kopfreifen, besetzt mit bunten Perlen und Straußenfedern, bewaffnet mit 2 Meter langen Stoßspeeren, deren Länge zur Hälfte von der schmalen, glitzernden Klinge gebildet wurde, mit lanzettförmigen, halbmeterlangen Schwertern in Fellscheiden und ovalen, dreifarbig bemalten Schilden aus Büffel- oder Rindsleder. Hin und wieder sah man auch die Läufe altmodischer Vorderlader: Seit der letzten Erhebung war es den Chagga verboten, andere Feuerwaffen zu besitzen. Allein die Krieger Melis von Moshi hatten im August 1893 400 moderne Snider-Gewehre an die Schutztruppe ausliefern müssen. Daneben kauerten 50 fast nackte Träger zwischen den Lasten, standen 30 Askaris der Schutztruppe mit ihren fezähnlichen Käppis und glänzenden Brustgurten über den Uniformen. In ihrer Nähe Georg Volkens und Curt Johannes im Gespräch sowie der 26-jährige Carl Lent: den Aufmarsch skizzierend, wie stets begierig nach den Wundern hinter dem Horizont und nicht

Die drei Gipfel der nach Carl Lent benannten Gruppe in Kibos Norden (oben). Der Ausblick auf das Shiraplateau nach einem Abstieg durch die Western Breach. In der Ferne die dunkle Kontur des Shirakamms (unten).

ahnend, dass man seine verkohlten Gebeine in einem halben Jahr auf dem Friedhof von Marangu beisetzen würde.

Nach Osten aufbrechend, zog die Schar dann fast unbehelligt durch die Landschaft Rombo, nur hin und wieder erschienen an ihrem Weg Kriegergruppen, die höhnend Speere schwangen oder mit lautem Widerhall gegen ihre Schilde schlugen. Die Expedition konnte das gelassen hinnehmen, und vor einer anderen Unannehmlichkeit schützte sie Kamle, ein Zauberer aus Mareales Hofstaat. Kamle nämlich war Regenbinder, ein Mann mit der Fähigkeit, Regen zu verhüten, und offenbar beherrschte er sein Fach: Obgleich die von März bis Juni währende große Regenzeit begann, blieb jeder Expeditionstag besonnt. Das übrigens gehörte zu den erstaunlichsten Dingen, die von jener Unternehmung berichtet wurden: ein allgemeiner Wasserreichtum, der Regen als Plage erscheinen ließ. Anderenorts dagegen mühten sich gleichzeitig Regenmacher, am gar nicht so weit entfernten Manyarasee zum Beispiel, wo in Dürrezeiten zunächst ein untadeliger schwarzer Bulle, dann ein untadeliger schwarzer Mensch und schließlich der Regenmacher geopfert wurde. Allein am Krapfhügel (2650 m) im Nordosten sah Georg Volkens acht breite Bäche sowie mehrere mit Wasser gefüllte Schluchten, die heute meist völlig trocken liegen. Da hatten Mareale von Marangu und seine Krieger die Expedition schon verlassen, weil das gefahrvollste Gebiet durchquert war und man nun in einer Höhle lagerte, die Noholu oder Nyumba ya Nguaro genannt wurde.

Bergwanderer, die in unseren Tagen auf der Rongairoute zum Kibo gingen, kennen die vom Rauch vieler Kochfeuer geschwärzte Höhle gut: Es war ihr erstes Biwak. Den Kibo, den man, wie auch den Mawenzi, vom Höhlendach her gut überblicken kann, beschrieb Volkens damals so: «Er ist wenigstens bis auf 1000 Meter abwärts vom Gipfel schneebedeckt, ein gleichmäßig fortlaufender, 100–200 Meter breiter Gletschersaum bildet seinen oberen Rand. Auf eine Strecke von etwa einem Fünftel der Gesamtausdehnung ziehen sich in der östlichen Hälfte zwei gewaltige Gletscherzungen, die rechte größer als die linke, Analoga des Ratzel-Gletschers, bis auf 600 Meter herunter.» Das kann heute niemand mehr sehen. Überaus selten geworden ist auch der Anblick eines im Norden völlig verschneiten Mawenzis, wie ihn Volkens damals skizzierte.

Den Kibo im Norden umrundend, vorbei an einem vorgelagerten, von drei Gipfeln überragten Massiv, das von Hans Meyer bald danach den Namen «Lentgruppe» erhielt, gelangte die Expedition auf ein weites Plateau, «von dem Hans Meyer nichts erwähnte». Der Botaniker Volkens geriet ins Schwärmen angesichts der dort unglaublich zahlreichen Riesensenecien und Riesenlobelien – Erstere bis zu 10, Letztere bis zu 3 Meter hoch. Und auch Carl Lent, der im Rundblick den Umfang des eingesunkenen Shirakraters erahnte, lief erregt umher. Nur im Westen und im Süden, notierte er, war die Kraterumwallung noch kenntlich. Hier, im Osten des muldenartigen Plateaus, standen sie auf Lavaschichten, die vor langer Zeit vom Kibo herabgeflossen waren. Über den geolo-

1898 stieg Hans Meyer über einen heute Rongairoute genannten Weg auf, von dem her der Kibo sich in unserer Zeit solcherart zeigt.

gischen Aufbau dieser Hochfläche wurde bald heftig disputiert, selbst über ihre Benennung, aber der damals gewählte Name «Shiraplateau» setzte sich schließlich durch. Allerdings blieb keine Zeit für eingehende wissenschaftliche Untersuchungen: Hauptmann Johannes drängte zum Abstieg in die Landschaft Shira, wies auf die Todesfälle hin, die er bei einem Wettersturz während eines früheren Marsches im Hochland zu beklagen hatte. Schon nach 13 Tagen traf die Expedition deshalb wieder in Marangu ein. Zu ihren rühmlichsten Ergebnissen gehörte zweifellos die botanische Ausbeute, an der Volkens mit einer schönen Geste auch das Britische Botanische Museum beteiligte. Heute, nach mehr als einem Jahrhundert vergleichender Arbeit, hat sich die Zahl der damals mit dem Artnamen «volkensii» versehenen Pflanzen sehr verringert. Die erzählenden Abschnitte aus Volkens' 1897 erschienener Beschreibung seines Aufenthaltes am Kilimandscharo sind nunmehr interessanter als die botanischen. Dem Trekking-Touristen unserer Zeit klingen sie oft märchenhaft: Weithin weglosen Urwald, ausgedehnte Haine der seltsamen Riesensenecien zum Beispiel hatte man überall gesehen und Horden Hunderter von Colobusaffen. Volkens, dem nicht entging, wie empfindlich diese ökologische Insel in den Wolken gegen Zugriffe der Menschen war, warnte ahnungsvoll: «Eine Selbstaufforstung, wie sie in anderen Gebieten der Erde besteht, ist in Ostafrika ausgeschlossen.»

Nun aber zum Jahr 1898, mit dem dieses Kapitel begann. Ein wichtiges Jahr wegen des Mannes, der da erneut am Kilimandscharo erscheint: Hans Meyer. Es habe inzwischen zwar eine Fülle vortrefflicher Beobachtungen gegeben, schreibt er in der Einleitung zum Buch, das seine Reise schildert, «aber zur genaueren Erforschung der alpinen Region war seit meiner dritten Reise von 1889 nichts Wesentliches mehr geschehen: keiner meiner Nachfolger hatte [...] wieder das Eis des Kibo erreicht, so viele auch den Versuch gemacht hatten». Trotzdem darf wohl vermutet werden, dass die Nachfolger ihn beunruhigen. Denn das ist menschlich: Wer unaufgefordert Wegen folgt, auf denen wir gegangen sind, gilt uns als Nachahmer, Trittbrettfahrer, schlimmstenfalls sogar als Dieb, und darüber wird vergessen, dass wir selbst einmal Vorgängern gefolgt sind.

Wenn Meyer die Distanz zu seinen Nachfolgern wieder vergrößern will, wird es dabei weniger auf alpinistische Erfolge ankommen. Er ist lange genug Wissenschaftler, um ermessen zu können, dass nichts wichtiger ist als eine gefällige Dokumentation. Deshalb reist er diesmal nicht mit einem Bergsteiger, sondern mit einem bergsteigenden Maler – mit dem 31-jährigen Ernst Platz, der auf alpine Leistungen zurückblicken kann, die damals beachtlich waren: unter anderem eine erste führerlose Durchsteigung der Watzmann-Ostwand mit Albrecht von Krafft, eine Erstbesteigung des Fensterlturms, Besteigungen von Stablerturm, Winklerturm und Piz Bernina. Überdies ist Platz ein bedeutender, ehrgeiziger und willensstarker Künstler. Das Skizzenmaterial, das er künftig mit froststarren oder im Fieber zitternden Händen aufzeichnet, sowie die daraus

entstehenden Abbildungen für den Prachtband «Der Kilimandjaro» übertreffen sicherlich selbst Meyers Erwartungen.

Eine nicht weniger vortreffliche Entscheidung trifft Hans Meyer im August 1898, als er beschließt, den Kibo von Norden her zu besteigen. Zwar beginnt diese Route im Maasaigebiet, so dass man glaubt, auf die zeitweilige Begleitung von Soldaten der Schutztruppe und von 300 Kriegern aus Marangu nicht verzichten zu können, aber dann erweist sich alle Furcht vor den «brennenden Speeren» der Halbnomaden als unbegründet. Viehseuchen haben ihre Herden vernichtet, die koloniale Ordnung verhindert, dass sie die Verluste durch Diebstähle ausgleichen. «Ihr ganzes wirtschaftliches Leben ist umgestürzt», schreibt Meyer, sieht sie auf kärglichen Feldern Bohnen, Mais und Maniok anbauen, schildert mit Abscheu ihre Verelendung. Klingt da so etwas wie Genugtuung an, die alte Bürgerfurcht vor Menschen mit beweglichem Besitz, der Widerwillen des Kolonialgeografen gegen Umherschweifende? Wie auch immer, der Marsch in den Norden, in das Gebiet des heutigen Oloitokitok, führt zu einem Aufstiegsweg, der später – bis zur touristischen Erschließung der Maranguroute in den Siebzigerjahren des 20. Jahrhunderts – der meistbegangene Trekking-Pfad auf den Kibo sein wird: zur Rongairoute. Man kann ihr noch heute mit Meyers Schilderung in der Hand folgen und wird alles wieder erkennen: die Nguarohöhle, das einen Abschnitt der Route begleitende Bachbett, die mit ausgewitterten Feldspatkristallen gefüllte Senke, die Salpeterhöhle und anderes mehr. Allerdings ist die Vegetation inzwischen eintöniger und das Wasser knapp geworden, und im Sattel trennt sich dann Meyers Weg von dem heutiger Bergwanderer.

Es ist nicht nur sein Weg, dieser letzte Aufstieg von einer 4450 Meter hoch gelegenen Felsgruppe am Sattel, in deren Schutz biwakiert wird, hinauf zur Hans-Meyer-Scharte. (Meyers Höhenangaben beziehen sich wiederum auf die 1889 ermittelte Kibohöhe von 6010 Metern, liegen also mehr als 100 Meter zu hoch.) Lange Zeit ist es ungewiss, ob Ernst Platz, der sich im Küstengebiet eine Malariaerkrankung zuzog, überhaupt mitkommen kann. Platz ist ausgezehrt, sein Gesicht aschgrau verfärbt, immer wieder werfen Fieberanfälle ihn nieder. Und Meyer muss feststellen, dass er inzwischen nicht jünger geworden ist. Als die beiden durch das Schuttkar aufsteigen, dem Meyer und Purtscheller 1889 gefolgt waren, heißt es: «Beim Weiterklettern bekamen wir nun aber von 5400 m an schwere Arbeit. Die Luftbeschaffenheit wurde so mangelhaft, dass wir alle 15–20 Schritt einige Zeit anhalten mussten, um, über den Eispickel gebeugt, tief nach Atem zu ringen. Die Herzschläge waren bei mir auf 144, die Atmung auf 48 Züge in der Minute gestiegen, und in den Ohren summte und brauste es wie von einem nahenden Sturm [...]. In dieser weltfernen Höhe umkreisten uns krächzend noch zwei weißhalsige Raben [...]. Wer doch hier auch fliegen könnte!» Platz bleibt immer weiter zurück. «Auch mit mir ging es immer langsamer, da ich in den kurzen Pausen der Kletterarbeit meine Instru-

mente handhaben musste und die topographische Aufnahme für die Karte nicht unterbrechen konnte. [...] Es war die schwerste Aufgabe, die ich je gelöst habe [...].» 7 Stunden lang, knapp 1500 Höhenmeter, geht das so. Halluzinationen, berichtet Meyer, hätten Besitz von seinen Sinnen ergriffen, «subjektive Gehör- und Gesichtserscheinungen [...], die zu meinem gegenwärtigen Tun in gar keiner Beziehung standen».

Die heute meist «First Cave» genannte Nguarohöhle an der Rongairoute, in der schon Volkens, Lent, Johannes, Meyer und Platz lagerten.

Als sie am Mittag die Scharte erreichen und endlich die Rucksäcke ablegen können, erkennt Meyer sofort, dass sich die Eisbedeckung im Kraterkessel in den vergangenen neun Jahren sehr verringert hat. Die Ursachen dafür müssen im Klima zu suchen sein, denn «der Vulkan ist als gänzlich erloschen zu betrachten». Zum Eruptionskegel hinüber kann er wiederum nicht gehen, weil das Chaos aus Eistafeln und -spitzen im Kessel sich inzwischen noch vermehrt hat. Also fotografiert und kartiert er, nimmt Messungen vor, untersucht die Struktur des Eises, sammelt Gesteinsproben, während Platz das Panorama skizziert.

«Beim Abstieg von hohen, mühsam bestiegenen Bergen bin ich mir immer wie ein leichtsinniger Verschwender vorgekommen, der das schwer errungene Gut in toller Laune verschleudert, und habe darüber jedes Mal etwas wie Gewissensbisse gefühlt. Ich kann darum auch begreifen, warum Till Eulenspiegel beim Bergaufgehen lachte, beim Bergabgehen weinte.» So ist es auch an diesem Tag,

Ernst Platz skizziert die Eisbildungen im Kraterkessel; gezeichnet von ihm selbst.

und als die beiden zu ihrem Biwak zurückkehren, erwartet sie dort noch ein weiterer Hinweis auf die Vergänglichkeit: ein verwitterter menschlicher Schädel, den Proviantträger auf dem Sattel gefunden und als Zeichen ihrer Anwesenheit hinterlassen haben. «Ob er von einem Dschagga-Mann oder einem Massai stammte, war nicht mehr zu erkennen. Jedenfalls zeigt er, was der Eingeborne in diesen Hochregionen zu erwarten hat, wenn er sich einmal heraufwagt.»

Meyers Feststellung widerspricht eigentlich der Erfahrung des Jahres 1889, in dem er und Purtscheller Spuren der Anwesenheit von Jägern auf dem Sattelplateau bemerkt hatten, und sie wird schließlich auch vom Askari Munifasi widerlegt. Munifasi, Schutztruppensoldat aus Pangani, der bereits Georg Volkens' Expedition begleitete und nun Meyers Schar um den Kibo herumführt, ist nämlich bereit, mit ihm auf den westlichen Berghang zu steigen – bis zur Zunge des Drygalskigletschers jedenfalls; das Eis möchte er nicht betreten. Er wird dennoch als erster Afrikaner einen Eispickel schwingen. Zum Glück für Meyer, der auf seine Begleitung angewiesen ist, weil Ernst Platz inzwischen vom Fieber fast umgebracht wird. Daher beginnt ein aus verschiedenen Beweggründen seither gern zitierter Abschnitt im Reisebericht: «Zum Schutz gegen Eis, Wind und Frost hatte sich mein schwarzer Kamerad mit Tüchern und anderen Dingen sorglich eingepackt. Wie ein Bergsteiger sah er allerdings nicht gerade aus. An den Füßen trug er über den Wollstrümpfen ein Paar gelblederne Schnürschuhe, die Beine staken in einem Paar Galahosen der preußischen Gardeartillerie, die ich aus meinem abgelegten Landwehroffiziersbestand für den Häuptling Mareale mitgebracht hatte; den Oberkörper schützte eine karierte englische Wolljacke und den Kopf ein altes türkisches Fes, das von einem um die Ohren gebundenen Halstuch festgehalten wurde. Doch ich gewöhnte mich schnell an diesen unfreiwilligen Theatereffekt und nahm den

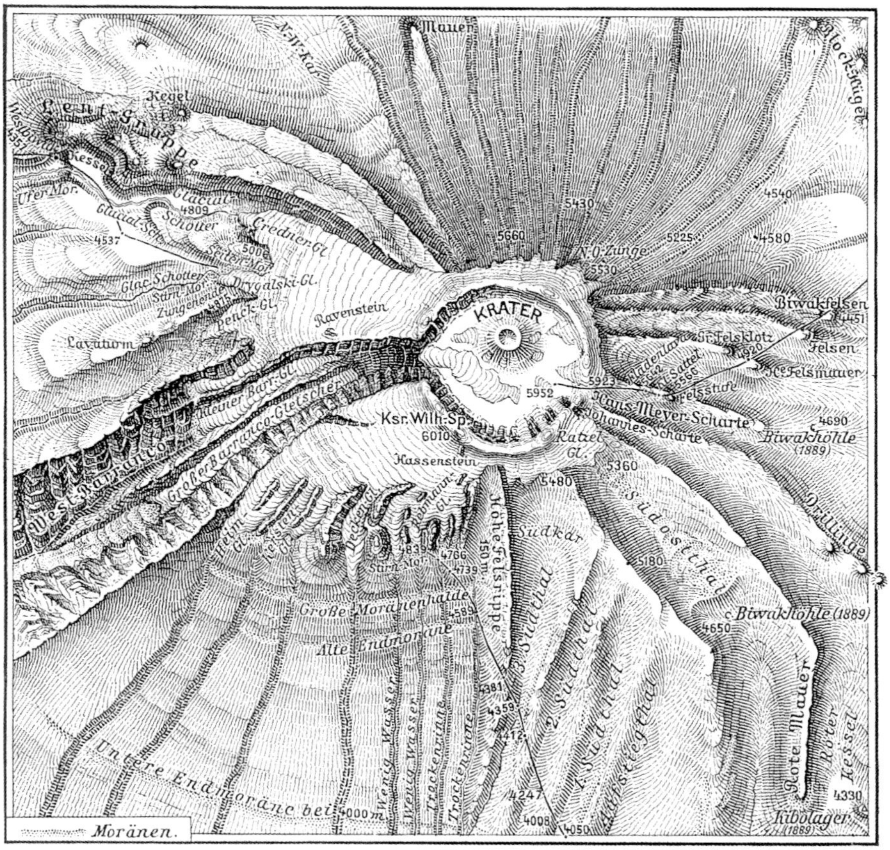

Nach Meyers Forschungsreise von 1898 entstandene Karte des Kibos.

braven Burschen bald ganz ernst, denn er fand sich mit einer Ruhe und Gewandtheit in das nie vorher geübte Felsklettern, wie ich es bei einem Neger nicht für möglich gehalten hätte.»

Natürlich wird die Beschreibung von einem leicht durchschaubaren Zweck bestimmt. Sie gleicht übrigens völlig jener von einem Auftritt Muini Amanis in Meyers «Ostafrikanischen Gletscherfahrten». Und man muss sie nicht unbedingt als Versuch des weißen Mannes werten, den fast zur Ebenbürtigkeit aufsteigenden schwarzen Bruder auf den ihm gemäßen Platz zu verweisen. Viel verdrießlicher ist es, wenn die Szene heute zur Schaustellung einer angeblich längst dahingegangenen Geringschätzung bemüht und darüber vergessen wird, woher die Kleidung sehr vieler Afrikaner noch immer stammt: aus europäischen Sammelcontainern. Geändert hat sich nur, dass die Altkleiderballen, die man auf den Märkten von Moshi oder Arusha aufschneidet, zuvor bezahlt werden mussten und nunmehr statt der Landwehruniformen Jogginganzüge, seidene Dessous, Kaschmirjacketts oder isländische Schafwollpullover daraus hervorquellen.

Munifasis wunderlichste Kleidungsstücke verschwinden bald in seinem Rucksack. «Er begriff schnell die Handhabung des Eispickels und folgte mir

Die Zunge des Drygalskigletschers auf einer Fotografie von Hans Meyer. Die schmelzende Eisoberfläche ist in dicht nebeneinander stehende Tafeln und Kämme zerfurcht.

ohne Zögern.» Und so stehen die beiden dann auf dem sicherlich zum ersten Mal von Menschen betretenen Nördlichen Eisfeld. Meyer benennt dessen Gletscher von Nord nach Süd: den Crednergletscher nach dem Glazialgeologen Hermann Credner, den Drygalskigletscher nach dem Polarforscher Erich von Drygalski, den Penckgletscher nach dem Glaziologen und Geografen Albrecht Penck. «Der Wind war unterdessen ganz niedergegangen, die Sonne strahlte vom dunkelblauen Firmament, und vom blendend weißen Gletscher trafen uns so warme Reflexe, dass auch ich den Rock auszog. Die Schmelzwirkung auf das Eis ist hier ganz enorm; überall rieselte, plätscherte und schäumte es, nachdem eine halbe Stunde vorher bei unserm Anstieg der Gletscherbach noch fest gefroren war. Kaum aber verhüllen Wolken die schmelzende Sonne, so liegt auch in kurzer Zeit der Gletscher wieder starr und tot.»

Starr, aber noch nicht tot liegt in jenen Tagen auch Ernst Platz: in einer Höhle auf dem Shiraplateau, die Meyer auf seiner Karte Galumahöhle nennt. Es ist wahrscheinlich die einer aufgestellten Muschel gleichende Höhle mit weiter Öffnung, an der nunmehr Trekking-Touristen biwakieren: Shira Cave. Wenn der fiebernde Platz sich aufrichtet, kann er sein Denkmal sehen: Hans Meyer hat einem Eruptionskegel im Shira-Kraterkessel den Namen Platzkegel gegeben. Leider wird ein britischer Kartograf die Benennung Jahrzehnte später zu wörtlich nehmen und den Maler damit um den Nachruhm bringen. «Cone Place», Kegelplatz, heißt die Erhebung nun auf heutigen Landkarten. Solch einem Irrtum verdankt vermutlich auch der Arrow Glacier seinen Namen, der ursprünglich wohl an Joachim Friedrich Graf Pfeil erinnern sollte.

Blick von der Landschaft Shira zum Kibo (1898). Links oben Credner-, Drygalski- und Penckgletscher, rechts die tiefe Kerbe der Bresche (Western Breach).

Von jener Gegend her, dem Shira Camp unserer Tage, bieten sich gewaltige Ausblicke dar: auf den kupferfarbenen Shirakamm mit Shira Needle, Shira Cathedral und dem Platzkegel davor, auf die blauen, in den Wolken schwimmenden Gipfel von Big und Little Meru im Westen, auf den Kibo mit dem Nördlichen Eisfeld, mit der düsteren Western Breach, einer tiefen tektonischen Bresche im sonst so ebenmäßig geformten Gipfelberg, den funkelnden Breschengletschern und der gewaltigen Hakennase von Breach Wall im Osten. Bei Sonnenaufgang liegt der Berg – es dauert lange, bis die Sonne ihn aufhellt – in fahlem Licht, blitzt kalt und scharf wie eine Messerklinge. Und obwohl die dazwischen liegenden Rücken und die Entfernung den Kibo noch erniedrigen, wird dem fröstelnden Bergwanderer erstmals bewusst, worauf er sich eingelassen hat. Spätestens beim Einstieg in die Western Breach wird er dann grenzenlose Hochachtung für die Männer empfinden, die einst, die Rucksäcke voller

Instrumente, sammelnd, messend und skizzierend zum Kraterrand hinaufstiegen und dabei dennoch niemals den Sinn für die Größe und die Schönheit der Gebirgswelt verloren.

Hans Meyer verzichtet auf den Aufstieg. Die Expedition ist schon fast drei Wochen unterwegs, der Proviant aufgebraucht und Ernst Platz schwer krank. Über den Shirakamm hinweg, hinter dem das Kilimandscharogebirge mit zerrissenen Schluchten und riesigen Felstürmen 2000 Meter tief zu den westlichen Chaggalandschaften abfällt, erreicht die Karawane im September 1898 Kibongoto. Von dort treibt der Forscher sein Gefolge schon zwei Tage später ostwärts, kartiert die Südflanke des Kibos, sammelt weiterhin Pflanzen und Gesteinsproben, nimmt Messungen und Untersuchungen vor und benennt von West nach Ost die vier Südgletscher mit ihren sechs Zungen: den Heimgletscher nach dem Glaziologen Albert Heim sowie den Kersten-, Decken- und Rebmanngletscher nach seinen deutschen Vorgängern. Noch einmal steigt er, begleitet vom Missionar Pater Rohmer aus Kibosho, hoch auf den Berg hinauf: bis zur Stirn des Rebmanngletschers. Danach kehrt Meyer, fünf Wochen nach dem Aufbruch zur Umgehung, nach Moshi zurück.

«Man sagt, Glück sei eine persönliche Eigenschaft; ich lasse das gelten, wenn man unter Glück den Erfolg versteht, den die vorschauende und vorbauende Erkenntnis kommender Schwierigkeiten und die durchgreifende Nutzung des rechten Augenblickes bringen. [...] Jetzt ist nichts Wichtiges mehr am Kilimandjaro zu entdecken [...].» Das schrieb Hans Meyer 1899, während der Arbeit am Manuskript seines Buches «Der Kilimandjaro. Reisen und Studien». Könnte es sein, mag da gefragt werden, dass er bisweilen Glück mit Erfolg verwechselte? Im selben Jahr verunglückte sein ehemaliger Gefährte Ludwig Purtscheller nach einer Besteigung der Grand Aiguille du Dru im Mont-Blanc-Massiv. Purtscheller starb an einer Lungenentzündung, die sich zu seiner schweren Verletzung gesellte, im Jahr darauf in Bern. Da war er 50 Jahre alt.

Für Hans Meyer hingegen hatten sich zunächst alle Hoffnungen erfüllt, die er mit dem Kilimandscharo verband, und er durfte sich überdies als einen Mitbegründer Deutsch-Ostafrikas betrachten. Als Wissenschaftler stieg er zum Experten für die Vulkanologie Ostafrikas und zum Direktor des Kolonialgeographischen Instituts der Universität Leipzig auf, das zudem seine Schöpfung war. Seine gesellschaftliche Stellung erschien noch glanzvoller. Er wurde Schwiegersohn des Zoologen und Naturphilosophen Ernst Haeckel und Geheimer Hofrat, das Auswärtige Amt schätzte ihn als Ratgeber, und er konnte es sich zum Beispiel leisten, eine Berufung zum Gesandten abzulehnen. 71 Jahre waren ihm vergönnt, und er genoss die unumgängliche Autorität, die er erstrebt hatte. Den Verlust der deutschen Kolonien musste er allerdings erleben und manches sonst, von dem der Mann mit den Lachfältchen in den Augenwinkeln nichts ahnte, den uns Fotografien aus der ersten Zeit am Kilimandscharo zeigen. Und er hat niemals mehr ein so schönes, bildhaftes, tief empfundenes Buch schreiben können wie jenes über seine zweite Reise zum Kibo.

«Impavidi progrediamur», grüßt der Bezwinger des höchsten Kilimandscharogipfels heute von seinem Grabstein in Leipzig her: Unverzagt wollen wir vorwärts schreiten. Das ist kein Kolonialherrenmotto, sondern wurde von Meyers berühmtem Schwiegervater geprägt und stammt aus den «Indischen Reisebriefen». Hans Meyer wird nicht allein als Forscher ein Vorbild bleiben: ein Mensch von großer Kraft und gerader Gesinnung, dessen Anspruch, Haltung und Leistung übereinstimmten. Ein Mensch, dem man selbst in Leipziger Revolutionstagen achtungsvoll den Weg freigab, weil jeder sah, dass da eine seltene Spezies ging: ein Mann.

Hans Meyers 1900 erschienenes, prachtvoll illustriertes und mit einer Spezialkarte versehenes Standardwerk über Kibo und Mawenzi.

Sein Beispiel wirkt noch im Jahr 1898 anregend. Im Oktober ziehen Hauptmann Curt Johannes und der Zahlmeister Körner, der sein Glück bereits 1897 von Kibosho her versuchte, auf der von Moshi ausgehenden Route zum Kibo. Sie lassen sich Zeit dabei, biwakieren erst am vierten Tag in jener Höhle, in der Meyer 1889 die Überreste von Jägermahlzeiten entdeckt hatte, und entlassen dort bis auf den Askari Munifasi und einen Koch ihre Begleiter. Ihr Ziel, zu dem sie sich am Morgen des 8. Oktober hinaufmühen, ist nicht der Ratzelgletscher, sondern eine nordwärts davon entstehende Scharte. Sie wird danach Johannesscharte genannt und etwa 30 Meter tief sein, wenn das letzte Eis darin geschmolzen ist. Munifasi gibt nach 2 Stunden erschöpft auf. Johannes und Körner jedoch steigen, vor Anstrengung fast bewusstlos, noch mehr als 6 Stunden weiter. Sie gelangen zur Scharte, müssen Stufen in ihren Eisgrund schlagen und steigen zum daneben aufragenden Felskopf hinauf.

Wer auf dem Kibo war, der kennt die Stelle des Kraterrandes, an der Johannes und Körner sich ausruhten, auf den Anstieg zum Gipfel verzichteten und die Eisburg im Kraterkessel fotografierten: Gillman's Point (ca. 5680 m). Ein Bann schien nun gebrochen. Bis 1921 wählten künftig die meisten Bergsteiger die von Moshi zur Johannesscharte führende Route, an der, wahrscheinlich 1912, am oberen Waldrand die Johanneshütte errichtet wurde.

Zwei von ihnen sind der Geograf und Meteorologe Carl Uhlig und der Zahlmeister Eberhard Mühlhäuser im Oktober 1901. Sie scharen zuvor eine ansehnliche Karawane um sich: fünfzehn Träger, vier Ziegen und eine Kuh, die dann bald erschossen werden muss, weil sie nicht Schritt halten kann. Wie ihre Vorgänger biwakieren die beiden in Meyers neben einer Talfurche – sie führt heute zur Kibohütte – gelegener Biwakhöhle und beginnen um 2 Uhr nachts ihren qualvollen Aufstieg, von dem Uhlig berichtet: «Am empfindlichsten [...] war der Einfluss der immer trockener werdenden Luft. Die Schleimhäute von

Der Pflanzenwuchs an der Machameroute am südwestlichen Kibo verdankt seine Üppigkeit den häufigen Regenfällen. Wer diese Route wählt, wird schon bald darüber belehrt.

Nase, Mund und Kehle dörrten trotz wiederholter Befeuchtung völlig aus. Die Zunge [...] rief das Gefühl eines Fremdkörpers hervor, und die Stimme nahm eine unangenehme, leise und heisere Klangfarbe an. Ich habe nie eine ähnliche körperliche Strapaze kennen gelernt [...].» Auch Mühlhäuser, der schon an der Höhle erste Anzeichen der Höhenkrankheit zeigte und sich übergeben musste, leidet sehr. Sie benötigen 10 Stunden, bis sie die Scharte erreichen. Carl Uhlig erkennt sogleich, was seine Fotografien später beweisen: Die Vereisung im Kraterkessel hat seit 1898 wieder zugenommen. Und nicht allein dort. Das zeigen Uhligs anschließende Forschungen auf der Südseite des Kibos, in deren Verlauf er mit Pater Rohmer erstmals den Deckengletscher begeht und allein die Zunge des Heimgletschers erreicht. Im November steht Uhlig zudem gemeinsam mit Leutnant Schieritz, Feldwebel Bast und drei afrikanischen Begleitern auf dem höchsten Merugipfel (Big Meru, 4566 m) und vollendet damit die erste überlieferte Besteigung. 1904 ist er mit dem Geografen Fritz Jaeger und dem Assessor Gunzert abermals auf dem Kibo, gelangt jedoch wiederum nur bis zum Kraterrand, weil dicht gedrängter Zackenfirn und von tiefen Spalten zerrissene Eisfelder ihm den Weg zum Gipfel verwehren.

Zwei Jahre darauf beschließt Fritz Jaeger, zusammen mit seinem Cousin Eduard Oehler die Westseite des Kibos zu erforschen. Obgleich in Machame tätige Missionare und Schutztruppenoffiziere ihnen versichern, man käme dort nicht auf den Berg, wählen sie eine von Südwesten heraufführende Anstiegsroute. Und obschon sie und ihre 20 Chaggaträger die Buschmesser fleißig gebrauchen müssen, sind nur zwei Biwaks notwendig, bevor sie den Gipfelkegel in einer Höhe von 4500 Metern erreichen: «Der Anstieg führte stets auf der Wasserscheide des Kikafu und Weruweru, meist zwischen tiefen Schluchten, hinauf, manchmal steiler, auf schmalen Rippen, dann wieder flacher, doch traten nirgends besondere Geländeschwierigkeiten ein.» Was da mit dürren Worten mitgeteilt wird, ist die Erschließung der Machameroute, einer der schönsten im Kilimandscharogebirge. Jaeger und Oehler sehen Baumfarne, die Palmen gleichen, mächtige, bisweilen 40 Meter hohe Steineiben oder Kossobäume und dichte, lindgrüne Baumheidegalerien, scheuchen Leoparden und Waldschweine auf. Eine Woche lang halten die beiden sich danach in ihrem «Westkibolager» (4342 m) unter dem Penckgletscher auf, kartieren die Umgebung, vermessen Gletscher, sammeln Pflanzen und Gesteinsproben, nehmen Messungen vor. In alpinistischer Hinsicht sind sie weniger erfolgreich: Ein Anstieg über den Penckgletscher scheitert, und für ihr Vorhaben, durch die Bresche (Western Breach) zum Gipfel aufzusteigen, bleibt keine Zeit. Aber mit ihrer Karte der Gegend zwischen Lager- und Bastionsbach bis hin zum roten Lava Tower lässt es sich noch immer gut umhergehen, wenngleich die damals eingezeichneten Gletscher inzwischen weit in die Höhe gerückt sind. Fritz Jaegers Reisebericht enthält eine anrührende Fotografie: zwei Männer in Lodenmänteln, die kraftvoll und lachend nach einem arbeitsreichen Tag um einen

dampfenden Teekessel sitzen. Im Hintergrund eine Gletscherzunge, die – wie auch sie selbst – längst verschwunden ist.

Im Juli 1909 sieht sich der Topograf Max Lange das im Bezirksamt Moshi aufbewahrte Gipfelbuch an. Lange führt seit Jahren Vermessungsarbeiten im Usambaragebirge aus und hat von dorther, 200 Kilometer entfernt, immer wieder den Gipfel des Kibos in der Morgensonne schimmern gesehen. «Mächtig war der Wunsch, seinen vom Eise glitzernden Scheitel einmal unter meine Füße zu bringen.» Das Gipfelbuch zeigt ihm, dass er der Fünfzehnte wäre, der bis zur Johannesscharte vordringt, aber erst der Dritte, wenn es ihm gelänge, die Kaiser-Wilhelm-Spitze zu erreichen. Max Lange ist lieber Dritter als Fünfzehnter. Gemeinsam mit seinem Kollegen Weigele und einigen Nyamwezi, die ihn zuvor im Usambaragebirge begleiteten, nimmt er den derzeit gebräuchlichen Weg: am Wasserleitungsgraben der Station Moshi entlang durch den Waldgürtel, dann auf das Sattelplateau und schließlich zur Biwakhöhle am Ostfuß des Kibos. Dass die Höhle bereits am Mittag des zweiten Tages erreicht und damit ein Rekord aufgestellt ist, verdanken Lange und Weigele ihren Trägern.

Der Rekord hat seinen Preis: Die Nyamwezi «bekamen Schwindelanfälle, wurden ‹von den Geistern des Berges gepackt›, wie sie es nannten [...]. Die Fürsorge für unsere Leute, die zu müde waren, sofort wieder den weiten Rückweg zum Zelt am oberen Urwaldrand anzutreten und deshalb mit uns in der Höhle übernachten mussten, erlaubte uns nicht, uns am selben Tage über den weiteren Aufstieg zu orientieren.» Dafür nutzt Lange den folgenden Tag und entscheidet sich für einen ungewöhnlichen Anstieg: durch das Südosttal zum Ratzelgletscher, wie Meyer und Purtscheller vor 20 Jahren ihre Route wählten, dann jedoch um die nördliche Gletscherstirn herum zur Johannesscharte. «Auf den schotterfreien Flankenrippen des Tales ist das Gehen an sich ganz unvergleichlich bequemer», begründet er seine Entscheidung, «steile Abstürze machen aber hier große Umwege und Klettereien nötig.» Der Erfolg gibt ihm Recht. Am Morgen des 6. Juli um 2 Uhr aufbrechend, erreichen die beiden Landmesser um sieben die dick bereifte Scharte – über Eis haben sie zuvor nirgendwo gehen müssen. Das ändert sich, als sie die gewölbte Kappe des Ratzelgletschers überwinden. «Ein Ausgleiten auf ihr hätte uns entweder nach rechts in einen Spalt oder nach links 1000 m tief den Ratzelgletscher hinabgeworfen. Durch Anseilen suchten wir dieser und der anderen Gefahr vorzubeugen, in versteckten Spalten und Schneebrüchen zu versinken. Von diesen Fährnissen abgesehen, bot der Weg gar keine Schwierigkeiten, und wir gelangten schnell über die Kaiser-Wilhelm-Höhe hinweg zu der als ‹Bresche› bezeichneten Einkerbung in den westlichen Kraterrand [...].»

Was für ein bescheidener Erzähler. Dort, westwärts vom Gipfel, wo Lange und Weigele nun gehen, ist noch niemand gegangen. Sie beschreiben einen namenlosen Gletscher, der durch die Bresche aus dem Kraterkessel fließt, fotografieren, untersuchen Schneeformen, schildern die Bewölkung, messen Tem-

Der Abbruch, bis zu dem Lange und Weigele gingen, gesehen vom Grund des Kraterkessels. Die Kraterumwallung fällt dort steil in die Western Breach ab.

peraturen, skizzieren den Gletscherverlauf, übersehen nicht einmal einen heraufgewehten toten Schmetterling, der am Eis des Kraterrandes klebt. Für Mühen und Gefahren findet Max Lange auf zehn großen Zeitschriftenseiten nur fünf Sätze.

Wiederum ist ein Bann gebrochen. Wann wird es nun jemand wagen, zum Mawenzi zu gehen, dorthin, wo noch ein erster Platz zu vergeben ist, wo Meyer und Purtscheller sogar noch übertroffen werden können? Das geschieht drei Jahre später, als Eduard Oehler, der 1906 mit Fritz Jaeger die Machameroute erschlossen hatte, zum Kilimandscharo zurückkehrt. Oehler kommt mit dem Geografen Fritz Klute und mit großen Vorhaben: Mawenzi-Besteigung, Umrundung von Kibo und Mawenzi, Untersuchung der westlichen Gletscher am Kibo und Aufstieg über das Eis zum Gipfel, topografische Aufnahmen mit Hilfe der Stereofotogrammetrie, geologische Sammlungen, meteorologische und morphologische Beobachtungen, Untersuchung des Shirakammes. Drei Monate soll die von Oehler finanzierte, im Mai 1912 beginnende Unternehmung dauern. Es werden schließlich viereinhalb sein, weil der Mawenzi sich als ungewöhnlich «harte Nuss» erweist. Aber Oehler will nicht davon lassen. Hans Meyers «Ostafrikanische Gletscherfahrten» sind sein Konfirmationsgeschenk gewesen, und seither bewegt ihn das Verlangen, diesem Vorbild gerecht zu werden.

Zunächst wird der Anstieg zum Mawenzi von Süden her versucht – vergeblich, denn dort trennen jähe Felsabstürze die Bergsteiger von ihrem Ziel. Ein weiterer Versuch im Südwesten führt über Schutt und Schneefelder zum Hauptgrat, der dort aber in eine furchterregende Turmreihe zerschartet ist. Das sind die später Pinnacles genannten Türme zwischen Latham Peak und South Peak, die erst 1958 von italienischen Bergsteigern bestiegen werden. Überdies verletzt Klute sich beim Anstieg an einem Fuß, muss aufgeben und nach Moshi hinunter, um sich behandeln zu lassen. Während der Abwesenheit seines Partners nützt Oehler die Zeit zur Erkundung der beiden riesigen Schluchten unter der Ostwand des Mawenzis, und als der Mai endet, forscht er im Westen nach einer geeigneten Route. Zwischendurch geht er mehrfach zur gerade errichteten Bismarckhütte, der heutigen Mandarahütte, hinab, um die dort aufgestellten Instrumente zu kontrollieren. Die häufig wechselnden Auf- und Abstiege sind sicherlich der Grund dafür, dass in seinem Bericht wohl von Erschöpfung, aber niemals von Anzeichen der Höhenkrankheit die Rede ist.

Nach Klutes Rückkehr im Juni verlegen die beiden ihr Lager an den Rand der Westlichen Schutthalde (West Corrie), etwa dorthin, wo nunmehr Mawenzi Hut (ca. 4550 m) steht. Als sie das Zelt aufstellen, finden sie die Skelette eines Elefanten und zweier Elenantilopen, die dort einen einsamen Tod starben. Das kann auch ihnen geschehen, denn die Träger kommen nur gelegentlich mit frischem Proviant von der Bismarckhütte herauf. Inzwischen haben sie erkannt, dass eine verschneite Rinne über dem Nordwestgrat sie zum Hauptgipfel führen könnte. Es ist die bald Oehlerrinne (Oehler Gully) genannte, noch heute benutzte Normalroute zum Gipfel, der sie sich am Morgen des 29. Juni 1912 nähern: «Wir stiegen über den breiten Nordwestgrat in flachem Zickzack auf. Wo der Grat am Felsmassiv ansetzt, wandten wir uns nach rechts und betraten ein Felsband [...]. Unter ihm fiel die Wand senkrecht ab. Hier wurde das Seil angelegt, denn wir wussten, jetzt kam die kritische Stelle: der Einstieg in die Rinne mit den Schneeflecken. Dieser Einstieg war schmal. Ein kleiner Bach rauschte unter Eis und Schnee. Er stürzte wenige Meter tiefer in einem Kamin als Wasserfall die Wand hinunter.» Sehr langsam, denn sie tragen keine Steigeisen, umgehen sie Zackenfirn und Eissäulen, die das Schmelzwasser auf Absätzen gebildet hat. Auf den letzten hundert Metern weitet sich die Rinne, «und zugleich wurden die Zacken des Firns höher, fuß- bis kniehoch. Am Ende der Rinne stand ein 5 m hoher Turm. Das war der Gipfel. Wir stiegen hinauf und beglückwünschten uns.»

Sie sind längst darüber einig, welchen Namen der höchste Mawenzigipfel künftig tragen soll – Hans-Meyer-Spitze. Zurück bleibt der auf einen Zettel geschriebene Vers Nikolaus Lenaus in einer Blechdose: «Frischen Mut zu Kampf und Streit / Hab ich talwärts von der Höh' getragen [...].» Den Vers hat Fritz Klute ausgewählt. Seine Wahl bleibt angesichts der kommenden Wochen nicht ohne böse Ironie. Weil es Streit gibt, mehrfach und so hingebungsvoll, wie es während eines derart langen und einsamen Aufenthalts kaum anders sein kann.

Oehler und Klute ziehen nun nach Norden, lagern am See (Mawenzi Tarn) in einem von Nordecke und Wissmannspitze überragten Talkessel, wechseln dann auf das Shiraplateau hinüber und errichten dort ihr «Haus zum fröhlichen Bergsteiger», das diesen Namen nicht immer verdient. Die Überreste ih-

res Unterschlupfs sind heute noch kenntlich: einige Dutzend Meter nordwärts von jener Stelle, an der sich der Lagerbach (Lager Stream) über den Machame-Steilrand hinabstürzt. Sie wenden sich danach zum Kibo-Barranco, zum Crednergletscher und zum Shirakamm, bevor sie am 14. September über den Penckgletscher zum Kraterrand aufsteigen. Obgleich beide seit vier Monaten im Hochgebirge sind, wird es ein harter Tag, bis sie etwa dort stehen, wo Otto Ehlers im November 1888 angeblich gestanden haben will: «Wir befanden uns auf einem Punkt des Nordrandes. Vor uns fiel der Schnee zum Krater mit ‹totem Winkel› steil ab. Links zog sich als langer schöner Rücken der Eruptionskegel hin. Gegenüber erschien als schwarze Wand mit weißer Krönung die Kaiser-Wilhelm-Spitze, rechts davon die Scharte des Barranco, aus der der Nebel aufstieg [. . .].»

Ausblick auf den Mawenzi von der Mwekaroute. Oehler und Klute biwakierten rechts vom Fuß der gewaltigen Schutthalde, die sich unter dem Schneefleck erstreckt.

Barranco, das spanische Wort für Schlucht, ist ein Begriff der physischen Geografie und kennzeichnet radial verlaufende Erosionsrisse in Vulkankegeln. Meyer hatte die westliche Bresche im Kraterrand so benannt, aber der Name setzte sich – wie auch seine Bezeichnung «Galumaplateau» für das Shiraplateau – nicht durch. Stattdessen spricht man heute von der Western Breach, nennt jedoch die daran anschließende Talschlucht Great Barranco oder Barranco Valley.

Auf dem Kraterrand angekommen, ist Oehler, der schon während des Anstieges «einen Vorgeschmack der Unendlichkeit» verspürt hatte, zu erschöpft, um noch zum Gipfel zu gehen. Die Männer steigen deshalb – sie sind auch dort die Ersten, die das tun – in die Western Breach ein, folgen einer Schneerinne bis zu einem gefrorenen Wasserfall und fahren dann über Schutt und den Kleinen Breschengletscher ab. Den ausgesetzten Felsvorsprung, über den sich damals der gefrorene Wasserfall ergoss, müssen auch heutige Bergsteiger beim Anstieg durch die Western Breach überwinden. Sein dicker Eismantel ist allerdings längst verschwunden.

Oehler und Klute nehmen bald darauf noch einen weiteren neuen Weg: Während der von Erich Volkens und Hans Meyer geleiteten Umrundungen war der südliche Bereich des Gipfelberges ausgelassen worden. Den begehen sie nun auf einer Route, die später den Namen «Southern Circuit» erhält. Das erregendste Erlebnis dabei ist jener Morgen, an dem sie Barranco Wall an der Stelle überwinden müssen, die jetzt spöttisch «Breakfast» genannt wird. Einer ihrer Begleiter verliert dabei im Steinschlag einen Zahn. Darüber hinaus – sieht man davon ab, dass Oehler hin und wieder Prügeleien mit den Trägern sucht – verläuft die gesamte Kiboumrundung ohne unerfreuliche Zwischenfälle. Die Forscher schließen ihren Aufenthalt mit der Untersuchung des Shirakammes ab. Ein Klute Peak genannter Gipfel erinnert dort seither an ihre Mühen.

Es bleibt wenig mehr zu tun. Wenn man es so sehen will, beginnt im Dezember 1912 bereits das Zeitalter des Bergtourismus am Kilimandscharo: Da erreichen Walther Furtwängler und Siegfried König vom Akademischen Skiklub München als dritte Partie die Kaiser-Wilhelm-Spitze, nachdem sie Abschnitte des Kraterrandes auf Ski befahren haben. Wie die Topografen Lange und Weigele im Jahr 1909 dringen auch sie bis zur Bresche vor. Und hinterlassen bleibende Benennungen auf den Karten des Kibos: Furtwängler Point (ca. 5865 m) sowie den Furtwänglergletscher, der eigentlich Max Langes Namen tragen müsste, weil Lange ihn zuerst beschrieb.

Das Jahr 1914 sieht dann zwei Künstler auf dem Kibogipfel: Walter von Ruckteschell und den Schweizer Maler Carl Albert von Salis. Beide sind erfahrene Alpinisten und erschließen im Februar eine bislang nicht begangene Route: von der Hans-Meyer-Scharte quer durch den Kraterkessel und an dessen Innenwand hinauf zur Kaiser-Wilhelm-Spitze. Der Einstieg in die Kraterwand erweist sich dabei als der gefährlichste Teil. «Der Schnee war tief und pulvrig, nur mit dünnem Harscht überzogen. Wir sanken meist bis über die Hüften ein, krochen zuletzt [...] auf allen Vieren weiter [...]. Da riss plötzlich mit dumpfem Knall der ganze Hang. Zum Glück jedoch ohne abzurutschen.» Auch Ruckteschell und Salis gehen bis zur Bresche weiter und errichten einen Steinmann, in dem sie das erste Gipfelbuch sowie eine von ihnen aufgefundene Nachricht Furtwänglers und Königs hinterlassen. Stunden zuvor war Ruckteschells Frau in der Hans-Meyer-Scharte zurückgeblieben, weil sie glaubte, der Weg durch

den Kraterkessel übersteige ihre Kräfte. Sie kehrte allein zur Biwakhöhle zurück. Wenn man über den lediglich durch eine fragwürdige Zeitungsmeldung belegten Anspruch der Südafrikanerin Gertrude E. Beham hinwegsieht, ist die Bildhauerin Clary von Ruckteschell-Trueb somit die erste Frau, die auf die Eisburg im Kibokrater blicken durfte.

Der Furtwänglergletscher im Südwesten des Kraterkessels ist nur ein Überrest der Eismassen, die vor langer Zeit den gesamten Kessel füllten.

Etwa zur gleichen Zeit wird im Hafen von Daressalam Baumaterial gelöscht, das die Alpenvereinssektion Hannover für den Bau einer Schutzhütte spendete. Der Siedler Ernst Theodor Förster, der in Marangu ein Hotel betreibt, hat zuvor bereits zwei Hütten an jenen Orten errichten lassen, an denen heute die Mandara- und die Horombohütten stehen. Nun soll eine dritte Hütte die Entbehrungen einer Kibotour noch mehr einschränken. Aber ihr Balkenwerk wird wenige Monate später zum Bau eines Hilfslazaretts verwendet, und der bergsteigende Maler Walter von Ruckteschell beispielsweise muss als Oberleutnant der Schutztruppe und Adjutant General Paul von Lettow-Vorbecks in den Kampf ziehen. Der Weltkrieg erreicht Ostafrika.

Marangu Gate. «Jetzt!», ruft der Mann seiner Frau zu. Er schwenkt seine Bergschuhe vor der Videokamera und gibt sie dann Musa, einem jungen Träger. Musa trägt zerrissene Volleyballschuhe und lächelt gequält. Die Szene muss schon zum dritten Mal wiederholt werden, weil die Frau nicht mit der Zoom-Einstellung umgehen kann. Ihr Mann wird ärgerlich. Er will die Geschenkübergabe rasch festhalten und sich dann in den Bus retten, bevor die übrigen Träger herüberkommen. Weil er die Hoffnung in ihren Blicken, die er für Verlangen hält, nicht ausstehen kann.

Daneben eine Gruppe junger Spanier. Stumm und erschöpft. Rot geäderte Augäpfel in flachen Gesichtern. Es ist die Meute, die vorgestern johlend am Gillman's Point herumlag, berauscht vom Banghi, das man hier an jeder Straßenecke kaufen kann. Und dort drüben lärmende Neuankömmlinge in hellen Jogginganzügen. Sie haben im Duka Regenschirme mit grün-schwarz-blauen Feldern gekauft – den Farben der tansanischen Flagge. Einige lachen verstohlen. Nicht über ihre blödsinnigen Schirme, sondern über William und mich, weil wir so schmutzig sind.

Ich habe ein Problem: einen wunderschönen, rundherum mit Naturfarben bemalten Bergstock, mit dem ich nicht durch das Dorf gehen will. Rot und weiß und obenauf ein Stückchen Eidechsenhaut. Der Griff ist braun, mein Blut hat ihn gefärbt, aber das ist schon eine Woche her.

«Dawa mkubwa sana», wisperte die alte Frau in Machame, als sie mir den Stock verkaufte. Ich fragte, ob sie eine Hexe sei. Vermutlich war sie eine, denn der Stock hat mich später vor einem bösen Sturz bewahrt. «Gottes Regen regnet auf alle, auch auf die Hexen», hatte die Alte kichernd geantwortet.

Ich sehe niemanden, dem ich den Stock schenken möchte.

Aus ist nun des Steinmanns Lied

Die unheilvolle Mischung aus Größen- und Verfolgungswahn, die Deutschland in den Weltkrieg geführt hatte, erwies sich als tödlich. Das Deutsche Reich und seine Verbündeten verloren den Krieg und sehr viel mehr: Menschen vor allem, gegenwärtige und künftige Hebammen und Fuhrleute, Schmiede und Dichterinnen, Bauern und Philosophen, kurzum Menschen, die Brot und Wärme und Klarheit in die Welt hätten bringen können. Die Mächtigen hatten ihre höchste Aufgabe versäumt: den Abhängigen ein auskömmliches, friedvolles, geordnetes Leben zu sichern.

Träger sammeln sich am Parktor von Marangu. Einige Frauen sind aus der Siedlung heraufgekommen, um sich zu verabschieden und vor allem darauf zu achten, dass ihre Männer angemessene Lasten auswählen.

Die von britischen Truppen eroberte ehemalige Kolonie Deutsch-Ostafrika – und damit das Kilimandscharogebirge – wird 1920 vom Völkerbund als Mandatsgebiet Tanganyika an Großbritannien vergeben. Wiederum fragt niemand die Menschen, die dort die Äcker bestellen und deren Vieh dort weidet, was sie davon halten. Und die neuen Kolonialherren beginnen, auch in topografischer Hinsicht Besitz vom Land zu ergreifen. Ein sichtbarer Ausdruck solcher Bemühungen ist die Karawane, die im Oktober 1921 Moshi verlässt: mehr als ein halbes Hundert Träger, Führer, Askaris, Köche und Diener, zwei Maultiere und eine Schafherde als «Braten auf Beinen». Geführt wird die Schar von dem Ingenieur Clement Gillman, dem Regierungsbeamten und Ethnografen Charles Dundas sowie von Paul Nason und F. J. Miller. Gillman, ein vielseitig tätiger Mann, der in Freiburg und Zürich studierte, während des Krieges zunächst interniert war und dann in Europa und Ostafrika gegen die Deutschen kämpfte, besitzt alpinistische Erfahrung, ist unter anderem in den Dolomiten geklettert und hat bereits 1919 das Sattelplateau erkundet. Damals beschloss er, «fasziniert von dem überwältigenden Berg», dorthin zurückzukehren. Seine Karawane nimmt nicht den direkten Weg von Moshi, sondern den weniger steilen über Marangu, die Bismarck- und die Petershütte und lagert dann wie ihre Vorgänger in der Biwakhöhle.

Von dort steigen die Europäer und zwei Chaggabegleiter am Morgen des 19. Oktober zum Kraterrand hinauf. Sie alle werden von Kopfschmerzen gequält, Miller gibt bei 4900, Dundas bei 5200 Metern auf. Nachdem einer der Chagga mit Dundas hinabgegangen ist, bleibt der zweite in einer Höhe von 5700 Metern zurück. «Es wäre gelogen», berichtet Gillman später, «wenn ich behaupten würde, ich sei körperlich oder geistig in der Lage gewesen, die Schönheit der Dämmerung zu empfinden. Aber ich habe schemenhafte Erinnerungen an ein unendliches Meer rosiger Wolken weit unter uns, an Mawen-

Anstelle der Bismarckhütte – die noch vorhanden ist und als Ausweichquartier genutzt wird – entstand in den Siebzigerjahren der großzügig angelegte Hüttenkomplex um die Mandarahütte.

zis schwarze Silhouette vor einem Hintergrund aus gleißendem Gold und an eine unermessliche Flut von Sonnenlicht, die sich plötzlich ergoss.» Er versucht, die Johannesscharte über einen zerrissenen Grat zu erreichen, muss dann aber doch auf einen breiten Streifen aus dem etwa 40 Grad steilen «verhassten Lavagrus» ausweichen, in dem die Männer bei jedem Schritt bis über die Knöchel versinken. Paul Nason, der schon im Sattel höhenkrank war, bricht fast zusammen, Gillman ist noch imstande, am Ende des Grusfeldes seine Eisaxt zu gebrauchen. Mehr als 7 Stunden nach dem Aufbruch, inzwischen belebt von der Aussicht auf Erfolg, stehen sie endlich in der Scharte: «Zu meinen Füßen lag, von Licht überflutet, Kibos ungeheurer Krater mit seinen Mauern und Zinnen aus Eis, weiß und blau, in hoheitsvoller Einsamkeit unter einem stählernen Himmel.»

Vom Weitersteigen kann keine Rede sein. Nason ist völlig erschöpft und Gillman nicht mehr imstande, seinem ursprünglichen Vorhaben zu folgen: wenigstens durch den Kraterkessel zum Eruptionskegel zu gehen. Er nimmt mit zitternden Händen Messungen vor, aus deren Ergebnissen später eine Höhe von 5880 Metern errechnet wird – 200 Meter zu viel. Die britische Flagge, die eigentlich auf dem Gipfel wehen sollte, lassen die beiden in der Scharte zurück. 2 Stunden nur dauert dann die Abfahrt über die verhassten Grusfelder, und Clement Gillman mag dabei an Hans Meyers Worte denken: «Beim Abstieg von hohen, mühsam bestiegenen Bergen bin ich mir immer wie ein leichtsinniger Verschwender vorgekommen [...]. Ich kann darum auch begreifen, warum Till Eulenspiegel beim Bergaufgehen lachte, beim Bergabgehen weinte.»

Wer in unseren Tagen zum Gillman's Point hinaufsteigt, der findet dort eine Steintafel, die an Clement Gillman erinnert. Daneben steht eine weitere Tafel mit dem 66. Psalm: «Alles Land bete dich an und lobsinge dir, lobsinge deinem Namen.» Lobpreisung hätte auch Gillmann verdient, der die wissenschaftlichen Arbeiten Hans Meyers – im Gegensatz zu den «Ostafrikanischen Gletscherfahrten» war «Der Kilimandjaro» nicht übersetzt worden – sowie Uhligs, Jaegers und Klutes unter weniger sprachkundigen Briten bekannt machte. Und der dafür eintrat, «Gillman's Point» umzubenennen: An seiner Stelle sollte dort der Schutztruppenhauptmann Curt Johannes geehrt werden, noch immer gelte das Recht des Erstbesteigers, politische Bestrebungen hätten auf Landkarten keinen Platz. Seinen Zeitgenossen mag er mit dieser Forderung eher weltfremd und germanophil als selbstlos erschienen sein, und natürlich unterlag er.

Weil die Kräfte der weitaus meisten Bergtouristen am Gillman's Point enden, belohnt die Parkverwaltung ihre Mühen mit einer grünen Urkunde. Der Weg zum Gipfel und zur goldenen Urkunde ist nicht mehr weit, bedeutet aber noch 2 harte Stunden.

Obgleich nun die britische Flagge auf dem Kibo lag, erregte der Berg in Deutschland weiterhin Anspruch und Interesse. 1924 entsandte deshalb die Berliner Universum-Film AG (Ufa) die Kameraleute Carl Heinz Boese und Karl Dennert mit hervorragender technischer Ausrüstung zum Kilimandscharo. Dort übernahmen F. J. Miller, vorher Clement Gillmans Gefährte, und der aus Südafrika gebürtige Schriftsteller Andries Pienaar die Leitung. Sie zogen über Marangu, die Bismarck- und die Petershütte zum Kibo und wurden in der Letzteren angeblich von einem vorzüglich mit Bremer Exportbier und stärkeren Getränken ausgerüsteten Herrn Stewart erwartet, der sich der Gruppe anschließen wollte. Die Filmexpedition verzichtete auf solchen Zuwachs, und am 9. März 1925 erreichten nach fast neunstündigem Anstieg sechs Männer die Johannesscharte: Boese, Pienaar, Miller sowie – und das sind die ersten belegbaren Aufstiege von Afrikanern zum Kraterrand – der 67-jährige Msameri, sein Sohn Oforo und Dennerts Zeltdiener Bakkhari. Msameri hatte zuvor schon Meyers letzte Expedition und Gillmans Karawane begleitet. Fünf Träger, die ebenfalls mit zum Kraterrand hinaufwollten, mussten unterwegs zurückbleiben, und auch den Kapitän a. D. Karl Dennert verließen kurz vor der Scharte die Kräfte. Der allein aufsteigende Stewart saß nach Boeses Schilderung zu dieser Zeit mit einem Vorrat an Bier und Kognak in einer Höhle.

Msameri: so wie Johana Lauwo, der bereits zu den Begleitern Meyers und Purtschellers gehörte und erst 1996 in Marangu starb, eine legendäre Erscheinung unter den Bergführern.

Da passt einiges nicht zueinander. Boeses Darstellung ist wahrscheinlich von Effekthascherei und nationalistischen Vorurteilen bestimmt worden, denn das muss jener C. H. Stewart gewesen sein, der britischen Quellen zufolge am selben Tag gemeinsam mit Miller zum Gillman's Point aufstieg und dort – wie zuvor Gillman – eine Flagge Großbritanniens hinterließ. Sicherlich war es diese Flagge und nicht Stewarts vorgebliche Trunksucht, die Boeses Widerwillen erregte. Da Donald Latham im folgenden Jahr Beweise für Millers und Stewarts Anwesenheit fand, kann die Besteigung nicht ganz so verlaufen sein, wie Boese sie beschrieb. Irritierend wirkt überdies dessen leichtfertiger Umgang mit dem Begriff «Gipfel». Unumstritten darf dennoch bleiben, dass Carl Heinz Boese damals die ersten Filmaufnahmen vom Kraterkessel und von drei Afrikanern auf dem Kraterrand gelangen.

Das Jahr 1925 und die folgenden Jahre bringen dann gleich mehrere außergewöhnliche Nachrichten vom Kilimandscharo. Im Juli 1925 gelingt es Estella und Kingsley Latham, auf dem Kraterrand bis zu einem markanten Felsen vorzudringen, der seither Stella Point (ca. 5750 m) heißt und inzwischen ein Zielpunkt jener Bergwanderer ist, die von der Barafuhütte heraufkommen. Im November erreicht der Südafrikaner G. Londt nach einem achtunggebietenden Aufstieg, der ein Biwak im Kraterkessel einschloss, sogar die Kaiser-Wilhelm-Spitze. Die eigentlichen Sensationen des Jahres stehen dabei neben ihm: die Bergführer Oforo und Jonathan. Denn das ist die erste verbürgte Nachricht von Afrikanern auf dem Kibogipfel. Londt geht weiter bis zu dem von Walter von Ruckteschell und Carl von Salis errichteten Steinmann und nimmt als Beweis für seinen Gipfelsieg das dort hinterlegte Gipfelbuch mit. Der Berg rächt sich sofort: Beim Abstieg wird Londt schneeblind und muss zwei Tage lang von Oforo und Jonathan, die ihm damit das Leben retten, in einer Höhle gepflegt werden. Überdies erwartet ihn wegen des gestohlenen Gipfelbuches der Ausschluss aus dem Mountain Club of South Africa.

Im Juli 1926 begleiten Oforo und Jonathan den in Tanganyika tätigen Arzt Donald V. Latham zum Gipfel. Die Gruppe findet dabei die Spuren der Anwesenheit verschiedener Vorgänger: an einer später Leopard Point genannten Stelle südlich von der Hans-Meyer-Scharte den gefrorenen Kadaver eines Leoparden, in der Johannesscharte zwei britische Flaggen, die dort von Clement Gillman und Paul Nason (1921) sowie von F. J. Miller und C. H. Stewart (1925) hinterlassen wurden, und im Steinmann nahe der Western Breach eine Nachricht Walther Furtwänglers und Siegfried Königs. Latham, dessen Namen ein von ihm und seinen Begleitern R. von Dechend und Oforo erstmals bestiegener

«Unsere Fokker ist das grosse Ereignis der Eingeborenen.» – Bildunterschrift und Fotografie von Walter Mittelholzer.

Mawenzigipfel bewahrt, nahm zudem als Erster im Kilimandscharogebiet physiologische Untersuchungen vor, die Auswirkungen des Höhenbergsteigens auf den Organismus belegten.

Verglichen mit dem Geschehen in früheren Zeiten geht es nun um den Kibogipfel sehr lebhaft zu. Im September 1926 steigen Richard Reusch und Jonathan im Schneesturm und durch Nebel zur Kaiser-Wilhelm-Spitze hinauf. Reusch wird noch rund vierzigmal auf dem Gipfel, auf dem Kraterrand und im Kraterkessel sein. Von ihm wird erzählt, er habe früher eine Kosakenabteilung des Zaren befehligt. Verbürgt ist jedenfalls, dass der kleine Mann – nur sein Schnauzbart hat gewaltige Ausmaße – danach Missionar in Äthiopien und in Arusha war, die Ebene wegen einer Malariaerkrankung verlassen musste und nun an der Missionsschule in Marangu lehrt. Im Jahr darauf ist Reusch der erste Bergsteiger, der bis an den Rand des bald nach ihm benannten Innenkraters vordringt und in Kibos Innenleben blickt. Zur Topografie des Berges trägt Reusch ferner bei, indem er eine Stelle auf dem Kraterrand «Elveda Point» benennt und damit seiner Frau, der Missionarin Elveda Bonander, ein Denkmal setzt.

Schon drei Jahre nach Reuschs erstem Blick in den Kiboschlund, nämlich nach dem Erscheinen von Walter Mittelholzers «Kilimandjaro-Flug», kann es ihm jedermann gleichtun. Die Schweizer Mittelholzer und Alfred Künzle, beide als Piloten für eine Jagdgesellschaft des Barons Louis von Rothschild tätig, sind erfahrene Piloten: Sie überflogen vor ihrem Kilimandscharo-Abenteuer bereits den Mount Kenya (5199 m), und Mittelholzer hatte schon 1927 weltweit Aufsehen erregt, als er mit dem Wasserflugzeug «Switzerland II» – damals war Hans Hartmann sein Kopilot – vom Zürichsee nach Kapstadt flog. Im Januar 1930 haben sie jedes entbehrliche Teil ihrer Fokker «Switzerland III» demontiert und nähern sich von Nairobi her dem höchsten Gipfel Afrikas: «Für die noch

Kibos Innenkrater, fotografiert von Walter Mittelholzer. Links oben jener Abschnitt der Kraterumwallung, auf dem der Gipfel liegt, rechts davon der Einschnitt der Western Breach.

fehlenden 200 bis 300 Meter, die für eine gefahrlose Überfliegung notwendig sind, brauchen wir noch weitere 10 Minuten Steigzeit. Unterdessen enthüllt sich uns ein ganz merkwürdiges, unerwartetes Bild. Auf der im Durchmesser wohl 5 bis 6 Kilometer betragenden Eiskalotte zeichnet sich im Zentrum der äußere Ring des alten, erloschenen Kraters mit scharfen Fels- und Eisrändern ab. Allmählich vertieft sich der Ring zu einer riesenhaften Arena, an deren Grund das 500 Meter breite Einbruchsloch des ehemaligen Feuerschlundes gähnt, gleichsam an das Riesenauge eines märchenhaften Gebildes längst vergangener Erdentage erinnernd. In der Mitte einer streng geometrischen Figur von gleichförmigen Ellipsen, die sich beim Höhersteigen zu konzentrischen Kreisen runden – so liegt, mit Eis- und Schneelappen bedeckt, der höchste Gipfel des schwarzen Kontinents zu unsern Füßen.

Wie oft habe ich nicht schon vom Flugzeug aus Dinge erschaut, die noch keines Menschen Auge vorher erblickt hatte, ohne dass ich dabei eine besondere Ergriffenheit verspürt hätte … Heute aber, da ich aus bisher nie erlebter Höhe auf dieses phantastisch geformte, ungeheure Gipfeldach hinunterschaue, da sich seine Geheimnisse Schlag auf Schlag enthüllen, durchströmt mich heiß die Freude des Gelingens, der Stolz des Entdeckers.

In 6400 Meter Höhe donnert die ‹Switzerland› über den Kibo. Gerade über dem unheimlich tiefen Kraterloch wird sie von Böen erfasst, dass ich mich fest anklammern muss, um nicht umgeschleudert zu werden. Während einer halben Stunde, in der ich Hunderte von Filmmetern drehe, ziehen wir große Kreise um und über den Kibo, dessen drei größte Eisströme, Credner-, Drygalski- und Penckgletscher, auf der Westseite über 1200 Meter tief an den grauen Lavahängen hinunterfließen.»

Eine Luftaufnahme Mittelholzers vom westlichen Kibo mit den Zungen des Nördlichen Eisfelds (links), der teilweise verschneiten Western Breach und dem Heimgletscher. Am rechten Bildrand der Mawenzi.

Während Mittelholzer filmt und fotografiert, geschieht Künzle das, was auch manchen Bergsteiger dort unten überkommt: Er hat starke Kopfschmerzen, muss sich übergeben, und sein Partner übernimmt für kurze Zeit den Steuerknüppel. Beide landen nach reichlich 4 Stunden und einem großen Augenblick in der Geschichte der Luftfahrt und des Kibos wohlbehalten, wenngleich bleich und von Anstrengung gezeichnet, in Nairobi. Nur vier Jahrzehnte nach dem Gipfelsieg Meyers und Purtschellers verfügten Menschen nun über Flügel, die sie noch höher hinauftrugen. Die Berge sahen es gelassen, es nahm ihnen weder ihre Würde noch ihre Macht: Walter Mittelholzer verunglückte sieben Jahre später während einer Klettertour in der Steiermark tödlich.

Kibo und Mawenzi ziehen inzwischen so viele Bergsteiger an, dass diese Schilderung längst lückenhaft geworden ist. Einen Meilenstein in der Geschichte der Besteigungen hatte im Juli 1927 Sheila G. McDonald gesetzt, als sie als erste Frau, nur drei Tage nach einem erfolgreichen Aufstieg zum höchsten Mawenzigipfel, die Kaiser-Wilhelm-Spitze erreichte. Doch der Kibo bleibt unberechenbar, auch für hervorragende Bergsteiger, die wenige Jahre später durch ihre Expeditionen zum Mount Everest berühmt wurden: Im März 1930 quälen sich Eric Shipton und Harold William Tilman, deren Führer Solomon am Gillman's Point aufgeben muss, höhenkrank durch hüfttiefen Schnee auf dem Kraterrand. Sie gelangen nur bis Stella Point und kehren schneeblind zurück. Wenig später versuchen die beiden sich am Mawenzi, finden nach einigen Schwierigkeiten die Oehlerrinne und gelangen hinauf. Tilman, dem die Niederlage dennoch keine Ruhe lässt, kommt während seiner gefeierten Durchquerung Afrikas mit dem Fahrrad 1933 nochmals zum Kibo. Er sieht diesmal den Berg fast unverschneit. Auf dem Gipfel findet Tilman in einer Kiste das Gipfelbuch, eine britische Flagge und eine Bibel, im inneren Krater bemerkt er als Erster Fumarolen und Schwefelablagerungen, und wie andere vor ihm besucht er den gefrorenen Leoparden am Leopard Point.

1938 erreicht dann das Hakenkreuz des Deutschen Reiches den ehemaligen «höchsten Punkt deutscher Erde». Zum Glück nur verstohlen, nämlich mit den Zeltwimpeln einer Expedition der Alpenvereinssektion Stuttgart. Zwei ihrer Teilnehmer steigen auf der Normalroute zum Kibogipfel, und Eugen Eisenmann und Theo Schnackig erschließen eine südliche Anstiegsroute über den Deckengletscher. Eisenmann überschreitet zudem gemeinsam mit Robert Hildebrand den Mawenzi von der Hans-Meyer-Spitze bis zur Lathamspitze. Dabei werden die Purtscheller- und die Borchersspitze zum ersten Mal bestiegen. Hildebrand besteigt später mit Konrad von Wuest Londt Peak, so dass er den Mawenzigrat nun bis auf die Pinnacles überschritten hat. Vor allem kommt damit Ordnung in das Gewirr der «Unnamed 1», «Unnamed 2» und «Twin Peaks»; der Name «Purtscheller Peak» war sogar an zwei verschiedene Bergspitzen vergeben worden. Im Einvernehmen mit dem Mountain Club of East Africa trägt nunmehr der zweithöchste Mawenzigipfel Purtschellers Namen, der nächste, Borchers Peak, wird nach einem Mäzen der Expedition benannt, der dann folgende nach Fritz Klute.

Die Bergsteiger reisen weiter, zum Ruwenzorimassiv. Sie ahnen sicherlich nicht, dass dies ihre letzte Gelegenheit zu Bergfahrten in Ostafrika ist und dass sie bald einem Gebirgsjägerbataillon angehören werden. Ein verderbenbringendes Gebräu aus Demütigung und Machtrausch macht die Deutschen trunken und lässt sie zu Mördern ihrer Nachbarn werden.

Es wird still im Kilimandscharogebirge. Dies ist nicht die rechte Zeit für Bergfahrten. Die Bergsteiger aus Kenia, Tanganyika und Südafrika sind zumeist an fernen Fronten. Aber eine der treibenden Kräfte hinter ihnen, Arthur Firmin, kommt 1942 zum Kibo, und es gelingt ihm sogar, die erstmals von William Tilman bemerkten Fumarolen im Krater zu fotografieren. Im folgenden Jahr erkundet dann J. H. Ash den Innenkrater – die Benennungen Ash Cone und Ash Pit erinnern daran.

Inzwischen sind auch einige der afrikanischen Träger und Bergführer in Uniformen gesteckt worden: Sie kämpfen in Äthiopien gegen Italiener, in Burma gegen Japaner. Verwendung für ihre Fähigkeiten gibt es erst in den Fünfzigerjahren wieder, als eine Expedition der Universität Sheffield die geologische Struktur des Kilimandscharogebirges erforscht. Dabei unternehmen britische Wissenschaftler den ersten erfolgreichen Abstieg in den größeren der beiden Mawenzi-Barrancos – schon Eduard Oehler hatte das vergeblich versucht – und steigen, wahrscheinlich ebenfalls als Erste in dieser Richtung, durch die Western Breach zum Kraterkessel auf. 1955 wird dann im kenianischen Oloitokitok ein Outward Bound Center gegründet. (Die über die ganze Erde verbreiteten Outward-Bound-Privatschulen dienen einer naturnahen Fortbildung, die

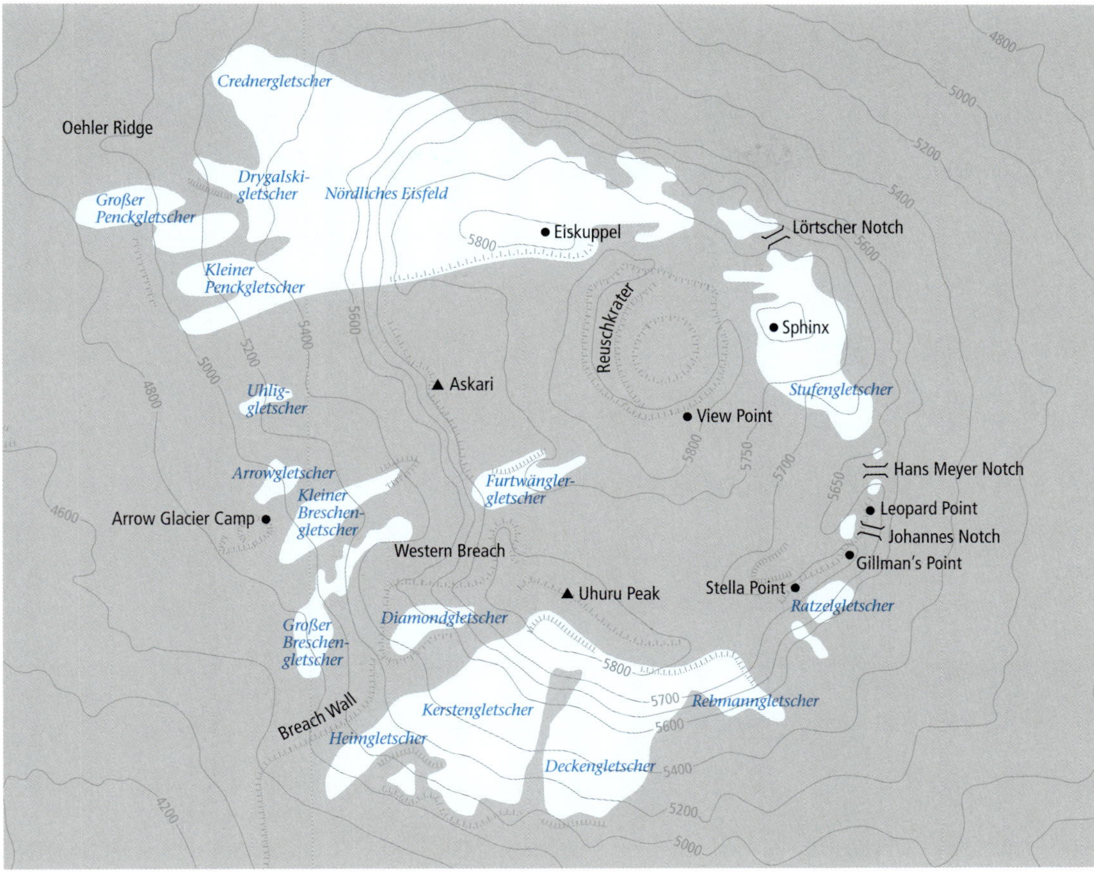

Der Gipfelbereich des Kibos (nach John Temple, Rudolf Jauk u. a.; Gletschergrenzen um 1990).

insbesondere Charaktereigenschaften wie Verantwortungsbereitschaft und Kameradschaftlichkeit fördert, und suchen deshalb die Nähe herausfordernder Landschaften.) Dem Wirken dieses Zentrums ist es zu verdanken, dass in den folgenden Jahren mehrere neue Routen erschlossen und viele künftige Bergführer geschult werden.

Es kommen auch wieder häufiger Bergsteiger – meist in Kenia lebende Briten, enthusiastische Männer, die dem 1949 gegründeten Mountain Club of Kenya angehören, Südafrikaner, Italiener – zum Kilimandscharo. Und in den Sechzigerjahren beginnt der Schweizer Fritz Lörtscher seine zahlreichen Erstbegehungen am Kibo und am Mawenzi. Die Siebzigerjahre, die große Zeit des Eiskletterns, eröffnet Lörtscher am letzten Tag des Jahres 1970 mit einer elfstündigen Übersteigung des Nördlichen Eisfeldes. 9 Stunden lang klettert er die senkrechten oder überhängenden, 3 bis 12 Meter hohen Stufen aus blauem Eis hinauf. Erst am späten Nachmittag steht Lörtscher auf dem Kamm des Eiswalles und seilt sich anschließend 16-mal an «Eispilzen» ab, die er zuvor mit der Eisaxt geformt hat. Um 8 Uhr abends erreicht er endlich Felsengrund, sucht ei-

Der Deckengletscher, über den Eisenmann und Schnackig 1938 eine Direktroute eröffneten, in der heutigen Ansicht vom Karanga Valley.

Rechte Seite: Die beständig größer werdende Fläche dunkler vulkanischer Asche im Kraterkessel heizt sich tagsüber auf und trägt so erheblich zum Sterben der Gletscher bei (oben). Lörtscher Notch, 1970 noch eine schmale Scharte im nordöstlichen Eisband, heute vom Camp Third Cave her gesehen (unten).

Breach Wall – die schwierigste Wand auf dem gesamten Kontinent.

nen tiefer gelegenen Biwakplatz und verbringt die Silvesternacht in einer Höhe von 4950 Metern bei Temperaturen um den Gefrierpunkt, frierend und nahezu schlaflos. Am Neujahrstag erwartet ihn dann die «endlose Querung unzähliger Spalten und Rinnen» beim Abstieg zum Sattel.

Anziehend, wie da jemand seine Silvesternacht auf dem Kibo verbringt – es ist seine 19. Besteigung – und das nur mit einem knappen Bericht im «Alpine Journal» verrät. Und dabei Ruwaichi nicht vergisst, den Afrikaner, der ihn bis zum Gletscher begleitet, der seine Ausrüstung trägt und mit ihm und dem Geografen Oskar Bär eine zuvor unter dem Eis verborgene Scharte im Kraterrand entdeckt: Lörtscher Notch. Keine Fotografie in Siegerpose. Ein Enthusiast, einer ohne Preisschild, ein davongehender Menschenschlag. Ein Relikt aus einer Epoche vor der Zeit, die mit vollkommenen Hilfsmitteln und modernen Klettertechniken Zugriffe auf die schwierigsten Wände erlaubt und das hingebungsvolle Interesse des Publikums verheißt.

Als Fritz Lörtscher 1972 eine Fels-Eis-Route im Westen der Breach Wall erschließt, tritt er damit einen Stein los. Breach Wall ist eine mehr als einen Kilometer hohe Wand am südlichen Kibo: ein erstes Eisfeld, dem etwa auf halber Höhe über einer Eiskaskade das nach einem italienischen Bergsteiger benannte Balletto Icefield folgt, weit darüber Diamond Glacier, von dem ein 80 Meter langer gefrorener Wasserfall, Icicle genannt, herabhängt. Der Ausstieg ins Diamond-Eisfeld führt zum Kraterrand und zum Gipfel. Die Wand ist hoch, das Gestein brüchig, das Eis wässrig, und ständig können Schneelawinen oder Steinschläge abgehen. Breach Wall ist nicht weniger als die größte Herausforderung für Bergsteiger auf dem afrikanischen Kontinent.

Im Dezember 1974 finden John Temple und Tony Charlton eine gemischte Route im Ostteil, die sie über das Balletto-Eisfeld zum Heimgletscher führt. Temple kehrt wenige Monate später mit Dave Cheesmond zurück. Die beiden erreichen Balletto Icefield, biwakieren unter dem Icicle und hoffen, am kommenden Tag über ihn den Diamond Glacier zu erreichen. Doch die Falllinie ist unbegehbar, das Eis schwammig. Sie müssen nach Osten ausweichen, verbringen abermals einen Tag und eine Nacht in der Wand, bevor sie sich über ein Rinnensystem dem Kraterrand nähern: über trügerisches, durchweichtes Eis, morschen Fels, im Steinschlag und fortwährend von Schmelzwasser durchnässt. «Ich presste mich an den Felsen», schreibt Temple darüber, «und wünschte, ich wäre nicht dort.» Noch ein feuchtes Biwak und 200 Meter Qual, dann endlich der Gipfel. Im Oktober 1977 folgen den beiden der berühmte Doug Scott und Paul Braithwaite in die Wand. Eisbrocken und Geröll zerschlagen ihnen schon im ersten Eisfeld die Seile.

Im Jahr darauf kommen zwei junge Amerikaner, von denen gesagt wird, sie gehörten zu den besten Kletterern der Welt: Henry Barber und Rob Taylor. Sie sind schon gemeinsam im Eis geklettert: vor einiger Zeit in Norwegen und gerade erst, kurz nach der Landung in Nairobi, auf dem Mount Kenya. Sie waren

Vorangehende Doppelseite: Blick vom Barrancotal zur Breach Wall. Rechts der Heimgletscher; die schwarze Wand darunter ist die Barranco Wall.

erstaunt, als der hervorragende kenianische Bergsteiger Iain Allan sie darüber belehren musste, dass der Südsommer nicht die rechte Zeit zum Eisklettern sei. Dennoch stiegen sie ins Diamond Couloir ein und erreichten das Gate of the Mists. Diamond Couloir ist eine der schwierigsten Eistouren aller Kontinente. Am folgenden Nachmittag fegte eine Lawine die gesamte Südwand und das Couloir bis auf den Fels und schwarzes Eis frei. Viel darüber nachgedacht haben sie nicht, weil die Zeit knapp wird. Barber, gebunden von seiner Tätigkeit für mehrere Bergsportausrüster, als Vortragsreisender und Filmteam-Berater, muss in die USA zurück.

Deshalb hasten sie jetzt die Umbweroute zum Kibo hinauf. Ohne sich bei der Parkbehörde zu melden, obwohl sie wissen, dass zuvor zwei Holländer dort bis auf ihr Zelt und ihre Ausrüstung spurlos verschwanden. Ohne wenigstens einen Begleiter mitzunehmen, einen Führer oder Träger, obgleich sie beide nicht gerade arm sind. Iain Allan hat ihnen eine Wegskizze zur Breach Wall gegeben, das muss genügen. Wer durch das Gate of the Mists ging, der ist unverwundbar.

In den zwei Tagen, in denen sie die mächtige Wand besehen, weil das Wetter keinen Einstieg erlaubt, in den Nächten, in denen sie Lawinen donnern hören, kommen ihnen Zweifel. Was eben noch glattes, festes Eis war, bemerken beide, quillt auf und wird schwammig, sobald ein Nebelfetzen darüber wischt. Sie steigen trotzdem ein. Kurz nachdem der vorsteigende Rob Taylor am Icicle eine Eisschraube gesetzt hat, stürzt er ins Seil und schlägt mit dem linken Fuß so heftig gegen den Fels, dass er im Gelenk bricht. Ein komplizierter Bruch: Noch im Seil schwingend, sieht Taylor die ihm zugekehrte Stiefelsohle mit den Steigeisenzacken.

Taylor renkt unter furchtbaren Schmerzen seinen Fuß ein, schient ihn mit dem Schaft eines Eisgeräts und handelt überlegt, als er den Stiefel wieder anzieht. Eine Viertelstunde später hätte er ihn nicht mehr über das geschwollene Gelenk bekommen. Dann humpelt, kriecht und rutscht er, von Barber gesichert, zu einem Überhang, unter dem sie biwakieren können. Sie sind 5500 Meter hoch. Man könnte Taylor abseilen, Stück für Stück die 600 Meter hinab bis zu einem begehbaren Hang, aber dafür haben sie nicht genug Seil. Überdies sehen sie beständig Felsbrocken auf das untere Eisfeld klatschen. Auch könnte Barber weiterklettern und Taylor immer wieder hinaufziehen, aber beide glauben nicht mehr, dass das möglich ist, und auch dann würde Taylor wahrscheinlich von Eis oder Steinen erschlagen. Sie verbringen eine schlimme Nacht, und zu allem Übel haben sie nur zwei Schmerztabletten dabei.

Am nächsten Tag schleppt Barber seinen Gefährten über das Balletto-Eisfeld zum Heimgletscher und nach einer weiteren Biwaknacht noch 150 Meter tiefer zu einer Moräne, wo ihn ein Überhang schützt. Dann entscheidet er, dass er zur Horombohütte gehen wird, um Hilfe zu holen. Er packt seine Ausrüstung in seinen Rucksack und fotografiert den auf dem Schlafsack sitzenden Verletzten. Taylor glaubt zu bemerken, dass er zuvor das Schlafsackfutter zurückschlägt, so dass man die eingenähte Firmenmarke sehen kann.

Hilfe, geführt vom norwegischen Bergsteiger Odd Eliassen, kommt spät. Henry Barber, der ja weder eine Karte noch Ortskenntnis besaß, hatte unterwegs ein Schild gesehen, das den Weg zur Mwekaroute wies, und war ihm gefolgt. Das brachte ihn zwar zur Mwekahütte, die ihm ein willkommenes Nachtquartier bot, nachdem er einem Leoparden begegnet war, aber weitab von der Funkstation in Horombo. Am nächsten Tag verirrte er sich völlig, stieß dann zufällig auf ein Holzfällerlager und konnte am Abend des fünften Tages nach dem Unglück endlich die Parkbehörde benachrichtigen. Nun, am Tag darauf, kommt der Rettungstrupp über das Shiraplateau herauf – ohne eine Trage, weil in der Eile keine zur Hand war. Taylor, der die ganze Zeit nur Schnee gegessen hat, lebt noch, doch der Wundbrand hat schon begonnen. Aber sein Fuß kann – nachdem ein Hubschrauberpilot vergeblich versuchte, zur Barrancohütte hinaufzufliegen, und man den Verletzten zum Shiraplateau geschleppt hat – gerettet werden. Mit Entsetzen lernt Rob Taylor jetzt die Zustände in einem tansanischen Krankenhaus kennen. Der furchtbarste Schlag für ihn scheint jedoch zu sein, dass Barber inzwischen in die USA zurückgeflogen ist, um Geschäften nachzugehen.

Taylors Buch «The Breach» ist eine lehrreiche Lektüre, auch wenn es nicht ganz hält, was der Untertitel «Kilimanjaro and the Conquest of Self» verspricht. Wer ist schon gerüstet für den Besuch des kahlen Gastes, der von weit her kommt und deshalb nicht enttäuscht sein will? Mit bitteren Vorwürfen gegen Henry Barber, den er Harley Warner nennt, setzt sich der Autor darin gegen die Erkenntnis zur Wehr, dass die Ethik des Bergsteigens, die von ihm beschworene «Bruderschaft am Seil», dort endet, wo sie zur Ware wird. Was man feilbietet, wird gewöhnlich schmutzig. Noch in einem amerikanischen Krankenhaus erfährt Taylor, dass Barber inzwischen mit ihrer Geschichte und auch mit dem Schlafsackfoto viel Geld verdient hat.

Breach Wall, die letzte Herausforderung im Kilimandscharogebirge, blieb nur noch einige Wochen nach dem Unglück unbegangen. Reinhold Messner, der am Kilimandscharo für seinen Everestaufstieg ohne Sauerstoffgerät trainierte, und Konrad Renzler standen im Frühjahr 1978 am Fuß der Wand, als sie noch von Nebeln verhüllt wurde: «Wir waren der Wand nahe. Das Donnern über uns war der untrügliche Beweis. Man hatte uns gewarnt. Aber was wir hörten, war schlimmer, als wir es uns vorgestellt hatten. Es gluckste, schepperte, klirrte, schnaubte ununterbrochen. Die Wand kotzte ständig Geröllllawinen

Henry Barbers verfehltes Ziel: die Sprechfunkstation im Hüttenkomplex Horombo Hut an der Maranguroute.

Rechte Seite: Wegweiser an den Hauptrouten wecken Zutrauen, aber die Arrow Glacier Hut zum Beispiel ist schon vor vielen Jahren von einer Steinlawine zerstört worden. Immer gültig sind dagegen die Ratschläge auf Hinweistafeln an den Zugängen.

aus. Sie rotzte Sturzbäche von Wasser. Dies war die lebendigste Wand, die mir je untergekommen war», schrieb Messner. Dennoch erreichten die beiden am nächsten Tag – frei in der Falllinie kletternd – mit einer herrlichen Leistung nach 12 Stunden den Gipfel: «Irgendwann einmal wird dieser Weg, der Weg, auf dem wir die Breach Wall als Erste geklettert hatten, die Renzler-Messner-Route genannt werden. Das Wann spielte für uns jetzt keine Rolle mehr. Der Abbruch gehörte uns.»

Und der Kibo gehörte nun, Jahr um Jahr mehr, den Bergtouristen. Bis zur Mitte der Achtzigerjahre waren es etwa 4000 bis 7500 jährlich. Danach mussten bisweilen schon Abschnitte der Maranguroute verlegt werden, weil der Pfad zu tief ausgetreten war, und bei den Horombohütten trugen die Strohblumen nun Kleider aus weißem, rosa und grünem Toilettenpapier. Ungefähr 60 Prozent der Aufsteigenden sollen damals Gillman's Point erreicht haben, zwischen 10 und 20 Prozent der Letzteren gingen weiter bis zum Uhuru Peak.

Heute kommen mehr als 25 000 Touristen im Jahr und mit ihnen die mindestens doppelt so große Anzahl von Trägern und Führern. Das sind viel weniger Besucher als in gewissen Alpenlandschaften, und der Wirtschaft Tansanias – eines Landes, in dem das jährliche Bruttoeinkommen pro Kopf mit 280 Dollar noch 190 Dollar unter dem Durchschnittswert für das subsaharische Afrika liegt – sind die daraus erwachsenden Einnahmen wahrhaftig zu gönnen. Wäre da nur nicht das Unbehagen, das uns befällt, wenn wir auf dem Weg zum Gipfel plötzlich Spuren im Schnee entdecken! Denn Touristen sind immer die anderen – wir sind Reisende: Menschen, die längst erfahren haben, dass man Besinnung und Erfüllung nur in fernen Landstrichen findet. Ein Tourist dagegen ist jemand, der uns das glaubt.

KIBO CIRCUIT
AROW GLACIER HUT
SHIRA HUT

POINTS TO REMEMBER.
HIKERS ATTEMPTING TO REACH
THE SUMMIT SHOULD BE
PHYSICALLY FIT.
IF YOU HAVE A SORE THROAT,
COLD OR BREATHING PROBLEMS
DO NOT GO BEYOND
3000 METRES A.S.L.
CHILDREN UNDER 10 YRS OF AGE
ARE NOT ALLOWED ABOVE
3000 METRES A.S.L.
IF YOU HAVE HEART OR LUNG
PROBLEMS DO NOT ATTEMPT THE
MOUNTAIN AT ALL WITHOUT
CONSULTING YOUR DOCTOR.
ALLOW PLENTY OF TIME FOR
THE BODY TO ACCLIMATIZE
BY ASCENDING SLOWLY.
6DO NOT PUSH YOURSELF TO GO
IF YOUR BODY IS EXHAUSTED OR IF
YOU HAVE EXTREME MOUNTAIN
SICKNES.
7DRINK 4-5 LITRES OF FLUID
EACH DAY, WATER IS BEST BUT
FRUIT JUICES ARE GOOD
SUPPLEMENT.
8.IF SYMPTOMS OF MOUNTAIN
SICKNESS OR HIGH ALTITUDE
DISEASES PERSIST, PLEASE
DESCEND IMMEDIATELY AND SEEK
MEDICAL TREATMENT. OUR
RESCUE TEAM IS ALWAYS
STAND-BY TO RENDER SUCH
SERVICES AT KIBO, HOROMBO
AND MARANGU H/Q.
9.PLEASE DO NOT LITTER THE
TRAIL. PACK ALL TRASH AND
LEAVE THE PARK AS CLEAN AS
YOU FOUND IT.

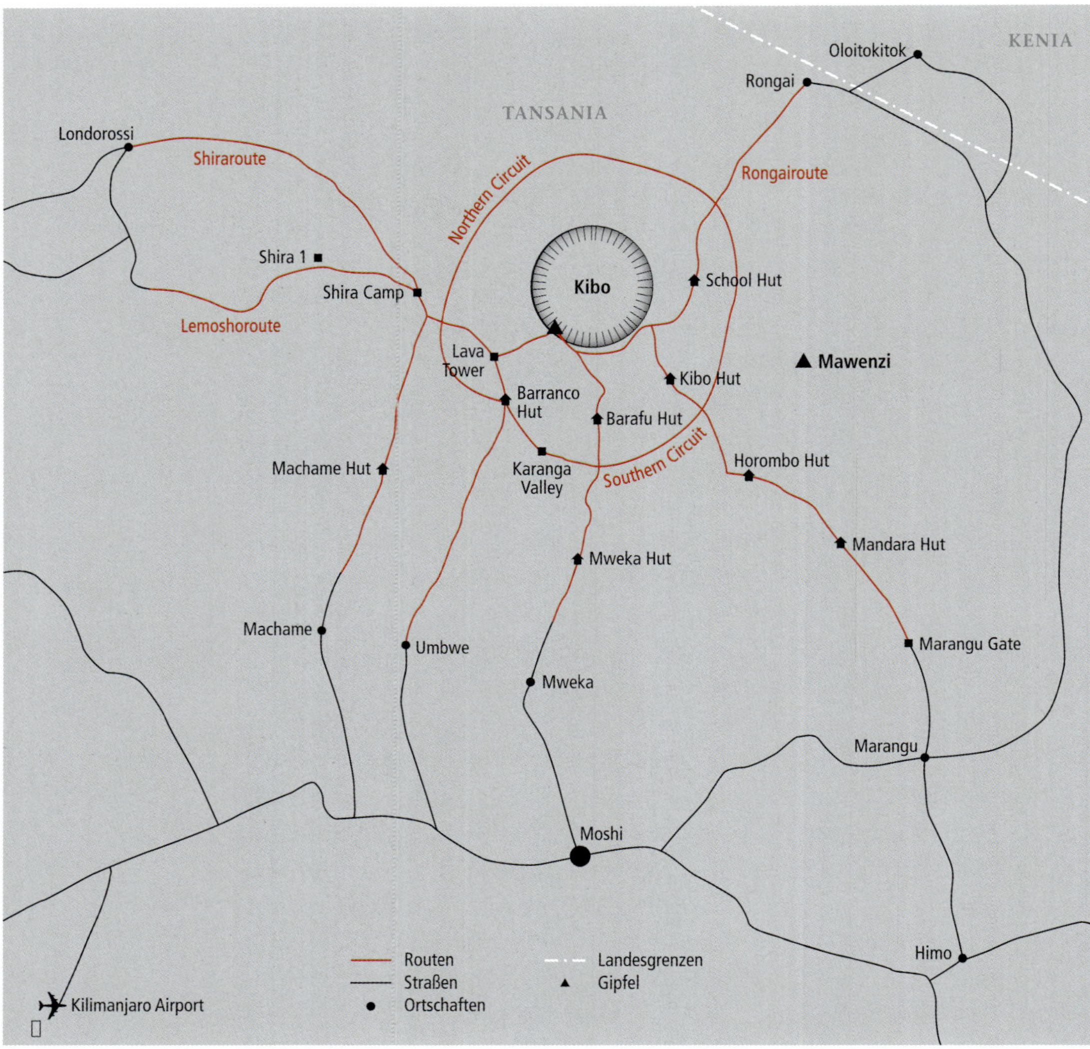

Routen am Kibo (vereinfachte Übersicht)

Routen zum Kibogipfel

An diesem mit zuversichtlich stimmenden Angaben versehenen Schild am Parktor von Marangu beginnen seit den Siebzigerjahren die meisten Aufstiege. Das Bild daneben zeigt Zebra Rock, einen von Sickerwasser und eingeschwemmten Mineralien verfärbten Felsen an der Upper Route.

Maranguroute: Der preiswerteste und meistbegangene, teilweise mit geschotterten Abschnitten, Brücken und Finnhütten für diesen Ansturm hergerichtete Weg. Er beginnt am Marangu Gate (ca. 1840 m; die Höhen sind nur annähernde Werte, die Angaben auf Wegschildern, auf Plänen der TANAPA, in Trekkingführern und selbst auf Karten weichen beträchtlich voneinander ab) und führt am ersten Tag durch den Waldgürtel zu den Mandarahütten (ca. 2740 m) am oberen Waldrand. (Weitaus schöner als der übliche Trail, ein Forstfahrweg, ist der von den Führern meist verschwiegene Forest Trail westwärts davon, der an einem Wasserfall vorbeiführt.) Der zweite Tag verläuft durch Heide- und Moorland zu den Horombohütten (ca. 3720 m). Hier sollte ein Ruhetag zur Akklimatisation eingelegt werden, der für einen Ausflug zum nahen Senecienhain oder zum Zebra Rock genutzt werden kann. Am dritten oder vierten Tag geht es auf der Lower Route ein Stück weit durch sumpfiges Gebiet, später durch den wüstenhaften Sattel. Die Upper Route zum Sattelplateau ist landschaftlich viel anziehender, wird aber von Trägern und Führern nicht gern gegangen, da sie zunächst steiler verläuft. Die Wanderung endet in der Kibohütte (ca. 4700 m). Von dort wird gegen 1 oder 2 Uhr aufgebrochen, weil die überfrorenen Lavagrusflächen dann noch nicht zur Tretmühle werden und man den Sonnenaufgang auf dem Gipfel erlebt. Etwa auf halbem Wege zum Gillman's Point wird in der Hans-Meyer-Höhle (ca. 5200 m) gerastet. Für die insgesamt ungefähr 1000 Höhenmeter zum Gillman's Point (ca. 5680 m) benötigt man, von der eigenen Kraft und vom Wetter abhängig, 4 bis 6 Stunden, für die verbleibenden rund 200 Höhenmeter zum Uhuru Peak nicht selten bis zu 2 Stunden. Es folgen der Abstieg zu den Horombohütten und – am kommenden Tag – die Rückkehr zum Marangu Gate.

Rongairoute: Wie der von Marangu ausgehende Weg eine allmählich ansteigende Normalroute, deren Landschaft karger ist und die gewöhnlich in Rongai (ca. 1950 m), aber auch in Naremoru (ca. 1950 m) beginnt. Man kann von Rongai mit Allradfahrzeugen ein erhebliches Stück in den lichten Waldgürtel hineinfahren. Am ersten Tag verbleibt dann nur ein kurzer Wanderweg bis zum Camp an

Wer nicht die Maranguroute wählt, der sollte auf ein gutes, unversehrtes Zelt achten. Es kann zuweilen notwendiger sein als die Wasserflasche oder der Bergstock. Malerische Biwakplätze – ob es nun «Adlernester» auf Höhenzügen oder von Riesensenecien bestandene Täler sind – gibt es an allen Routen.

der Nguarohöhle (ca. 2830 m, jetzt als First Cave bezeichnet). Tags darauf geht es durch niedrigen Bewuchs zum Camp Third Cave (ca. 3850 m). Die dritte Etappe führt von dort über das Sattelplateau zum Nachtlager in der School Hut (auch Outward Bound Hut, ca. 4750 m). Zur Gipfelbesteigung wird etwa um 1 Uhr aufgebrochen; der Anstiegsweg vereint sich bei William's Point (ca. 5150 m) mit der Maranguroute. Abstieg nach der Gipfeltour über die Maranguroute. Eine interessantere Variante verläuft über die Kikelewahöhlen (ca. 3580 m) und Mawenzi Tarn (ca. 4330 m) zur School Hut oder zur Kibohütte. Eine weitere Spielart der Rongairoute, die in Naremoru beginnt und dann über Simba Camp und die Kikelewahöhlen zur School Hut führt, wird **Naremoru- oder Nalemoruroute** genannt. Auch lässt sich eine anziehende Abwandlung der Rongairoute vereinbaren, nämlich eine Überschreitung des Kibos: Statt zu den Horombohütten hinab, steigt man hinter Uhuru Peak in den Kraterkessel ab, geht am Furtwänglergletscher entlang und folgt der Western Breach. Die Bergfahrt endet dann an jenem Tag – abhängig von Kondition, Wetter und Tagesziel – nach 12 bis 18 Stunden im Lava Tower Camp, Lager Stream Camp oder Shira Camp. Hinabgehen kann man während der folgenden zwei Tage über die Machameroute.

Machameroute: Sie ist steiler als die beiden Normalrouten, aber im Hinblick auf die Landschaft schöner als diese. Der Aufstieg beginnt am Machame Gate (ca. 1800 m) und führt durch den Waldgürtel zur Machamehütte (ca. 2990 m). Die gesamte Maranguroute und School Hut ausgenommen, sind alle erwähnten Hütten nicht für Aufenthalte geeignet; es wird in Zelten übernachtet. Das Biwakieren in Höhlen ist untersagt. Die zweite Etappe verläuft durch Baumheidewald und Hochmoore zum Shira Camp (ca. 3850 m) auf einer niedrig bewachsenen Hochfläche mit herrlichen Ausblicken. Manche Gruppen verweilen schon hier einen Tag lang. Von dort werden mehrere Varianten angeboten: zum Lava Tower Camp (ca. 4650 m) oder zum Arrow Glacier Camp (ca. 4900 m). Der Übernachtung auf diesen Biwakplätzen folgt oft schon der Aufstieg durch die Western Breach zum Gipfel. Es ist ganz und gar nicht so arg, wie in einem deutschen Trekking Reiseführer behauptet wird: «Die Besteigung über die Machameroute erfordert Hochgebirgsausrüstung und zusätzlich Brustgeschirr, Eisbeil oder Pickel, Seil, Steigeisen [...].» Aber schwindelfrei, trittsicher und im Gebrauch der Hände nicht ganz ungeübt muss man schon sein. Hoch verschneit oder vereist sind Abschnitte der Western

Breach nur noch sehr selten. Von verantwortungsbewussten Veranstaltern wird dagegen ein Ruhetag am Lava Tower – auch Shark's Tooth genannt – oder im Arrow Glacier Camp eingeschoben. Eine andere, weniger anstrengende Möglichkeit bietet zudem die **Southern-Circuit-Route** mit dem Pfad vom Shira Camp

nach Barranco Hut (ca. 3950 m), der dann am Tag darauf zur Barafu Hut (ca. 4540 m) und während der folgenden Nacht am Rebmanngletscher entlang zum Stella Point (ca. 5750 m) und zum Gipfel führt. Abstieg über Barafu Hut und die Mwekaroute (über Millennium Hut, ca. 3900 m, und Mweka Camp, ca. 3100 m). Der lange Weg von Barranco Hut zur Barafu Hut kann im Karanga Valley Camp (ca. 3900 m) für eine Nacht unterbrochen werden.

Mwekaroute: Die Route ist nur für den Abstieg freigegeben. Sie eröffnete über Mweka Hut (ca. 3100 m) einen schnellen Zugang zum Gipfelberg, ist aber recht steil.

Umbweroute: Die landschaftlich schöne, bisweilen unwegsame und sehr steile Route bietet trainierten Bergwanderern einen direkten Anstieg, der am Umbwe Gate (ca. 1400 m) beginnt und am ersten Tag durch den Waldgürtel führt. Biwakiert wird gewöhnlich im Forest Caves Camp (ca. 2850 m). Am zweiten Tag verlässt man den Wald, geht durch Baumheide und offenes

Innen ein Blick über die linke Schulter beim Aufstieg über die Barranco Wall am Southern Circuit. Daneben die Umgebung der Barafu Hut: Der Weg zum Gipfel verläuft über den zum Teil verschneiten Hang im Hintergrund. Unten bizarre Pflanzenformen in der Heide- und Moorlandzone der Umbweroute.

Ein Versuchsgebiet für Wanderers Schuhwerk: die Steinwüste auf dem Shiraplateau, Überrest einer einst geschlossenen Lavadecke. Rechts unten eine Ansicht der Western Breach aus der Gegend um den Lava Tower.

Moorland und erreicht, der Talschulter von Barranco Valley folgend, Barranco Hut. Von dort gibt es unter anderem eine schonende Variante: Aufstieg zum Lava Tower, tags darauf zum Arrow Glacier Camp und am fünften Tag durch die Western Breach zum Gipfel, Abstieg über die Mwekaroute. Eine andere Möglichkeit führt von Barranco Hut auf der Southern-Circuit-Route zur Barafu Hut. Abstieg nach der Tour zum Uhuru Peak ebenfalls über die Mwekaroute.

Shiraroute: Die ursprüngliche Shiraroute ist zur Wiederherstellung geschlossen worden, soll aber 2005 wieder eröffnet werden. Es gibt sie überdies in einer Anzahl von Variationen (sechs bis acht Tage), teilweise mit Biwakplätzen, die nur von bestimmten Gesellschaften genutzt werden dürfen. Dieser kostspielige, schöne Weg – weil er weniger gegangen wird und nahe Ansichten einer ungewöhnlichen Flora sowie vom Shirakamm gewährt – kann nach der Anfahrt von Moshi oder Arusha am Londorossi Gate (ca. 2250 m) beginnen und führt zunächst zu einem Lager im Waldgürtel, nicht selten jedoch bis zum Simba River Camp (ca. 3500 m) oder sogar bis zum Camp Shira 1 (ca. 3550 m). Wie weit die Fahrzeuge jeweils in den Wald hinein oder sogar zum Rand des Shiraplateaus fahren, hängt vom Wetter und vom Ermessen des Veranstalters ab. Der zweite Tag wird häufig für einen Abstecher zum Platzkegel, der dritte als Ruhetag genutzt, der vierte bringt den anstrengenden Aufstieg zum Arrow Glacier Camp. Am fünften Tag folgen der weitere Anstieg durch die Western Breach und durch den Kraterkessel zum Gipfel sowie der Abstieg zum Mweka Camp – eine harte, mindestens 14 Stunden währende Tagestour. Die Route endet tags darauf am Mweka Gate. Empfehlenswert und schonender erscheint eine Variante, die am ersten Tag zu einem Camp im Waldgürtel und am nächsten zum Westrand des Shiraplateaus, am dritten zum Fischer Camp und tags darauf zum Lava Tower Camp führt. Der fünfte Tag endet auf dem Biwakplatz Arrow Glacier, der sechste auf einem Zeltplatz am Furtwänglergletscher (ca. 5700 m). Das bewahrt Kraft für den Anstieg zum Gipfel am kommenden Morgen. Abstieg über die Mwekaroute. Daneben werden Shirarouten angeboten, die nach dem Biwak auf dem Shiraplateau in der zuvor geschilderten Weise über Barranco Hut, Karanga Valley und Barafu Hut verlaufen.

Lemoshoroute: Dieser Weg ist eine Variante der Shiraroute und endet am ersten Tag gewöhnlich im Lemosho Forest Camp (ca. 2650 m) oder Mti Mkubwa Camp (ca. 2750 m). Der kommende Tag bringt den Anstieg zum Shiraplateau und ein Biwak im Camp Shira 1. Weiter geht es zum Camp Shira 2 (ca. 3850 m). Andere Veranstalter lassen die Route von Shira 1 über Moir Hut Camp (ca. 4250 m) zum Lava Tower verlaufen. Ziel des vierten Tages ist der Zeltplatz am Lava Tower. Wer sich kräftig genug fühlt, sichert sich einen Vorteil, wenn er noch den steilen Geröllpfad zum Arrow Glacier Camp hinaufsteigt. Das erfordert freilich mindestens 2 weitere Stunden, die sehr lang werden können. Von dort kann man tags darauf in 5 oder 6 Stunden in den Kraterkessel gelangen und nach weiteren 1,5 Stunden auf dem Gipfel stehen, sofern nicht Schnee und Eis in der Western Breach den Anstieg erschweren. Abstieg über die Mwekaroute.

Der Ablauf wird – die Maranguroute ausgenommen – von den Veranstaltern, abhängig von der Teilnehmerzahl und von anderen Erwägungen, immer wieder einmal verändert. Selbstverständlich bleibt es jedermann überlassen, seine eigene Route zusammenzustellen, auch über die manchem eintönig erscheinende Northern-Circuit-Route, die hier unbeachtet blieb. Dergleichen ist freilich eine Frage der Kosten. Anspruchsvolle Bergsteiger werden sich ohnehin selbst gewählte Ziele setzen: etwa die Drei-Gipfel-Tour oder eine der Gletschertouren über den Heim- oder den Kerstengletscher. Daneben bieten mehrere Trekking-Unternehmen zusätzliche Übernachtungen im Kraterkessel an: mit beachtlichem Aufschlag, weil dann auch die Träger mit in die Gipfelzone hinaufmüssen. Wer Informationen über die Ausrüstung, die bei vielen Firmen zumindest teilweise ausgeliehen werden kann, und über die notwendige Bekleidung sucht, findet in Trekking-Führern und im Internet entsprechende Checklisten.

Wenn man die obere Grenze des Bergwanderns dort zieht, wo technische Hilfsmittel erforderlich werden, dann sind diese Routen Wanderrouten. Sie fordern allerdings in einigen Abschnitten mehr, als es zum Beispiel gesicherte Kletterführen in den Alpen tun, die gewiss dem Bereich technischer Hilfsmittel angehören. Hinzu kommt die tagelange Belastung durch die Höhe, die es allein schon unmöglich macht, sich wandernd – also erheblich unterhalb der eigenen Belastungsgrenze – zu bewegen. Der Begriff «extremes Bergwandern» hingegen scheint technische Steighilfen einzuschließen; es ist also schwierig, eine Kibotour herkömmlich einzuordnen.

Barafu Hut. «Ich suche nach einem großen Himmel, an den ich mich erinnern kann, wenn es zu Ende geht», sagt der Mann und blickt auf den Wolkenbogen unter Barafu.

Ein guter Grund, hierher zu kommen. Das ist angenehm auf hohen Bergen: Der Atem wird kostbar, zu kostbar für Geschwätz, und man kommt bald zur Sache. Doch jetzt sehe ich, wie erschöpft der Mann ist.

«Sie sind heute sehr schnell gewesen, viel zu schnell!»

«Ich muss mich der Gruppe anpassen. Das sind alles junge Leute, die ich ohnehin schon aufhalte, weil ich mir dies oder das länger ansehen will. Ich verstehe sie nicht, ihre Eile und Blindheit, ihre Sucht nach Nervenkitzel. Ich weiß nicht, was sie hier eigentlich wollen. Vor ein paar Tagen kam eine Gruppe herunter, die war auf dem Uhuru. Im Hotel haben sie sich brüllend betrunken und dann ‹Fuck Kilimanjaro›, ‹It nearly killed me› und solches Zeug an die Wände geschmiert. Sie sprachen verächtlich, ja mit Hass, über den Berg.»

«Und Sie, weshalb sind Sie hier, wenn Sie doch schon auf dem Kibo waren?», fragt der Mann dann und reicht mir die Weinflasche zurück. Er sieht jetzt entspannt aus und beginnt, mit gespreizten Fingern die wirren Haare glatt zu streichen.

«Dort drüben», sage ich zögernd, «das ist der Mawenzi. Für mich ist das so eine Art Windmühle, mit der ich kämpfen muss.»

«Sieh da, ein Anhänger des Ritters aus der Mancha! Da haben wir noch etwas gemeinsam. Ich bin einmal durch sein Reich gereist. Oh, der Kräuterduft, der blühende Ginster, die Eichen in den steinigen Feldern, die flirrende Luft. Und am Horizont sah man den Don singend auf seiner klapperdürren Mähre durch die Disteln galoppieren! Es war eigentlich viel schöner als hier.»

Mythos, Magie und Etikettenschwindel

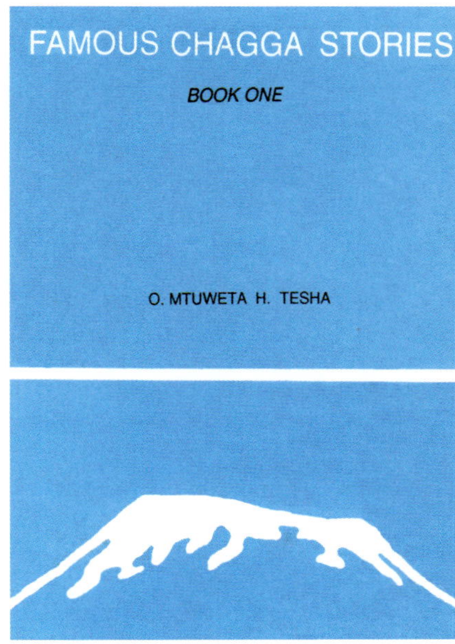

Wie alle hohen Berge ist der Kilimandscharo – eigentlich müsste man vom Kibo sprechen – ein Mythos, dessen Widerschein natürlich vorwiegend unter den Völkerschaften an seinem Fuße, insbesondere unter den Chagga, zu finden ist. Bruno Gutmann, Charles Dundas und andere haben davon berichtet, in neuerer Zeit tun das die Betroffenen selbst: O. Mtuweta H. Tesha zum Beispiel in seinen «Famous Chagga Stories» oder Petro Itosi Marealle – ein Nachkomme jenes Mannes, der hier als Mareale von Marangu erschien – in «Wachagga Hapa Duniani na Ahera» (Die Chagga hier auf der Erde und im Jenseits). Überdies hat der Kilimandscharo längst Einzug in die tansanische und kenianische Belletristik gehalten. Wenn hier nicht darauf eingegangen wird, dann liegt das nur daran, dass dergleichen uns selten zugänglich ist. Dass die Magie hoher Berge nicht allein europäische Gemüter bewegt, zeigt schon ein Titel wie Jomo Kenyattas «Facing Mount Kenya».

Die magische Wirkung des Kilimandscharos auf uns, auf die Bergtouristen, scheint von der Lebenserfahrung und somit vom Alter abhängig zu sein. Wer zum Sarkasmus neigt, der würde vielleicht sagen, ältere Menschen sähen in ihm den Berg ihrer Versäumnisse, solchen in mittleren Jahren sei er ein Gegenstand der Habgier und den jüngeren so etwas wie ein Erlebnispark. Nun, es gibt auch Bergenthusiasten, arglose Naturfreunde und empfindsame Pilger und noch vieles mehr, aber grundfalsch oder gar zynisch wäre diese Ansicht wohl nicht.

Der Schriftsteller Harry, die Hauptfigur in Ernest Hemingways Erzählung «Schnee auf dem Kilimandscharo», wird diesem Vorwurf nicht gerecht, wenn man ihn auf das Alter bezieht, aber Harry ist ja nur ein Kibobetrachter. Wie auch Hemingway, der 1933/34 seine erste Safari nach Ostafrika unternahm: auf Kosten eines Verwandten seiner zweiten Frau und nicht immer gut gelaunt, weil die Ehe längst zerrüttet war. Deshalb Harrys bittere Gedanken, als er, wie Rob Taylor unter dem Heimgletscher, mit einem brandigen Bein unter dem Kibo liegt, sich an Kindheit und Krieg oder an jene Zeit erinnert, in der er mit seiner ersten Frau in Paris lebte. Der Rückblick wird mit einer Erkenntnis verbunden, die Harry längst geläufig ist: dass er seine Begabung im Tausch gegen ein luxuriöses Leben verschachert hat. Dem Hemingway-Mythos war die bio-

Linke Seite: Barafu heißt Eis, Reif oder Frost. Wer von Süden kommt und weder die Western Breach noch die Maranguroute hinaufgeht, der wird «die Nacht vor dem Gipfel» gewöhnlich hier verbringen: auf dem kleinen Biwakplatz an der Barafu Hut.

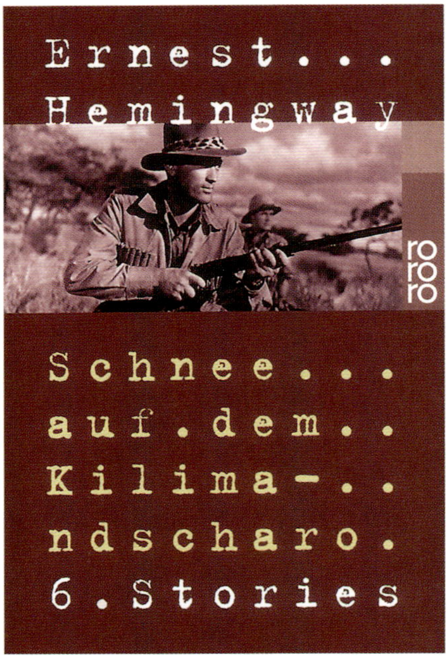

grafisch geprägte Erzählung wenig zuträglich, wohl aber – schon wegen des rätselhaften Mottos, das den Leoparden auf dem Kraterrand in die Literatur einführte – dem des Berges. Und sie enthält Sätze wie die meisterhaft knappe, wunderbare Bergskizze «so weit wie die ganze Welt, groß, hoch und unvorstellbar weiß in der Sonne» nebst Geniestreichen wie die Beschreibung «unflätiger» Geier, die den Leser etwas vom Zusammenspiel literarischer Phantasie und Disziplin erahnen lassen.

Der Film «Schnee am Kilimandscharo» (USA 1952) füllte später den Erzählungsrahmen mit Episoden aus anderen Werken Hemingways und fügte ein Happy End hinzu. Der Kibo bleibt dabei, wie auch in der Erzählung, lediglich strahlende Kulisse im fernen Hintergrund. Enttäuschend muss das nicht sein, weil ein hervorragendes Drehbuch selbst jenen entschädigt, der den Film nur wegen seines Titels ansieht. Nebenher: Hemingway war in der Serengeti, als die Idee der Erzählung entstanden sein mag. Den Kilimandscharo erblickte der Schriftsteller, als er wegen einer Amöbenruhr nach Nairobi geflogen werden musste. Er näherte sich ihm nochmals zwei Jahrzehnte später, blieb aber stets am Fuß des Gebirges.

Ein König auf dem Kibo

Wie weit die mythische Ausstrahlung des Kilimandscharos reicht, erweist eine Legende, die von Richard Reusch während seiner Missionszeit in Äthiopien aufgezeichnet wurde. Demnach soll der sagenhafte äthiopische König Menelik, Sohn der Königin von Saba und König Salomos, nach einem Eroberungszug durch das heutige Somalia, Kenia und Tansania auf dem Sattelplateau gelagert haben. Menelik war damals alt und schwach und seine Heimat sehr fern, und er beschloss, hier königlich zu sterben: auf dem Gipfel des Kibos. Begleitet von Fürsten und einigen Sklaven, die seine Schatztruhen trugen, erstieg der König den Berg, und die Krieger im Sattel sahen ihm nach, bis er hinter einer großen Wolke an der Schneegrenze verschwand. Am Abend berichteten die zurückkehrenden Edelleute, Menelik sei mit den Sklaven und Schätzen in den Krater hinabgestiegen und halte nun dort ewigen Schlaf. Eines Tages jedoch, so die Legende, werde ein Nachkomme Meneliks den Berg besteigen, die Schätze und vor allem den Siegelring König Salomos finden, dessen Weisheit damit auf ihn überginge. Er werde dann die Herrlichkeit des alten äthiopischen Reiches wiedergewinnen und das Land bis hinunter zum Fluss Rufiji erobern.

Die Aufschrift «Kilimandscharo» wird – sehen wir von Sachbüchern und Dokumentarfilmen ab – in der Literatur und im Film gern für Mogelpackungen verwendet. Etwa für Jules Vernes ursprünglich unter einem anderen Titel erschienenen Roman «Der Schuss am Kilimandscharo», in dem Mitglieder des Baltimorer Kanonenklubs das Gebirge als Abschussbasis für ein Supergeschoss benutzen. Sie lassen dafür einen 600 Meter langen Schacht bohren, der als Geschosslauf dient, und erwarten, der gewaltige Rückstoss werde die Erdachse verschieben und somit ihre Liegenschaften am Nordpol vom Eis befreien. Aber der Schuss geht wegen eines Rechenfehlers völlig in die Binsen, und die Handlung am Kilimandscharo umfasst nur ein halbes Dutzend Seiten. Freilich, es wäre schulmeisterlich, von dieser vergnüglichen Lektüre Belehrung über das Gebirge zu erwarten – Jules Verne hat viel mehr zu bieten. Ähnlich ergeht es Lesern von Olga Larionowas Roman «Der Leopard vom Kilimandscharo», der sie nicht zum Kibogipfel, sondern in eine Zukunft führt, in der die Todesdaten aller Menschen bekannt werden und dieses schreckliche Wissen bewegende Fragen hervorruft. Die Autorin liefert überdies eine kluge, des Nachdenkens werte Metapher dafür, was den berühmten Leoparden auf den Kraterrand getrieben haben könnte. Aber ein Führer zum Leopard Point will das

Bucheinband aus den Vierzigerjahren. Fast jedem Gestalter führte der Kontrast zwischen dem – in unseren Vorstellungen vorwiegend – «dunklen Erdteil» und einem strahlenden Schneeberg die Hand. Ganz wie jener zwischen dem weißen Mann und seinem dunklen Gefolge.

Buch natürlich nicht sein. Ebenso wenig wie Romain Garys Erzählungsband «Grüße vom Kilimandscharo», der zweifellos ein Schatz, doch kein Bericht von verwegenen Bergfahrten ist. Oder «Die Wildschützen vom Kilimandscharo», ein bizarrer Roman von Robert Kraft, der ein oberbayrisches Dorf nach Ostafrika verlegt.

Zudem gibt es eine Anzahl neuerer Reiseschilderungen von sehr unterschiedlichem Wert, die den Begriff «Kilimandscharo» wenigstens im Untertitel verwenden. Sie wurden nicht selten von Menschen geschrieben, die nur von sich selbst zu erzählen wissen, und werden spätestens dort fragwürdig, wo ihre Autoren den Lesern weismachen wollen, sie hätten durch den Aufenthalt am Kilimandscharo Ostafrika und seine Bewohner kennen gelernt. Als ob man nach einem Ausflug nach Lappland etwas von Europa verstünde. «Afrika verstehen», wie da manchmal anmaßend behauptet wird, können wir schon allein deshalb nicht, weil unser Wohlstand solche Einsicht versperrt. Übereinstimmungen auf der Verbraucherebene erscheinen möglich, darüber hinaus sind die Wertvorstellungen – zum Glück – noch sehr verschieden. Es ist viel gewonnen, wenn jemand begreift, dass es keine höher oder geringer zu wertenden Kulturen gibt, sondern nur solche, die anders sind als die seine: Kulturen, denen man sich achtungsvoll nähern und an denen man sich ahnend messen, die man aber nicht «verstehen» kann. Das Leben eines Einzelnen reicht nicht einmal aus, um genügend Wissen über die eigene Kultur ansammeln und für sie stehen zu können.

Und schließlich mag man es dem Autor nachsehen, dass er über Veröffentlichungen wie «Kilimandscharo per Motorrad» ebenfalls wenig zu sagen weiß. Abenteuerlust, Freude am Risiko und Widerwillen gegen das Behütetsein bewegen viele Menschen. Wenn solche Regungen jedoch kreischend lärmen müssen, die Natur demütigen wollen und in einen seelenlosen Rausch führen, dann sind sie nur Bekundungen tiefster Torheit. Weil einige Unbelehrbare nicht begreifen konnten, was der verpflichtende Titel «Weltnaturerbe» bedeutet, musste 1993 die Schaustellung so genannter Risikosportarten am Kilimandscharo verboten werden. «Großartig» ist der Mensch selten im Rekord, sondern vor allem dort, wo er sich aus Einsicht und freiem Willen Grenzen setzt. Mit den Worten Ludwig Purtschellers: «Der Charakter, wie ihn das Gehen im Hochgebirge ausbilden soll, äußert sich nicht bloß im Wagen, sondern auch im Entsagen.»

Während es auf dem literarischen Markt noch ein wenig verhaltener zugeht, zeigt der die Welt mitreißende kulturelle Niedergang der letzten Jahrzehnte sich im Geschäft mit Filmen deutlicher. «Schnee am Kilimandscharo», vor einem halben Jahrhundert zur Zeit von McCarthys Hexenjagden aus einem humanistischen Anliegen heraus entstanden, würde heute sicherlich nicht mehr finanziert. Stattdessen bot und bietet man so etwas wie den deutschen Film «Dirndljagd am Kilimandscharo» (1983), der noch zu den rühmenswerten Beispielen gehört, weil der Titel vor Irrtümern warnt. Schwieriger wird das im Fall des koreanischen «Kilimanjaro» (2000), einer nicht gänzlich anspruchslosen Gangsterballade, oder gar des in seiner bemühten Grauenhaftigkeit schon wieder grotesken «In the Shadow of Kilimanjaro» (Großbritannien 1986), der den Zuschauer der Gesellschaft Menschen fressender Affen aussetzt. Der Kilimandscharo kommt dabei nur ins Bild, wenn ein Pavian über dem Kibogipfel einen Piloten verzehrt. Solchen Meisterwerken unfreiwilliger Komik gehört auch «Mines of Kilimanjaro» (Italien 1987) an, der neben schönen Bergaufnahmen ganz ernsthaft zeigt, was Afrika zu bieten hat: nymphomanische Amazonen, riesige Gummischlangen, nach Diamanten grabende Nazis und Elena Pompeis Brüste. Genug. Verglichen damit ist «Killers of Kilimanjaro» (Großbritannien 1959) ein geradezu erhabenes Kunstwerk.

Inzwischen auf dünnes Eis geratend, hier rasch noch eine Kostprobe aus der Welt der Gesänge. Es sind gleichermaßen recht verschiedene Interpretinnen, die sich dem Kilimandscharo zuwenden. Miriam Makeba zum Beispiel oder France Gall und Andrea Berg: «Hoch auf dem Kilimandscharo, da liegt im Sommer noch Schnee. Und tief im Herzen, da spür' ich genau: Es tut immer noch weh.» Und so weiter. Eine gänzlich andere Art von Wehmut klingt dagegen in dem schlichten Gesang jener an, die hoch auf dem Kilimandscharo ihr Brot verdienen.

Hier dagegen steht «Kilimandscharo» für Zwielicht, rätselhaft bedrohliche Masse und unbestimmte Gefahr, die nicht allein von scharfen Affenzähnen ausgeht (oben). Wer die Wahl hat, erfreue sich besser an den lebensfrohen Rhythmen einer Kilimandscharo-Band (unten).

Aber hier wird vorausgeeilt. Es gibt durchaus Filme, die den wirklichen Kilimandscharo zeigen, seine Geschichte und die der dort lebenden Menschen erzählen: eine Vielzahl von Dokumentarfilmen, mit denen uns die Natur des Gebirges und die Kultur seiner Anwohner nahe gebracht werden. Andere wiederum schildern den Verlauf von Besteigungen, und das tut fraglos in der prächtigsten Weise David Breashears' «Kilimanjaro. To the Roof of Africa» (USA 2002). Gewiss

Trägerlied

Kilimanjaro, Kilimanjaro, Kilimanjaro,
Kilimanjaro, mlima mrefu sana.
(Kilimandscharo, Kilimandscharo, Kilimandscharo,
Kilimandscharo ist ein Berg, der niemals endet.)

Na Mawenzi, na Mawenzi, na Mawenzi,
na Mawenzi, mlima mrefu sana.
(Und Mawenzi, und Mawenzi, und Mawenzi,
und auch Mawenzi ist ein endloser Berg.)

Ewe nyoka, ewe nyoka, ewe nyoka,
ewe nyoka, mbona wanizungukaa.
(Heda, du Schlange, du Schlange, du Schlange,
heda, du Schlange, warum belauerst du mich?)

Wanizungukaa, wanizungukaa, wanizungukaa,
wanizungukaa, wataka kunila nyama.
(Umkreist mich, umschleichst mich, umschleichst mich,
umkreist mich, um mich zu verschmausen.)

Kunila nyama, kunila nyama, kunila nyama,
kunila nyama, mlima mrefu sana.
(Willst mich wie Fleisch verschlingen, verschlingen, verschlingen,
wie Fleisch verschlingen, du endloser Berg!)

(Übertragung: P. Werner Lange und Jigal Beez)

ließe sich einwenden, auch dieser Film im IMAX-Format führe in eine Art Rausch, und von Sherpas begleitete Aufstiege seien am Kilimandscharo wohl ebenso selten wie die Gesellschaft des dänischen Fotomodells Heidi Albertson. Alles richtig, selbst die zuweilen erhobene Klage, Afrikaner könnten den Film nicht ansehen, weil auf ihrem Kontinent keine Voraussetzungen dafür vorhanden sind. Breashears, der achtmal auf dem Kibo war und mehr Zeit im Kilimandscharogebirge verbrachte als alle seine Kritiker gemeinsam, weiß das sehr gut, und sein Drehbuch geht Problemen nicht aus dem Weg: «Nachdem Sie unseren Film [...] gesehen haben, mögen manche von Ihnen sich entschließen, den Berg selbst kennen zu lernen. Wenn Sie es tun, nehmen Sie sich dafür Zeit. Die Reichtümer des Kilimandscharos und seine Geheimnisse enthüllen sich nur allmählich und nur dem aufgeschlossenen Betrachter. Und begegnen Sie dem Berg achtungsvoll. Es ist eine zwiespältige Sache, einen Film zu drehen, der die Wunder des Kilimandscharos wie eine Warenauslage zur Schau stellt. Je mehr Menschen diese Schönheit sehen, desto mehr von ihnen mögen bewogen werden, sie zu erfahren, aber der Kilimandscharo wird bereits von einem ungeheuren Ansturm bedroht. Trotz seiner scheinbar urtümlichen, ausgedehnten Hänge ist der Berg verletzlich und kann nur eine begrenzte Anzahl von Fußtritten ertragen.» Der frohere Teil von David Breashears' Botschaft lautet: Es ist möglich und kann märchenhaft schön sein. So sind unter den Darstellern, deren Aufstieg über die Machameroute und die Western Breach gefilmt wurde, die damals 64-jährige Alpinismushistorikerin Audrey Salkeld, ein 12-jähriges Schulmädchen aus Boston und der 13-jährige Hansi Mmari aus Arusha. Geführt wurde die Gruppe von Chief Guide Allen Philemon Mbaga und dem 50-jährigen Chaggabergführer Jacob Kyungai, der zuvor schon mehr als 250-mal auf dem Kibogipfel stand.

Die schwarz-weiß-rote Flagge des Kaiserreiches auf dem Kibogipfel. Es mag sein, dass den Gestalter hier eine unterschwellige Sehnsucht beeinflusste, denn das Buch erschien 1923 – nach dem Verlust der Kolonien und in einer freudlosen Republik.

Schließlich blieben noch Zeugnisse der bildenden Kunst wie die schönen Holz- und Stahlstiche in den Büchern von Reisenden des 19. Jahrhunderts: Thomson, Johnston, Höhnel und andere. Oder die Illustrationen von Ernst Platz in Hans Meyers «Kilimandjaro», die nur einen Teil der künstlerischen Ausbeute jener Reise darstellten, sowie Werke der ebenfalls bedeutenden Maler und Kibobesteiger Carl Albert von Salis und Walter von Ruckteschell. Ein verhalten

Die bekanntesten Kilimandscharo-veröffentlichungen der letzten Jahrzehnte.

expressionistisches Ölgemälde Ruckteschells mit dem Titel «Kilimandscharo» (1914) gelangte sogar in den Bestand des Deutschen Historischen Museums in Berlin und ist dort zu besehen. Zumindest eines der ersten in Europa ausgestellten Kilimandscharogemälde dürfte übrigens Ascan Lutteroths arkadischer «Mawenzi» (1889) gewesen sein, der später den von Fritz Klute – gemeinsam mit Eduard Oehler Erstbesteiger dieses Berges – herausgegebenen Afrikaband einer geografischen Reihe zierte.

Die Rolle der Illustration fällt seit langem der Fotografie zu, die mehr kunstfertig als Kunst ist, seit sie ihre Strenge verlor und farbig wurde. Das Wesen einer Landschaft darzustellen ist ihr nun kaum noch möglich, aber dafür hat das Detail gewonnen, und es wären hervorragende Beispiele zu nennen: Helfried Beyers leuchtender Bildband «Kilimanjaro» (1981), John Readers «Kilimanjaro» (1982) – überdies eine gelungene Verbindung von belehrendem Text und Erlebnisbericht, wäre da nicht der ermüdende Satzspiegel –, Harald Langes gediegener Band «Kilimandscharo. Das weiße Dach Afrikas» aus demselben Jahr oder Audrey Salkelds «Kilimanjaro. To the Roof of Africa» (2002), dessen Aufnahmen von vielen Fotografen beigesteuert wurden. Schön sind sie auf ihre Weise alle, auch wenn sie den Mawenzi übersehen und Tierfotos aus anderen Landschaften benutzen, um einen Reichtum vorzuspiegeln, den es im Kilimandscharogebirge nicht mehr gibt. Freilich vermisst man hin und wieder das Abbild eines erschöpften, verschmutzten Wanderers oder

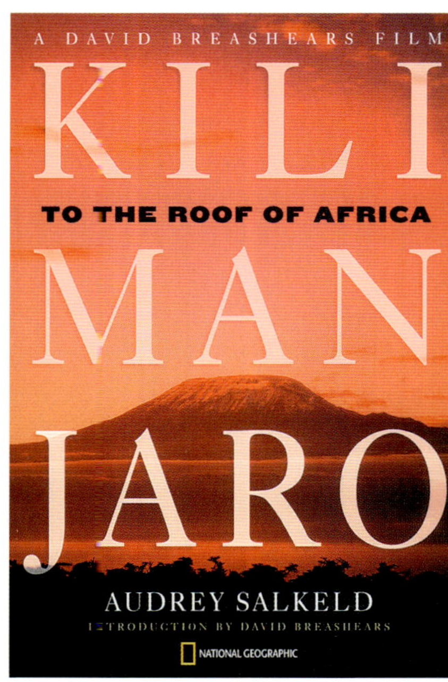

Grammatisch bedenklich, aber durchaus empfehlenswert: Kibo und Mawenzi auf dem Werbeschild eines Reisebüros in Moshi.

sehnt die Wirkungen von Zwielicht, Gewitter und Nebel herbei, damit die vorgestellte Bergwelt wahrheitsgetreue Züge annimmt.

Aber so etwas zeigen auch die hübschen Batikarbeiten nicht, die man in Arusha kaufen kann und die oft ein von Makondegeistern umtanztes oder von der Tierwelt der Serengeti bevölkertes Gebirge abbilden. In solcher Hinsicht vergeblich ist auch der Blick auf die bunten Tingatinga – Malereien afrikanischer Motive in Acrylfarben –, die vornehmlich an der Küste gehandelt werden. Stellen sie, was sie häufig tun, den Kilimandscharo dar, dann bekommt auch Kibos geprügelter Nachbar Mawenzi eine üppige Gletscherhaube hingekleckst. Die Tube ist schließlich einmal geöffnet, und afrikanische Maler haben für die Farbe Weiß ohnehin nicht allzu viel Verwendung.

ANHANG

Kilimandscharo-Zeittafel

1848 Johannes Rebmann erblickt das Kilimandscharogebirge und berichtet im folgenden Jahr in einer Missionszeitschrift darüber.

1861 Baron Carl Claus von der Decken, Richard Thornton und ihre Begleiter gelangen in eine Höhe von etwa 2550 Metern.

1862 Carl Claus von der Decken und Otto Kersten steigen mit ihren Trägern bis etwa 4200 Meter auf. Erste Beschreibungen von Riesensenecien und Riesenlobelien.

1871 Charles New und Tofiki erreichen eine Höhe um 4500 Meter.

1883 Joseph Thomson und sein einheimischer Begleiter kommen bis zur oberen Waldgrenze (um 2700 m).

1884 Henry (später Sir Harry) Johnston unternimmt eine sechsmonatige Expedition in das Kilimandscharogebiet. Er erhebt den Anspruch, in eine Höhe von 4973 Metern gelangt zu sein, und kehrt mit reichen naturwissenschaftlichen Sammlungen heim.

1885 Mandara schließt einen Vertrag mit der Deutsch-Ostafrikanischen Gesellschaft (DOAG), vertreten durch Karl Jühlke. Moshi wird späterhin politisches und wirtschaftliches Zentrum der Kolonialmacht im Kilimandscharogebiet.

1887 Graf Samuel Teleki von Szék und Ludwig Ritter von Höhnel erreichen auf dem Kibo 5310 Meter. Ein folgender Aufstieg von Hans Meyer und Ernst Albrecht von Eberstein endet bei 5450 Metern.

1888 Die Kilimandscharoexpedition Hans Meyers und Oscar Baumanns scheitert wegen eines Aufstandes in der Küstenregion, der unter Berufung auf den der DOAG erteilten Schutzbrief von deutschem Militär niedergeschlagen wird. Otto Ehlers behauptet, auf dem Mawenzi 5000 Meter sowie den nordwestlichen Kraterrand des Kibos erreicht zu haben.

1889 Erstbesteigung des Kibos durch Hans Meyer und Ludwig Purtscheller über den Ratzelgletscher, überdies Erstbesteigung der (später so benannten) Klutespitze (Klute Peak, 5095 m) auf dem Mawenzi.

1890 Übernahme der von der DOAG verwalteten Gebiete durch das Deutsche Reich.

1891 Beginn der Herrschaft Meli Kiusa bin Rindi Makindaras von Moshi, Chagga-Aufstand unter Sina von Kibosho.

1892 Chagga-Aufstand unter Meli von Moshi – die geschlagene Schutztruppe zieht sich an die Küste zurück.

1893 Niederschlagung des Chagga-Aufstandes durch die Schutztruppe, der schließlich 1900 die Hinrichtung Melis und 18 weiterer angeblicher Verschwörer folgte. Aufbau der wissenschaftlichen Station in Marangu.

1894 Erste Umrundung des Kilimandscharomassivs durch eine wissenschaftliche Expedition, geleitet von dem Botaniker Georg Volkens, dem Geologen Carl Lent und Hauptmann Curt Johannes.

1898 Erneute Expedition Hans Meyers zum Kilimandscharo, begleitet von dem Maler Ernst Platz. Meyers Studien, die insbesondere der Kartierung und den Gletschern gelten, zeigen einen erheblichen Rückgang der Vereisung. Ernst Platz erreicht als dritter Europäer den Kraterrand; Meyer und der Askari Munifasi auf dem Drygalskigletscher. Hauptmann Curt Johannes und Zahlmeister Körner steigen von Moshi bis zum Kraterrand an der Johannesscharte (Gillman's Point) auf.

1900 Die Gletscher des Kibos bedecken 12,2 Quadratkilometer.

1901 Carl Uhlig und Pater Rohmer auf dem Deckengletscher.

1903 Das Kilimandscharogebiet (nördlicher Waldgürtel über Muambobach, Grenze Britisch-Ostafrika, Rufu-Pangani, Weruweru und Ronga) wird von den Kolonialbehörden zum Wildschutzreservat erklärt.

1906 Fritz Jaeger und Eduard Oehler erschließen die Machameroute.

1909 Zweite Kibogipfelbesteigung durch die Topografen Max Lange und Weigele, die auf dem Kraterrand bis zur Bresche (Western Breach) gehen.

1912 Bau der Bismarckhütte (heute Mandarahütte). Eduard Oehler und Fritz Klute gelingt die Erstbesteigung des höchsten Mawenzigipfels, den sie Hans-Meyer-Spitze nennen, außerdem die Erstbegehung des Penckgletschers und der Western Breach (Abstieg), die erste vollständige Umrundung des Kibogipfels, die fotogrammetrische Vermessung von Mawenzi, Kibo und Shira. Im Dezember dritte Kibobesteigung durch Walther Furtwängler und Siegfried König, teilweise auf Ski.

1913 Bau der Petershütte (heute Horombohütte).

1914 Vierte Kibogipfelbesteigung durch Carl von Salis und Walter von Ruckteschell, erste Durchquerung des Kraterkessels von Nordosten nach Südwesten; Clary von Ruckteschell erreicht als erste Frau den Kraterrand an der Hans-Meyer-Scharte. Zweite Mawenzigipfelbesteigung durch Walther Furtwängler und Siegfried König.

1914–1918 Während des Ersten Weltkrieges wird auch das Kilimandscharogebiet zum Schlachtfeld, auf dem auf deutscher Seite vorwiegend einheimische Afrikaner, auf britischer meist Südafrikaner, Inder sowie Truppenkontingente aus anglo-afrikanischen Kolonien kämpfen. An der so genannten Nordfront, am Kilimandscharo, verbringt die versprengte deutsche Einheit Dehnecke fast acht Monate hinter den feindlichen Linien und in der Biwakhöhle am Sattelplateau.

1920 Das ehemalige Deutsch-Ostafrika wird vom Völkerbund als Mandatsgebiet Tanganyika an Großbritannien vergeben.

1921 Gründung des Forest and Game Reserve Kilimanjaro durch die britischen Kolonialbehörden. Clement Gillman und Paul Nason gelangen als erste Bergsteiger nach dem Ende der deutschen Herrschaft auf den Kraterrand.

1925 Filmaufnahmen auf dem Kibo durch ein Ufa-Team. Drei Afrikaner auf dem Kraterrand: Msameri, Oforo und Bakkhari. Im November erster verbürgter Aufstieg von Afrikanern bis zum Gipfel: Die Bergführer Oforo und Jonathan stehen mit G. Londt auf der Kaiser-Wilhelm-Spitze.

1927 Sheila G. McDonald erreicht als erste Frau den Kibogipfel. Zuvor dritte Mawenzigipfelbesteigung durch William C. West und Sheila McDonald, die somit auch als erste Frau auf dem höchsten Mawenzigipfel stand. Richard Reusch erreicht den später nach ihm benannten inneren Kibokrater (Reusch war schon zuvor auf dem Kibo und besteigt ihn insgesamt wohl 40-mal, in den Jahren 1928 und 1934 auch den Mawenzi).

1929 Gründung des Mountain Club of East Africa in Moshi (heute Kilimanjaro Mountain Club). Ehrenpräsident wird Richard Reusch.

1930 Überfliegung des Kilimandscharos durch Walter Mittelholzer und Alfred Künzle. Mittelholzers Fotografien und Filmaufnahmen ermöglichen nun jedermann einen Blick in den Reuschkrater.

1932 Bau der ersten Kibohütte.

1933 Harold William Tilman, der 1930 seine Kibobesteigung mit Eric Shipton wegen Höhenkrankheit, zu hoher Schneedecke und Schneeblindheit abbrach, kehrt zurück und bemerkt im Reuschkrater Fumarolen und Schwefelablagerungen. Richard Reusch, der als Erster den Krater erkundet hatte, bezweifelt Tilmans Beobachtungen; bis dahin galt der Kibo als erloschen.

1937 Erste Kraterdurchquerung auf Ski durch Edouard Wyss-Dunant und Piero Ghiglione.

1938 Erste (nicht vollständige) Mawenziüberschreitung durch Robert Hildebrand, Erstbesteigung der Purtscheller- und Borchersspitzen durch Eugen Eisenmann und Robert Hildebrand. Erschließung der

Route über den Deckengletscher durch Eugen Eisenmann und Theo Schnackig.

1942 Arthur Firmin gelingt es, die Fumarolen im Kibokrater zu fotografieren.

1943 J. H. Ash erkundet den inneren Kibokrater.

1953 Kilimandscharoexpedition der Universität Sheffield. Die Wissenschaftler Charles Downie und Peter Wilkinson unternehmen den ersten erfolgreichen Abstieg in das Great Barranco des Mawenzis. Der Grat zwischen Great und Lesser Barranco heißt seither Downie Ridge. (Eine 2000 erschienene Studie vermeldet, das überaus stark erodierte und zerrissene Great Barranco des Mawenzis sei bislang erst von etwa 30 Menschen begangen worden.)

1955 Eine DC-3 «Dakota» der East African Airways prallt gegen den Südostgrat des Mawenzis; niemand überlebt den Absturz. In Oloitokitok (Kenia) wird ein Outward Bound Center gegründet. Eine Hinterlassenschaft jener Zeit ist School Hut.

1957 Zweite Kilimandscharoexpedition der Universität Sheffield.

1961 Tanganyika wird unabhängig; nach der späteren Vereinigung mit Sansibar (1964) trägt der Staat den Namen Tansania. Ein Flaggenzug, der die tansanische Flagge auf dem Gipfel hissen will, gelangt nur bis Gillman's Point, weil Unwetter und Schneefall den Kraterrand unbegehbar machen.

1962 Am ersten Jahrestag der Unabhängigkeitserklärung wird die Flagge Tansanias auf dem Kibogipfel gehisst und die Kaiser-Wilhelm-Spitze in Uhuru Peak (Freiheitsspitze) umbenannt. Die Bismarckhütte wird nach Mandara von Moshi benannt, die Petershütte nach Horombo (auch Orombo oder Kilamia, der Eroberer), einem Chaggahäuptling, dessen Versuch einer Staatsgründung scheiterte, nachdem er im Kampf gegen die Maasai fiel.

1963 Expedition Ramonage: Sechs Wissenschaftler arbeiten zehn Tage lang im Kraterkessel und im inneren Kibokrater.

1964 Erstbegehung der Mawenzi-Ostwand durch John Edwards und William Thomson: drei Tage Klettern, zwei Nächte im Biwak.

1969 Erste vollständige Überschreitung des Mawenzis durch Fritz Lörtscher.

1970 Fritz Lörtscher traversiert gemeinsam mit dem Chaggabergführer Fileki die Mawenzi-Ostwand in Höhen zwischen rund 3800 und 4300 Metern.

1970/71 Kilimandscharoexpedition der Universität Zürich. Erste Übersteigung des Nördlichen Eisfelds durch Fritz Lörtscher.

1972 Eröffnung des Kilimanjaro International Airport. Ian Howell und Phil Snyder überschreiten Kibo (Umbweroute, Western Breach, Maranguroute) und Mawenzi (Oehlerrinne, Ostwand, Lesser Barranco) in acht Tagen. Erstbegehung der Breach Wall durch Fritz Lörtscher auf einer Fels-Eis-Route im äußersten Westen der Wand.

1972–1977 Ausbildung des künftigen Parkpersonals, Aufbau der Infrastruktur und Hüttenbau an der Maranguroute mit Hilfe der Norwegian Agency for International Development.

1975 Erste erfolgreiche Ballonfahrt über den Kibogipfel durch Joan und Alan Root. Ian Howell, Bill O'Connor und John Cleare klettern als Erste die Kerstengletscher-Direktroute. Der Kerstengletscher ist der steilste Hängegletscher am Kibo.

1976 Die Kibogletscher bedecken noch 4,2 Quadratkilometer.

1977 Eröffnung des Kilimandscharo-Nationalparks (oberhalb 2700 m, insgesamt 756 Quadratkilometer) durch Präsident Julius Nyerere. Jährlich besuchen bis Mitte der Achtzigerjahre etwa 4000 bis 7500 Touristen den Park. Ungefähr 60 Prozent von ihnen erreichen Gillman's Point, zwischen 10 und 20 Prozent der dorthin Aufgestiegenen gehen zum Uhuru Peak weiter. Erstbegehung der Heimgletscher-Direktroute durch R. Barton und D. Morris.

1978 Erstbegehung der Breach-Wall-Direktroute durch Reinhold Messner und Konrad Renzler.

1989 Der Kilimandscharo wird von der Unesco zur World Heritage Site erklärt (Weltnaturerbe).

1993 Die Parkbehörde verbietet die auf der Maranguroute zunehmenden Auftritte so genannter Risikosportler, die mit Mountainbikes und Motorrädern zum Gillman's Point fahren oder den Kraterkessel mit Drachengleitern überfliegen.

1998 Es kommen nahezu 11 000 Bergtouristen zum Kilimandscharo, davon wählen 9800 die Maranguroute.

1999 Vermessungen mit modernsten Geräten und Methoden ergeben eine Kibohöhe von rund 5892 Metern – 3 Meter weniger als die bisher anerkannte Höhe.

2000 Die Kibogletscher bedecken nur noch 2,6 Quadratkilometer.

2001 Vodacom Tanzania lässt auf dem Kibogipfel einen Mobilfunkmast errichten: der bislang höchste Standort eines Funkmastes auf der Erde.

2002 Die Eishaube des Kibos hat sich seit dem Beginn des 20. Jahrhunderts um 82 Prozent vermindert, ihr Verschwinden wird für 2020 vorausgesagt. Die Anzahl der Bergtouristen dagegen wächst sprunghaft; es sind jetzt 25 000 im Jahr.

2003 Eröffnung einer Zweigstelle der International Mountain Explorers Connection (früher Himalayan Explorers Connection) in Moshi, die Touristeninformation, Ausleihe insbesondere für Träger bestimmter Ausrüstung an Trekking-Firmen sowie Fortbildungskurse für Bergführer und Träger anbietet.

Informationen rund um den Kilimandscharo

Anreise

Kilimanjaro International Airport wird von Ethiopian Airlines und KLM regelmäßig, zurzeit auch von Condor, angeflogen. Staatsbürger Deutschlands, Österreichs und der Schweiz müssen bei der Einreise nach Tansania ein Visum vorweisen. Überdies wird von Reisenden, die sich zuvor in Ländern aufhielten, in denen Gelbfieber verbreitet ist, der Nachweis einer Gelbfieberschutzimpfung verlangt. Über Möglichkeiten und Kosten der Visabeschaffung bei Botschaften oder bei der Einreise kann jedes Reisebüro Auskunft erteilen.

Wer keine Buchung erhält oder unabhängiger reisen möchte, der kann sich um einen der oft sehr viel preiswerteren Flüge nach Nairobi bemühen. Von Nairobi führen – zum Beispiel zweimal täglich mit Davanu Shuttle Service – billige Busverbindungen nach Arusha und Moshi. Die Fahrt nach Arusha dauert etwa 5 Stunden, nach dem Aufenthalt dort sind es dann noch 2 weitere Stunden bis nach Moshi. Selbstverständlich kann man auch mit öffentlichen Bussen fahren, aber das ist nicht jedermanns Sache. Die Abfertigung im Grenzort Namanga verläuft problemlos und zügig. Allerdings: Gerät man auf dem Flughafen an einen ungefälligen Beamten, dann ist auch noch ein Visum für Kenia zu bezahlen. Will jemand dieses dann nutzen und länger in Nairobi bleiben, werden ihn die Preise in den besseren Hotels sehr schnell von diesem Vorhaben abbringen.

Zudem ist es möglich, von Nairobi oder anderen großen Flughäfen nach Daressalam zu fliegen und von dort mit der Eisenbahn – besser jedoch mit dem Bus, eine abenteuerliche Fahrt wird das ohnehin – nach Moshi oder Arusha zu reisen. Ebenso kann man während der Hauptreisezeit einen preiswerten Flug von europäischen Flughäfen nach Mombasa buchen. Von dort fährt täglich ein Bus über Taveta nach Moshi, und wenn der besetzt sein sollte, bleibt immer noch einer der Busse nach Voi. Von Voi kommt man jederzeit auf der Ladefläche eines Pickups, mit dem Minibus – dem so genannten Matatu – oder in einem Sammeltaxi zur Grenze und von dort ebenso leicht nach Moshi. Freilich setzt diese Art des Reisens ein gehöriges Maß an Gewandtheit und Gleichmut sowie etwas Galgenhumor voraus.

Besitzt jemand dergleichen noch nicht, tut er gut daran, eine Pauschalreise samt Kibotour zu buchen, wie sie in Reisebüros oder im Internet angeboten werden. Erprobte Reisende dagegen können Angebote kenianischer und tansanischer Trekking-Unternehmen unter «Kilimanjaro» im Internet finden, sich mit den Veranstaltern in Verbindung setzen und viel Geld sparen. Die im Internet präsenten Firmen sind meist auch die zuverlässigsten – dennoch, die größte Rechtssicherheit genießt natürlich immer derjenige, der daheim bucht.

Sicherheit und Gesundheit

Etwas über die allgemeine Sicherheit ist auf den Internetseiten der Auswärtigen Ämter zu erfahren. Sofern der Reisende einige Tage in Nairobi bleiben oder nach dem Aufstieg zum Kibogipfel einen Urlaub auf Sansibar verbringen will, dann sei ihm besonders dringend geraten, sich über derlei Belange zu informieren. Im Hinblick auf eine Gesundheitsvorsorge belehren ihn Internetseiten wie zum Beispiel www.travelmed.de, Tropeninstitute, entsprechende medizinische Einrichtungen oder auch der Hausarzt. Eine schwierige Frage ist die nach der Malariaprophylaxe. Touristen, die nur ins Hochland reisen, verzichten nicht selten darauf, zumal die angebotenen Medikamente die Leistungsfähigkeit erheblich beeinträchtigen können. Die ohnehin vom Reiseverlauf abhängige Antwort überlässt man am besten einem in solchen Belangen erfahrenen Arzt.

Ausrüstung

Zur unumgänglichen Ausrüstung gehören Kleidung für warme, kalte und regnerische Tage, Teleskopstöcke, Bergschuhe, Gamaschen, Kopfbedeckung, Handschuhe, Tagesrucksack, Isoliermatte und Schlafsack, Thermosflasche und Taschenlampe, Sonnenschutzmittel und Aspirin. Erforderlich ist für viele wesentlich mehr: beispielsweise eine gut abdeckende Sonnenbrille oder gar eine Schneebrille für jene, deren Augen besonders empfindlich sind, sowie für Enthusiasten, die sich länger in Kibos Gipfelbereich aufhalten wollen. Es bereitet keine Mühe, sich auch in solcher Hinsicht zuvor in Reiseführern und im Internet zu informieren, wo es sogar deutschsprachige Kilimanjaro- und Kilimandscharoforen mit Antworten auf häufig gestellte Fragen, zahlreichen Ratschlägen und Checklisten sowie Erlebnisberichten gibt.

Wer das Englische gut beherrscht, kann eine noch viel reichere Ausbeute einbringen. Ihm sei überdies dazu geraten, sich David Elses «Trekking in East Africa» vom Verlag Lonely Planet zu verschaffen. Dieser Trekking-Führer ist nun schon bejahrt, doch gehört David Else zu jenen Autoren, die der Versuchung widerstehen, etwas zu beschreiben, das sie nicht selbst erlebt, gesehen oder durchwandert haben. Die Lektüre anderer Reiseführer für das Kilimandscharogebirge weckt diesen Eindruck bisweilen nicht.

Für das auf allen Routen außer der Maranguroute erforderliche Zelt sorgt der Veranstalter, der nicht selten auch andere Bestandteile der Ausrüstung stellen kann. Man sollte es allerdings zuvor mit demselben gesunden Misstrauen besehen, mit dem man nach der Tour über die Verteilung des Trinkgeldes wacht. «Die Natur und die Wahrheit kennen kein Erbarmen.»

Und schließlich gibt es für jene, die Zeit, etwas Geld – am unkompliziertesten kommt man in Tansania mit baren Dollars und Reiseschecks in dieser Währung voran – und noch mehr Sprachkenntnisse sowie Lebens- und Reiseerfahrung besitzen, immer die Möglichkeit, morgen mit einem Rucksack aufzubrechen und alles Übrige in Moshi oder Arusha zu klären. Getreu dem arabischen Sprichwort: «Für den, der hinwill, ist Mekka nicht weit!»

LITERATURVERZEICHNIS

Adolphi, H.: Am Fusse der Bergriesen Ostafrikas: Geschichte der Leipziger Mission am Kilimandjaro und in den Nachbargebieten. Leipzig 1912.

Agrawala, S./Moehner, A./Hemp., A. et al.: Development and Climate Change in Tanzania: Focus on Mount Kilimanjaro. OECD Publication, Paris 2003.

Allan, I. (Hrsg.): Guide to Mount Kenya and Kilimanjaro. Nairobi 1991.

Baumann, O.: In Deutsch-Ostafrika während des Aufstandes. Reise der Dr. Hans Meyer'schen Expedition in Usambara. Wien/Olmütz 1890.

Bedale, J.: No recognized route. In: Mountain Club of Kenya 2000 Bulletin, Nairobi 2000.

Blue, B. A./Stevenson, A. R. L.: Mountain Medicine for Mount Kenya and Kilimanjaro. In: Guide to Mount Kenya and Kilimanjaro, Nairobi 1991.

Boese, C. H.: Zum Schneegipfel Afrikas. Abenteuerliche Erlebnisse und Forschungen auf Jagdpfaden mit der Filmkamera. Berlin 1926.

Brunner, K.: Frühe Karten des Kilimandscharos – Ein Beitrag zur Expeditionskartographie. In: Cartographica Helvetica, Heft 30, Murten 2004.

Decken, C. C. v. d. (bearb. v. O. Kersten): Baron Carl Claus von der Decken's Reisen in Ost-Afrika in den Jahren 1859–1865, Bd. 1–2. Leipzig/ Heidelberg, 1869 und 1871.

Deegan, P.: Guidance for those trekking on Mount Kilimanjaro. Paper published by the Expedition Advisory Centre of the Royal Geographical Society, London 2002.

Downie, C./Wilkinson, P.: The Geology of Kilimanjaro. Sheffield 1972.

Dundas, C.: Kilimanjaro and its People. A History of the Wachagga, [. . .]. London 1924.

Ehlers, O.: Meine Besteigung des Kilima Ndscharo. In: Petermanns Mitteilungen, Bd. 35, Gotha 1889.

Eisenmann, E.: Die Ruwenzori-Rundfahrt 1937/38 des Zweiges Stuttgart. In: Zeitschrift des Deutschen Alpenvereins, Bd. 70, München 1939.

Else, D.: Trekking in East Africa. Hawthorn 1993.

Förster, E. T.: Die Siedlung am Kilimandjaro und Meru. Berlin 1907.

Geilinger, W.: Der Kilimandjaro, sein Land und seine Menschen. Bern/Berlin 1930.

Gillman, C.: An Ascent of Kilimanjaro. In: Geographical Journal, Vol. 61, London 1923.

Gutmann, B.: Dichten und Denken der Dschagganeger. Beiträge zur ostafrikanischen Volkskunde. Leipzig 1909.

Gutmann, B.: Häuptling Rindi von Moschi. Ein afrikanisches Helden- und Herrscherleben. Köln 1928.

Hanby, J.: Kilimanjaro National Park. Arusha 1987.

Hastenrath, S.: The Climate of Mount Kenya and Kilimanjaro. In: Guide to Mount Kenya and Kilimanjaro, Nairobi 1991.

Hastenrath, S.: The Glaciers of Mount Kenya and Kilimanjaro. In: Guide to Mount Kenya and Kilimanjaro, Nairobi 1991.

Höhnel, L. v.: Zum Rudolph-See und Stephanie-See. Die Forschungsreise des Grafen Samuel Teleki in Ost-Aequatorial-Afrika 1887–1888. Wien 1892.

Jaeger, F.: Der Meru. In: Geographische Zeitschrift, Bd. 12, Leipzig 1906.

Jaeger, F.: Forschungen in den Hochregionen des Kilimandscharo. In: Mitteilungen aus den deutschen Schutzgebieten, Bd. 22, Berlin 1909.

Johnston, H. H.: Der Kilima-Ndjaro. Forschungsreise im östlichen Aequatorial-Afrika. Leipzig 1886.

Jühlke, K. L.: Die Erwerbung des Kilima-Ndscharo-Gebiets. Köln 1886.

Klute, F.: Forschungen am Kilimandscharo im Jahre 1912. In: Geographische Zeitschrift, Bd. 20, Leipzig 1914.

Klute, F.: Ergebnisse der Forschungen am Kilimandscharo 1912. Berlin 1920.

Knappert, J.: Myths and Legends of the Swahili. Nairobi 1970.

Knappert, J.: Lexikon der afrikanischen Mythologie. Weyarn 1997.

Krapf, J. L.: Reisen in Ostafrika, ausgeführt in den Jahren 1837–55. Kornthal/Stuttgart 1858.

Kurz, M.: Fremde Berge – Ferne Ziele. Das Werk schweizerischer Forscher und Bergsteiger im Ausland. In: Berge der Welt, Bd. 3, Bern 1948.

Lambrechts, C. et al.: Aerial survey of the threats to Mt. Kilimanjaro forests. UNDP Publication, Daressalam 2002.

Lange, H.: Kilimandscharo. Das weiße Dach Afrikas. Leipzig 1982.

Lange, M.: Eine Kibo-Besteigung. In: Zeitschrift der Gesellschaft für Erdkunde, Bd. 47, Berlin 1912.

Latham, D. V.: Kilimanjaro and some observations on the physiology of high altitudes in the tropics. In: Geographical Journal, Vol. 68, London 1926.

Lent, C.: Bericht von Dr. C. Lent über die wissenschaftliche Station am Kilima-Ndjaro. In: Mitteilungen aus den deutschen Schutzgebieten, Bd. 7, Berlin 1894.

Lörtscher, F.: Berg-Safari zum Kilimandscharo. In: Die Alpen, Bd. XXXVI, Bern 1960.

Lörtscher, F.: Mawenzi, 5355 m. Im ewigen Eis unter der Tropensonne. In: Die Alpen, Bd. XXXVII, Bern 1961.

Lörtscher, F.: Kilimanjaro: first Ascent of the Northern Ice-field. In: Alpine Journal, Vol. 78, London 1973.

Matthiessen, P.: The Tree where Man was Born. London 1995.

Messner, R.: Die Freiheit, aufzubrechen, wohin ich will. Ein Bergsteigerleben. München 1991.

Methner, W.: Die Besteigungen des Kilimandjaro. Ein historischer Überblick. In: Mitteilungen aus den deutschen Schutzgebieten, Bd. 34, Berlin 1926/27.

Meyer, H.: Zum Schneedom des Kilimandscharo. 40 Photographien aus Deutsch-Ostafrika. Berlin 1888.

Meyer, H.: Ostafrikanische Gletscherfahrten. Forschungsreisen im Kilimandscharo-Gebiet. Leipzig 1890.

Meyer, H.: Der Kilimandjaro. Reisen und Studien. Berlin 1900.

Meyer, H.: Hochtouren im tropischen Afrika. Leipzig 1923.

Mittelholzer, W.: Kilimandjaro-Flug. Zürich/Leipzig 1930.

Müller, E.: Madschame, die älteste Leipziger Station am Kilimandjaro. Leipzig o. J. (1936).

Mühlhäuser, E.: Brief an Anna Strunz vom 07. 10. 1901 mit Bericht über seine Kilimandscharo-Besteigung. In: Die Sammlung Mühlhäuser, Katalog des Stadtmuseums Schwabach, Schwabach 1995.

New, C.: Life, Wanderings, and Labours in Eastern Africa. With an account of the first successful ascent of the equatorial snow mountain, Kilima Njaro. London 1873.

Oehler, E.: Von einer Forschungsreise am Kilimandscharo im Jahre 1912. In: Zeitschrift des Deutschen und Österreichischen Alpenvereins, Bd. 46, Wien 1915.

Perrott, D. V.: Swahili Dictionary. Sevenoaks 1992.

Purtscheller, L.: Die Ersteigung des Kilimandscharo. In: Erschließer der Berge, Bd. II, München 1926.

Reader, J.: Kilimanjaro. London 1982.

Rotter, P.: Tanzania Kilimanjaro. Safari und Zanzibar. Trekking-Reiseführer. München 1995.

Rübesamen, H. E.: Kilimandscharo. Der Berg und seine Landschaft. München 1985.

Salkeld, A.: Kilimanjaro: To the Roof of Africa. Washington 2002.

Sampson, D. N.: The Geology and Volcanology of Kilimanjaro. In: Guide to Mount Kenya and Kilimanjaro, Nairobi 1991.

Taylor, R.: The Breach. Kilimanjaro and the Conquest of Self. New York 1981.

Tesha, O. M. H.: Famous Chagga Stories. Daressalam 1995.

Thesiger, W.: My Kenya Days. London 1994.

Thompson, L. G. et al.: Kilimanjaro Ice Core Records: Evidence of Holocene Climate Change in Tropical Africa. In: Science, Vol. 298, Washington 2002.

Thomson, J.: Through Masai Land: a journey of exploration among the snowclad volcanic mountains and strange tribes of Eastern Equatorial Africa. London 1885.

Tilman, H. W.: Snow on the Equator. New York 1938.

Uhlig, C.: Vom Kilimandscharo zum Meru. Vorläufige Mitteilungen über eine Forschungsreise. In: Zeitschrift der Gesellschaft für Erdkunde, Bd. 39, Berlin 1904.

Volkens, G.: Der Kilimandscharo. Darstellung der allgemeineren Ergebnisse eines fünfzehnmonatigen Aufenthalts im Dschaggalande. Berlin 1897.

Volkmann, E. v.: Hans Meyer, ‹Der Mann vom Kilimandjaro›. Verleger, Forscher und Mäzen. München 2002.

Weiss, K.: Meine Reise nach dem Kilima-Ndjarogebiet im Auftrage der Deutsch-Ostafrikanischen Gesellschaft. Berlin 1886.

Weyer, H.: Kilimanjaro. Urwald, Eis und Steppentiere. Karlsruhe 1981.

Widenmann, A.: Die Kilimandscharo-Bevölkerung. Anthropologisches und Ethnographisches aus dem Dschaggalande. Gotha 1899.

Young, T. P.: The Ecology, Flora and Fauna of Mount Kenya and Kilimanjaro. In: Guide to Mount Kenya and Kilimanjaro, Nairobi 1991.

Die Zitate am Beginn der drei Hauptkapitel wurden folgenden Ausgaben entnommen:

Blixen, T.: Afrika. Dunkel lockende Welt. Stuttgart/Berlin 1938.

Bouvier, N.: Die Erfahrung der Welt. Basel 2001.

Cervantes Saavedra, M. de: Leben und Taten des scharfsinnigen Ritters Don Quijote de la Mancha. Berlin 1953.

Hemingway, E.: Die Wahrheit im Morgenlicht. Reinbek 1999.

Hemingway, E.: Schnee auf dem Kilimandscharo. Reinbek 2004.

Petrarca, F.: Die Besteigung des Mont Ventoux. Frankfurt am Main/Leipzig 1996.

Personenregister

Orts- und Sachregister

Bildnachweis

Abkürzungen: **o** oben, **m** Mitte, **u** unten, **l** links, **r** rechts

Archiv des Autors: S. 16/17, 18, 30, 31 o, 31 u, 68, 69, 243, 253, 254, 255 o, 255 ul, 255 ur, 256, 257 o, 257 u, 259, 260 o, 260 u

Baumann, O., In Deutsch-Ostafrika: S. 155

Boese, C. H., Zum Schneegipfel Afrikas: S. 230

Bösch, Robert: Umschlag-vorderseite unten, Umschlag-rückseite, S. 2, 9, 27 o, 27 u, 38/39, 44, 51 o, 58/59, 72/73, 75, 85, 90/91, 96/97, 101 u, 137, 153 o, 153 m, 153 u, 157, 172/173, 190/191, 197, 199 o, 199 u, 201, 205, 219 o, 219 u, 239, 240/241, 245 o, 245 u, 248 r, 258

Cartographica Helvetica, Murten: S. 16 o, 54, 135

Decken, C. C. v. d.: Baron Claus von der Decken's Reisen: S. 47, 49, 195

Gutmann, B., Dichten und Denken: S. 108, 116, 194, 204

Höhnel, L. v., Zum Rudolph-See: S. 133, 139

Johnston, H. H., Der Kilima-Ndjaro: S. 113, 115

Lange, P. Werner: Umschlag-vorderseite oben, hintere Klappe oben, S. 10/11, 12, 20, 21, 22/23, 25 o, 25 u, 26, 32, 37 o, 37 u, 40 o, 40 u, 41, 46, 51 u, 53, 55, 57 o, 57 u, 61, 62/63, 66, 71 o, 71 u, 76, 78, 81 l, 81 r, 82, 84 l, 84 r, 87 o, 87 m, 87 u, 89, 92, 93 o, 93 u, 95, 98, 101 o, 103, 105, 107, 111, 112, 117, 119, 120, 121, 122/123, 129, 132, 141 o, 141 u, 145, 150, 159, 160, 163, 167 o, 167 u, 175 o, 175 u, 176 l, 176 r, 178, 181 o, 181 u, 185, 187, 192, 202, 207 o, 207 u, 209, 211, 221, 223, 225, 226, 228, 229, 236, 237 o, 242, 247 l, 247 r, 248 l, 249 l, 249 o, 249 u, 250 l, 250 r, 252, 261, 262/263

Latham, D. V.: Kilimanjaro and some observations: S. 88

Luftbild Schweiz: S. 43, 231, 232, 233

Meyer, H., Der Kilimandjaro: S. 4, 19, 109, 127, 143, 166, 168/169, 180, 183, 186, 188, 213, 214, 215, 217

Meyer, H., Hochtouren: S. 184, 212

Naturbildarchiv Harald Lange, Bad Lausick: S. 65, 83 o, 83 u, 147

New, C., Life, Wanderings: S. 99

Purtscheller, L., Die Ersteigung: S. 161

Zöller, R., Der schwarze Erdteil und seine Erforscher. Reisen und Entdeckungen, Jagden und Abenteuer, Land und Volk in Afrika. Bielefeld/Leipzig, 3. Auflage 1884: S. 15, 149

Dank

Ich danke den Bergführern Romel Christopha Mosha und Justin Sianga für das Geschenk unerwarteter Zuneigung, für ihren Humor und für die Geduld, mit denen sie meinen Wünschen und meinem Schrittmaß begegneten, Harshit Shah von Shah Tours and Travels Ltd. in Moshi, der mich während der vier Aufenthalte am Kilimandscharo nachsichtig vergessen ließ, dass ich nur ein spleeniger Tourist unter vielen war, der großzügigen Leitung der Firma Snow Cap Mountain Climbing, Moshi, sowie den Trägern und Köchen Anderson, Edward, Jackson, Joseph, Peter und William, die mich freudig betreuten und mit mir bisweilen Wege nahmen, auf denen niemand mehr geht. Und nicht zuletzt danke ich den Doktoranden Jigal Beez und Bernhard Gissibl, beide Bremen, und Herrn Daniel Anker, Bern, für ihren Beistand sowie vor allem meiner hilfreichen Lektorin Karin Steinbach Tarnutzer und den Verlegern Heinz von Arx und Peter Schnyder für das Vertrauen und für die Achtung, die sie meiner Arbeit entgegenbrachten.